2024

Realschule

Original-Prüfungsaufgaben
mit Lösungen

W0300643

Bayern

Deutsch

STARK

Bildnachweis

S. 4: Texelart.Shutterstock
S. 8: beermedia/AdobeStock.com
S. 10: Ambient Ideas.Shutterstock
S. 15: musicman.Shutterstock
S. 17: Toltemara/AdobeStock.com (oben), © Zoonar/Catalin Petolea – polylooks (unten)
S. 18: stockfour.Shutterstock (oben), jpegwiz.Shutterstock (Mitte), Mathias Rosenthal/AdobeStock.com (unten)
S. 19: DE-V.Shutterstock (oben), Monkey Business Images.Shutterstock (unten)
S. 20: Zerbor/AdobeStock.com (oben), Alexander Limbach/AdobeStock.com (Mitte), 123rf.com (unten)

© 2023 Stark Verlag GmbH
42. ergänzte Auflage
www.stark-verlag.de

Das Werk und alle seine Bestandteile sind urheberrechtlich geschützt. Jede vollständige oder teilweise Vervielfältigung, Verbreitung und Veröffentlichung bedarf der ausdrücklichen Genehmigung des Verlages. Dies gilt insbesondere für Vervielfältigungen, Mikroverfilmungen sowie die Speicherung und Verarbeitung in elektronischen Systemen.

Inhaltsverzeichnis

Original-Abschlussprüfungen

Abschlussprüfung 2023

Aufgaben .... **www.stark-verlag.de/mystark**
Sobald die Original-Prüfungsaufgaben 2023 freigegeben sind, können sie als PDF auf der Plattform MyStark heruntergeladen werden (Zugangscode vgl. Umschlaginnenseite).

Jeweils zum Schuljahresbeginn erscheinen die neuen Ausgaben der Abschlussprüfungsaufgaben mit Lösungen.

Autor
Thomas Killinger

Vorwort

Liebe Schülerin, lieber Schüler,

dieses Buch möchte dir zeigen, dass eine gelungene Abschlussprüfung keine Glückssache ist, sondern etwas, das strategisch vorbereitet und geübt werden kann. „Für Deutsch kann man nicht lernen!“ und „Später brauche ich das nie mehr!“ sind häufige Vorurteile, die das Training und die Vorbereitung auf Schulaufgaben und Prüfungen nicht eben erleichtern. Doch diese Vorurteile stimmen nicht, da man – ebenso wie in anderen Fächern – auch in Deutsch Fachbegriffe sowie Hintergrundwissen lernen muss und die einzelnen Arbeitsschritte intensiv üben sollte. Mit diesem Buch kannst du genau dies tun und dich umfassend auf die Abschlussprüfung Deutsch vorbereiten und Unsicherheiten abbauen.

Mithilfe der folgenden Kapitel kannst du die wichtigsten Grundlagen für die Bearbeitung der Prüfungsaufgaben wiederholen. Das einführende Kapitel „**Hinweise und Tipps**“ informiert dich über die Rahmenbedingungen der neuen Prüfung und macht dich mit den Grundlagen der Aufsatzarten „Materialgestütztes Argumentieren“ und „Erschließen von pragmatischen oder literarischen Texten“ vertraut.

Die **Übungsaufgaben im Stil der Abschlussprüfung**, die **Musteraufgaben des ISB Bayern** und die **Original-Prüfungsaufgabe** mit ausgearbeiteten Lösungsvorschlägen dienen dir als Orientierung, was in der Prüfung verlangt wird. Die **Hinweise und Tipps** helfen dir bei der Bearbeitung der Aufgaben.

Die **aktuelle Abschlussprüfung** steht dir auf der Plattform **MyStark** als Download zur Verfügung.

Weitere Informationen und ein intensives Training zu **allen prüfungsrelevanten Aufsatzarten** bietet der Band „Training Abschlussprüfung“ mit interaktivem Prüfungstraining zum zusätzlichen Üben am PC/Tablet (Best.-Nr. D09140).

Sollten nach Erscheinen dieses Bandes noch wichtige Änderungen für die Abschlussprüfung 2024 vom Bayerischen Staatsministerium für Unterricht und Kultus bekannt gegeben werden, findest du aktuelle Informationen bei MyStark.

Wie lerne ich mit diesem Buch?

Du kannst ganz individuell mit dem Buch arbeiten und dich auf die schriftliche Prüfung in Deutsch vorbereiten.

Verschaffe dir einen Überblick über die Aufsatzarten und überlege, in welchem Bereich du vorrangig üben willst.

Wenn du dich z. B. beim materialgestützten Argumentieren noch unsicher fühlst, liest du zuerst die Kapitel mit den Informationen zu dieser Aufsatzart und bearbeitest anschließend eine der Übungsaufgaben im Stil der Abschlussprüfung. Diese stammen aus den Original-Abschlussprüfungen der vergangenen Jahre.

Wenn du dich sicherer fühlst und mehr Übung bei der Bearbeitung der einzelnen Aufsatzarten hast, kannst du mit den Musteraufgaben des ISB Bayern oder der Original-Abschlussprüfung (aktuelle Prüfung zum Download) schon einmal den „Ernstfall" trainieren.

Mit dem Buch kann man sowohl allein als auch in Lerngruppen arbeiten, es kann aber auch im Unterricht eingesetzt werden.

Die Lösungsvorschläge ermöglichen es dir, die eigene Arbeit zu kontrollieren und zu korrigieren. Sie sind jedoch nur als Vorschläge und Anregungen zu verstehen, denn meist gibt es bei Gliederungen verschiedene Aufbaumöglichkeiten oder auch alternative Schwerpunktsetzungen. Gerade bei den argumentativen und kreativen Schreibaufgaben (Aufgaben 4 und 5 bei der Erschließung von Texten) ist die vorgegebene Lösung nur eine Möglichkeit von vielen.

Versuche stets, die Aufgabe zunächst **eigenständig** zu lösen, und sieh nicht gleich in der Lösung nach. Solltest du nicht weiterkommen, helfen dir die **Tipps und Hinweise** vor der jeweiligen Lösung. Wenn du sie gelesen hast, solltest du unbedingt selbstständig weiterarbeiten.

Ich wünsche dir viel Erfolg und Spaß bei der Prüfungsvorbereitung.

Thomas Killinger

Hinweise und Tipps

1 Informationen zur Abschlussprüfung

Die Abschlussprüfung im Fach Deutsch gliedert sich in folgende **drei Aufgabenbereiche**, aus denen dir **jeweils ein Thema** gestellt wird:

- Materialgestütztes Argumentieren
- Erschließen eines pragmatischen Textes
- Erschließen eines literarischen Textes

Du wählst **eines der drei Themen** aus. Zur Bearbeitung hast du insgesamt 240 Minuten Zeit. Als Hilfsmittel ist ein Rechtschreibwörterbuch zugelassen.

Materialgestütztes Argumentieren	Erschließen eines pragmatischen oder literarischen Textes
Hier sollst du mithilfe **unterschiedlicher Materialien**, die dir in der Prüfung vorgegeben werden, ein Thema erörtern. Das Angebot an Informationsmaterialien umfasst drei DIN-A4-Seiten. Bei den Materialien kann es sich um Auszüge aus Texten, Diagramme, Schaubilder, Karikaturen usw. handeln, die du hinsichtlich geeigneter Informationen zum Thema auswerten sollst. Gleichzeitig sollst du beim Verfassen des Aufsatzes dein **eigenes Wissen und deine Erfahrungen** miteinbeziehen. Bestandteil deines Aufsatzes ist darüber hinaus auch noch eine **Gliederung**.	Bei dieser Aufgabenart sollst du dich mit einem **journalistischen Text** (z. B. Bericht, Reportage, Kommentar, Glosse) oder einem **literarischen Text** (z. B. Kurzgeschichte, Auszug aus einem Roman, einer Novelle, einer Erzählung) auseinandersetzen, indem du ihn anhand von **fünf Aspekten**, die in der Aufgabenstellung genannt werden, erschließt. Einleitung und Schluss sind ebenfalls Bestandteil des Aufsatzes. Eine Gliederung wird hier nicht verlangt bzw. fließt nicht in die Bewertung ein, kann aber als Schreibplan eine wertvolle Hilfe für dich sein.

Im Folgenden werden die **Aufgabenbereiche** bzw. Aufsatzarten näher erläutert.

2.1 Grundlegendes zur Aufsatzart

Das Wichtigste bei der Vorbereitung ist zunächst die Beantwortung der Frage „wozu?". Natürlich bereitet man sich vor, um eine möglichst gute Note zu erreichen. Doch damit ist die Frage noch nicht ausreichend beantwortet.

TIPP **Ziel der Argumentation**

Beim **Argumentieren** geht es vor allem um die Darlegung von **Argumenten** zu einem bestimmten Thema, für die man zunächst **Behauptungen** aufstellt, die man anschließend gut und stichhaltig **begründet**, mit vielfältigen **Beispielen** belegt und sie zuletzt z. B. mit **Folgen** und **Wirkungen** abrundet.

Das **Argumentieren** bestimmt weite Bereiche unserer alltäglichen Kommunikation. Wenn wir miteinander reden, ist damit immer eine Absicht verbunden, z. B. dass wir unser Gegenüber von etwas überzeugen wollen oder müssen bzw. unsere Gesprächspartner*innen uns von ihrer Sicht der Dinge überzeugen möchten. Denke dabei z. B. an Gesprächsformen und -zusammenhänge im täglichen Leben, etwa beim Bewerbungsgespräch, beim Mitarbeitergespräch, beim Begründen und Abklären von Standpunkten in der Schule zwischen dir und deinen Mitschülerinnen und Mitschülern oder Lehrkräften, in der Teamarbeit, der Partnerschaft oder zu Hause zwischen dir und deinen Eltern. Selbst wenn es nur um die Zeit geht, wie lange du abends oder am Wochenende weggehen darfst, helfen dir **Argumente** (Behauptung + Begründung + Beispiele + Abrundung) weiter.

Eine **Argumentation** muss also **überzeugend** sein. Überzeugen kann aber nur, was **anschaulich, nachvollziehbar und sachlich richtig** ist. Stell dir also vor, dass dein Gegenüber über den Sachverhalt so gut wie nichts weiß und du daher alle Zusammenhänge entsprechend erklären musst. Täglich werden wir in den unterschiedlichsten Medien mit Informationen konfrontiert, die wir auswerten, verarbeiten und mit deren Hilfe wir uns eine Meinung bilden. Diese wollen wir auch möglichst überzeugend und anschaulich an andere weitergeben, z. B. zu Themen aus den Bereichen Politik, Wirtschaft, Unterhaltung oder Mode.

Auch das **materialgestützte Argumentieren**, wie es in der Prüfung verlangt wird, fordert von dir eine umfassende Auseinandersetzung und Auswertung des angebotenen Materials, das sich in ganz unterschiedlichen Formen präsentiert. Damit weist du auch unterschiedliche Kompetenzen nach, die du dir unter anderem im Deutschunterricht angeeignet hast. Die Materialien sollen dein **Wissen und deine Erkenntnisse aus dem eigenen Erfahrungsbereich** sowie dein **Sachwissen**, das dir der **Unterricht** in vielen Fächern vermittelt, jedoch **nicht ersetzen, sondern ergänzen**. So ist auch der Begriff „materialgestützt" zu verstehen. Daher ist es auch sinnvoll, den eigenen Wissensstand über den Schulunterricht hinaus zu erweitern. Hier bieten sich die verschiedenen **Medien** als zusätzliche Informationsquellen an. Daher ist zum Beispiel auch das Zeitunglesen eine sinnvolle Form der Prüfungsvorbereitung.

Beim materialgestützten Argumentieren ist es besonders wichtig, dass du Sachverhalte **logisch und überzeugend darstellen** kannst. Wie bei allen Aufsatzarten sind darüber hinaus auch ein **gewandter Schreibstil** und gute Kenntnisse in der **Rechtschreibung und Grammatik** sowie der **Zeichensetzung** erforderlich.

2.2 Erschließen des Themas

Der erste Arbeitsschritt sollte immer eine gründliche **Erschließung des Themas** sein, um sicherzugehen, dass du es auch wirklich verstanden hast.

Gehe dabei wie folgt vor:

Das Thema	Was wird von mir erwartet? Worüber schreibe ich? Was ist die Grundlage für meine Argumentation?
Themaanalyse	Eine genaue Themaanalyse ist die Voraussetzung für eine exakte gedankliche Auseinandersetzung. Eine wichtige Frage dabei ist, welche … 1. **Arbeitsaufträge**, 2. **Denkaufträge** (woran du bei der Stoffsammlung denken sollst, um das Thema ganz zu erfassen), 3. **Hinweise** enthält das Thema? Achte dabei besonders auf den **Vorspann**, der Teil vieler Aufgabenstellungen ist und meist aus einer (provokanten) Aussage besteht.
Themabegriff	Bestimme den oder die zentralen Begriffe des Themas. Er gibt bzw. sie geben allgemein das Thema deiner Argumentation an und sind somit die **Grundlage deiner Argumentation**. Deshalb ist eine genaue und sichere Bestimmung erforderlich.
Einschränkung/ Präzisierung	Das Thema wird häufig durch **weitere Angaben** eingeschränkt. Der einschränkende Begriff kann sich z. B. auf eine bestimmte Personen- oder Altersgruppe beziehen.
Erörterungs-auftrag	Er gibt an, welche Gesichtspunkte du genau erörtern musst (z. B. Möglichkeiten, Gefahren, Vorteile, Nachteile).
Formulieren einer Themafrage	Je nach Aufgabenstellung kann der Erörterungsauftrag aus einer oder zwei Themafragen bestehen.

2.3 Informationsmaterialien auswerten

Die Materialien können dir für **alle Teile des Aufsatzes** Anregungen geben und Fakten liefern. Es wird erwartet, dass du sie möglichst für alle Bereiche deines Aufsatzes nutzt:

- als Materialquelle für deine **Stoffsammlung**
- zur Gewinnung von **Argumenten** zum Thema
- zur anschaulichen **Begründung** deiner Argumente
- zur Veranschaulichung deiner Argumente mit **Beispielen**
- zur Formulierung einer auf das Thema hinführenden **Einleitung**
- zur Ausformulierung eines abrundenden **Schlusses**

Achte bei der Auswertung darauf, dass sich alle entnommenen Informationen **auf das Thema beziehen** und dafür **wichtig** sind. Überlege auch, an welcher Stelle du das Material einsetzen kannst, z. B. in der Einleitung, zur Veranschaulichung von Argumenten oder als Grundlage zur Ableitung neuer Argumente. Beachte auch die **Arbeitsanweisung**, die den Materialien vorangestellt ist: Sie gibt Hinweise, was du bei der Auswertung und der Verwendung des Materials berücksichtigen musst.

Beispiel für eine **Arbeitsanweisung:**

> *Beziehen Sie die beigefügten Materialien sowie eigenes Wissen und eigene Erfahrungen sinnvoll in Ihre Argumentation ein. Wenn Sie Informationen aus den Materialien wörtlich oder sinngemäß übernehmen, müssen Sie dies in Ihrem Aufsatz angeben.*

Wo immer du Daten aus den Materialien verwendest, musst du die **Quelle** korrekt angeben. Wörtlich übernommene Textstellen musst du als **Zitate** kennzeichnen.

> **TIPP** **Hinweis zur Auswertung der Materialien**
>
> Wende bei der Auswertung der Materialien alle dir bekannten Techniken des Markierens und Hervorhebens an. Notiere auch Gedanken und Ideen am Rand. Kläre unbekannte Begriffe mithilfe des **Rechtschreibwörterbuchs**, das dir in der Prüfung zur Verfügung steht. Neben Angaben zur Schreibung liefert es besonders bei Fremdwörtern auch einen Bedeutungshinweis.

Die nachfolgende Tabelle zeigt dir, worauf du bei der **Auswertung der verschiedenen Arten von Materialien** achten solltest:

Textauszug mit Zahlen und Fakten	Längere Textauszüge erfordern eine klare **Untergliederung in Sinnabschnitte**, wie du sie von der Inhaltszusammenfassung kennst. Eine kurze Überschrift für jeden Sinnabschnitt, die den **Kerninhalt** stichpunktartig wiedergibt, hilft dir bei der weiteren Verwendung des Materials in deinem Aufsatz. Zusätzlich zur Auswertung von Zahlen und Fakten ist es bei allen Materialquellen wichtig, die Bedeutung von **(Fach-)Begriffen** zu **klären**. Daher empfiehlt es sich, unbekannte Wörter zu markieren bzw. mit einem Fragezeichen zu kennzeichnen.
Schaubild/ Diagramm	**Schaubilder** stellen wichtige Informationen wie Zahlen oder Zusammenhänge kompakt und anschaulich dar. Sie bestehen häufig aus einer Mischung von grafischen Darstellungen und Aussagen in Textform. Zuerst musst du das **Thema**, zu dem Aussagen gemacht werden, erfassen. Der **Titel** des Schaubilds/Diagramms gibt häufig Auskunft darüber. Überlege als Nächstes, für welchen **Bereich** bzw. für welche **Gruppe** die erhobenen Daten gelten. Achte auch auf die **Einheit**, z. B. Prozent, in der die Angaben gemacht sind.
Tabelle	Da **Tabellen** oft eine **Vielzahl verschiedener Daten** bieten, ist es notwendig, Wichtiges von Unwichtigem zu unterscheiden. Hier empfiehlt sich die **Hervorhebung von auffälligen Zahlen** durch Farben oder Markierungen oder die Kennzeichnung einer Entwicklung bzw. auffälliger Unterschiede innerhalb einer Zahlenreihe. Tabellen haben immer ein **Thema**, das du meist an der Überschrift erkennen kannst. Aus Tabellen kann man zunächst nur einzelne Werte ablesen, viel interessanter sind jedoch **Vergleiche** der Werte und Aussagen zu möglichen Entwicklungen. In diesem Zusammenhang solltest du dich auch fragen, **warum** bestimmte Unterschiede oder Entwicklungen zu erkennen sind.
Karikatur	Auch **Karikaturen** können als Materialgrundlage vorkommen. Diese stellen menschliche Schwächen oder Eigenschaften **überspitzt** dar oder **kritisieren** gesellschaftliche Fehlentwicklungen meist auf witzige und übertriebene Weise. Die jeweilige **Aussage** musst du anhand der dargestellten Gegenstände und ihres Zustands, der abgebildeten Personen und ihrer Haltung bzw. ihres Gesichtsausdrucks **erschließen**. Das Gezeichnete ist meist **auf das Wesentliche reduziert**. Manchmal gibt es kurze Texte zur Erklärung oder als eine Art **Überschrift**.
Bilder	Auch **Bilder** können in Form von Zeichnungen, Fotos oder Plakaten als Material vorkommen. Bei der Auswertung ist es wichtig, die **Bildinhalte** zu erfassen und zu beschreiben. Dazu verschaffst du dir zunächst einen **Überblick** und betrachtest dann die Darstellung und Anordnung der einzelnen **Bildelemente** genauer. Wenn ein **Titel** vorhanden ist, kann er dir bei der **Deutung** des Bildinhaltes und bei der Formulierung einer **Bildaussage** helfen.

2.4 Die Stoffsammlung – Argumente finden

Fertige mithilfe der ausgewerteten Materialien eine **Stoffsammlung** an, z. B. in Form einer Tabelle oder eines Clusters.
Du kannst das **Material** und die **Erkenntnisse aus der Arbeit mit dem Material** auf unterschiedliche Weise in die Stoffsammlung und den Aufsatz einbringen:

- **Materialinhalte direkt übernehmen:** Die Informationsmaterialien kannst du zunächst für die Stoffsammlung nutzen. Aus dem ausgewerteten Material lassen sich einige Ideen für Argumente direkt übernehmen, die du gleich in Form eines Gliederungspunkts notieren kannst.
- **Materialinhalte hinterfragen:** Manche Materialien helfen dir indirekt bei der Suche nach neuen Argumenten. Du musst die Aussagen hinterfragen, um Antworten auf die Themafragen zu erhalten.

2.5 Die Stoffordnung

Die Ideen, die du gesammelt hast, musst du anschließend **sinnvoll ordnen**. Wenn du eine übersichtliche Stoffordnung angefertigt hast, fällt es dir leicht, die Gliederung zu erstellen. Wichtig ist, dass du den **Überblick** behältst und die verschiedenen **Teilbereiche** eines Themas erkennst. Die **Gliederung** richtet sich auch nach der Aufgabenstellung.
Unter Umständen bekommst du bei deiner Stoffsammlung auch Ideen für geeignete **Oberbegriffe**, die du in der Gliederung verwenden kannst. Die Reihenfolge der Argumente hängt unter anderem davon ab, wie du die einzelnen Bereiche in deinem Aufsatz gewichtest. Ordne die Argumente und Oberbegriffe entweder **vom weniger Wichtigen zum Wichtigen** oder **vom weniger Bekannten zum Bekannten**.

Um deine Ideen zu ordnen, kannst du folgende **Techniken** nutzen:

Stoffordnung mithilfe von Symbolen und Farben

Um von einer ungeordneten Stoffsammlung zur Stoffordnung zu gelangen, musst du deine Ideen bei einem zweigliedrigen Thema zuerst den unterschiedlichen **Themafragen** zuordnen. Anschließend solltest du **Oberbegriffe** erarbeiten, die inhaltlich zu deinen **Argumenten** passen. Verwende dazu am besten **Farben oder Symbole**, die du klar definierst, und setze diese vor die einzelnen Begriffe. Vielleicht fallen dir beim Strukturieren auch noch Ungenauigkeiten oder Lücken auf und es zeigt sich, dass du z. B. zu deinen Oberbegriffen noch weitere Argumente finden musst.

Mindmap

Eine Mindmap ist eine bereits **geordnete Gedanken- oder Ideenlandkarte**. Im Unterschied zum Cluster ist die Mindmap strukturiert und kann auch farblich oder zeichnerisch gestaltet sein. Die um den Themabegriff notierten Gesichtspunkte verbindest du dabei mit Linien, die sich verästeln können und so Über- und Unterordnungen veranschaulichen: Mithilfe von vorher erarbeiteten Leitbegriffen zum Thema (Themafrage) lassen sich „**Hauptäste**" zeichnen, die direkt vom „**Stamm**" des Themabegriffs abzweigen und sich wiederum in einzelne „**Zweige**" (Oberbegriffe) und „**Unter-Zweiglein**" (untergeordnete Argumente) verästeln.

2.6 Die Gliederung

Die Gliederung ist sowohl das geordnete **Inhaltsverzeichnis** deines Aufsatzes, mit dem die Leser*innen schnell einen Überblick gewinnen können, als auch dein eigener **Arbeitsplan** für die Ausarbeitung. Für deine folgende Auseinandersetzung mit dem Thema kannst du dich daran „entlanghangeln". Wenn du während des Schreibens noch Veränderungen an der Struktur vornimmst, musst du auch deine Gliederung entsprechend anpassen.
Bei der Erstellung einer Gliederung ist wichtig, dass sie in sich **stimmig und schlüssig** aufgebaut ist. Führe lieber wenige **wichtige Argumente** an, die du dann in deinem Aufsatz auch ausführlich und anschaulich ausarbeiten kannst, als dich in einer Vielzahl von eher unwichtigen und oberflächlichen Einzelargumenten zu verzetteln. Nicht die Anzahl der Argumente ist entscheidend, sondern ihre **Überzeugungskraft**.
Grundsätzlich gibt es zwei Formen der Gliederung: die **konventionelle** und die **numerische Gliederung**.

1. Die konventionelle Gliederung

A. Einleitungsgedanke
B. Themafragen
    I. Erste Themafrage
        1. Oberbegriff
            a) Argument
            b) Argument
        2. Oberbegriff
            a) Argument
            b) Argument
    II. Zweite Themafrage
        ...
        ...
C. Schlussgedanke

2. Die numerische Gliederung

A. Einleitungsgedanke
B. Themafragen
    1 Erste Themafrage
        1.1 Oberbegriff
            1.1.1 Argument
            1.1.2 Argument
        1.2 Oberbegriff
            1.2.1 Argument
            1.2.2 Argument
    2 Zweite Themafrage
        ...
        ...
C. Schlussgedanke

In den meisten Fällen reicht die hier angegebene „Tiefe" der Untergliederung (Themafrage – Oberbegriff – Argument) aus, da du mit deiner Gliederung nur eine **Übersicht** und nicht den genauen Inhalt deines Aufsatzes wiedergeben sollst.

TIPP **Hinweis zur Gliederung**

Einige Grundregeln für die äußere Form und die Formulierung:

- Bei der **numerischen Gliederung** steht **hinter** der jeweils letzten arabischen **Ziffer kein Punkt**.
- Das **erste Wort** eines Gliederungspunkts beginnt mit einem **Großbuchstaben**, auch wenn er nicht als Satz formuliert ist.
- Die Gliederungspunkte zu **Einleitung, Hauptteil und Schluss** können entweder im **Nominalstil** (Wortgruppe mit substantiviertem Verb) oder als Satz (ohne Schlusspunkt) formuliert werden.
- Formuliere die **Oberbegriffe** und **Argumente** einheitlich im **Nominalstil**.
- Jedem **Oberbegriff** sollten **mindestens zwei Argumente** zugeordnet sein.

2.7 Die Ausarbeitung des Aufsatzes

Die Ausarbeitung einer materialgestützten Argumentation besteht aus der **Einleitung**, dem **Hauptteil** mit der Darlegung der Argumente und dem **Schluss**. Je gründlicher du die einzelnen Schritte der Vorarbeit ausgeführt hast, desto leichter fällt dir eine überzeugende schriftliche Ausarbeitung.

Die Einleitung

Die Einleitung soll **gezielt** auf das Thema hinführen, das bedeutet, sie soll …

- die Leser*innen auf das Nachfolgende vorbereiten,
- Interesse und Neugier wecken,
- Hintergrundinformationen zum Thema liefern und
- die Themafrage benennen.

In der Regel ist davon auszugehen, dass einige der Materialien sich gut für einen **Einleitungsgedanken** eignen, z. B. wenn es sich um **aktuelle Entwicklungen oder Ereignisse**, passende **Statistiken** oder **Begriffsdefinitionen** handelt. Oft kannst du Aspekte aus mehreren Materialien kombinieren, um einen besonders anschaulichen und interessanten Beginn deines Aufsatzes zu formulieren. Darüber hinaus hast du die Wahl, selbst einen eigenen passenden Einleitungsgedanken zu formulieren.

TIPP **Hinweis zur Einleitung**

Achte in der Einleitung darauf, …
- **keine Argumente** vorwegzunehmen,
- nicht mehrere Einleitungsvarianten gleichzeitig zu verwenden,
- genau zu überprüfen, welche **Einleitungsvariante** gut zum Thema passt,
- eine sinnvolle, d. h. inhaltlich passende **Überleitung** zur Themafrage zu formulieren,
- Materialinhalte (z. B. Aussagen, Daten) korrekt zu zitieren und ihre **Quelle anzugeben** oder auf die Materialnummer zu verweisen (z. B. Material 1).

Der Hauptteil

Im anschließenden Hauptteil **formulierst** du alle **Argumente** entsprechend der Reihenfolge in der Gliederung aus. Im Hauptteil sollst du dich mit dem vorgegebenen Thema **argumentativ** auseinandersetzen und die Leser*innen überzeugen. Dies gelingt nur, wenn du logisch und nachvollziehbar argumentierst. Achte daher darauf, dass du die Argumente klar und richtig aufbaust.

Informationen aus den Materialien kannst du für **Begründungen** und **Beispiele** verwenden, indem du sie **direkt in deine Argumente** einbindest. Dadurch gelingt es dir, zum einen deine Argumentation stichhaltig zu belegen und zum anderen die Anschaulichkeit deiner Aussagen zu steigern.

Beginne jedes Argument mit einem neuen Absatz. Verknüpfe sowohl die Argumente als auch die Übergänge zum nächsten Oberpunkt bzw. Teilbereich des Themas miteinander. Um die einzelnen Argumente zu verbinden, musst du geschickt **überleiten**.

TIPP **Hinweis zur Überleitung**

Als Vorbereitung auf die Prüfung solltest du dir eine Reihe von **Verknüpfungen** notieren und einprägen. Hier bieten sich an:
- **Adverbien und Konjunktionen** (z. B. außerdem, zusätzlich, daneben, aber),
- **sprachliche Wendungen** (z. B. Man darf nicht vergessen, dass …; Hinzu kommt, dass …; Zu nennen ist …),
- Aufgreifen des **vorangehenden Arguments oder der Themafrage** (z. B. Neben den Vorteilen aus … ergeben sich aber auch positive Folgen für …).

Weitere Beispiele findest du bei den ausgearbeiteten Aufsätzen zu den Übungs- und Prüfungsthemen.

Der Schluss

Der Schluss soll die Erörterung **abrunden**. Das heißt, der Schlussgedanke soll möglichst gut an deine Argumentation anschließen und deine **Aussagen in einem Ergebnis zusammenfassen**. Es können auch mehrere Möglichkeiten für einen Schlussgedanken miteinander kombiniert werden.

Auch für die Gestaltung des Schlusses ist die Verwendung von Inhalten aus den Materialien möglich, z. B. indem du **direkt Aussagen aus den Materialien verwendest** oder dich **zu eigenständigen Schlussgedanken anregen** lässt. Denke dabei an die bekannten Varianten für den Schluss und überlege, welche Informationen sich dafür eignen könnten. Dies sind beispielsweise Aspekte, die du für die Erarbeitung des Aufsatzes nicht verwendet hast, die aber zum Thema passen, es ergänzen oder aus einem anderen Blickwinkel beleuchten.

> **TIPP** **Hinweis zum Schlussgedanken**
>
> Achte bei der Ausarbeitung deines Schlussgedankens auf Folgendes:
> - **Vermeide** inhaltliche **Wiederholungen** aus dem Hauptteil.
> - Verwende **keine neuen Argumente**.
> - Nimm dir für die Ausformulierung des Schlussteils genügend Zeit, damit dein Aufsatz genauso **überzeugend** endet, wie er beginnt.

Dein Aufsatz setzt sich also aus folgenden **Bestandteilen** zusammen:

Einleitung	Jede Einleitung besteht aus **drei Teilen:** • Einleitungsgedanke • Überleitung • Themafrage(n)  Für einen **eigenständigen Einleitungsgedanken** bieten sich u. a. an: • persönliche Erlebnisse oder Erfahrungen • aktuelles Ereignis oder aktuelle Entwicklung • geschichtlicher Rückblick oder Vergleich der Vergangenheit mit der Gegenwart • Definition des Themabegriffs • Vergleich mit Ähnlichem oder Gegenüberstellung von Gegensätzlichem • Zitat, Sprichwort, Redensart oder Motto • Statistiken oder Ergebnisse von Untersuchungen
Hauptteil	Ein **Argument** besteht in der Regel aus folgenden Teilen/Bausteinen: • Überleitung vom vorherigen Argument • Behauptung, veranschaulicht durch • Begründung(en) und • Beispiel(e) • Folgen/Wirkungen, Auswirkungen, Rückführung als Abrundung

Schluss	Als **Schlussgedanken** bieten sich u. a. an: • Zusammenfassung der Argumente • Folgerung aus dem Geschriebenen • begründete persönliche Stellungnahme • Ausblick in die Zukunft • Vergleich mit Ähnlichem • gegensätzlicher Gedanke • weiterführender Gedanke • persönlicher Wunsch

2.8 Hinweise zum Üben der Aufsatzform

Vollständige **Gliederungs- und Aufsatzbeispiele**, die die einzelnen Arbeitsschritte der **materialgestützten Argumentation** berücksichtigen und darstellen, findest du in den **Lösungsvorschlägen zu den Übungs- und Prüfungsaufgaben**. Verwende sie nicht nur als Anschauungsmaterial, sondern als Grundlage zur eigenständigen Übung:

- **Einüben der Gliederung:** Erarbeite jeweils zu den Themen des materialgestützten Argumentierens selbstständig eine Gliederung. **Vergleiche hinterher** deine Lösung mit der vorgeschlagenen Gliederung und überarbeite sie gegebenenfalls.
- **Einüben der vollständigen Ausarbeitung:** Wenn du dir bei der Ausarbeitung noch unsicher bist, dann **orientiere dich** zunächst an den **Gliederungsvorschlägen** und formuliere anschließend **einzelne Bereiche bzw. den ganzen Aufsatz** aus. Wenn du dir schon sicherer bist: Sieh dir nur die Aufgabenstellung an und entwirf eine eigene Gliederung und schreibe einen vollständigen Aufsatz. **Vergleiche und überarbeite** deine Lösungen am Ende mithilfe der Hinweise und Lösungsmöglichkeiten in diesem Buch.

Beachte dabei aber, dass es sich hier nur um Lösungsvorschläge handelt. Die Gliederungen sollen dir lediglich eine **Orientierung** bieten, welche Argumente zu den Themen möglich wären. Sie sind daher zum Teil umfangreicher, als sie von dir in der Prüfung erwartet werden. In der Regel genügt es, wenn du insgesamt zehn bis zwölf Argumente findest, die du nachvollziehbar begründest und mit Beispielen veranschaulichst.

TIPP **Leitfaden zum materialgestützten Argumentieren**

Den Leitfaden zum materialgestützten Argumentieren kannst du auch als „Checkliste" verwenden, um zu überprüfen, ob du alle Schritte beherrschst.

1. **Lies** das Thema zum materialgestützten Argumentieren sorgfältig durch.
2. **Analysiere** das Thema genau nach Themabegriff, Einschränkung/Präzisierung, Erörterungsauftrag und Art des Themas.
3. **Werte** das Informationsmaterial **gründlich aus**. Notiere dir, für welche Teile des Aufsatzes du die Informationen jeweils verwenden kannst.
4. Fertige eine **Stoffsammlung** mithilfe einer der vorgeschlagenen Techniken an (Tabelle oder Cluster).
5. **Ordne** den **Stoff** nach den Themafragen, Oberbegriffen und den dazugehörigen Ideen für Argumente. Wende zur Stoffordnung eine der vorgeschlagenen Techniken an (Markierung mit Farben und Symbolen, Mindmap).
6. Ergänze das nun erarbeitete Gliederungsgerüst durch **Einleitungs-** und **Schlussgedanken**.
7. Formuliere die **Gliederung** endgültig, achte dabei auf eine schlüssige Anordnung der Argumente (z. B. vom weniger Wichtigen zum Wichtigen) und einen einheitlichen Sprachstil (Nominalstil oder Satz). Beachte dabei auch die Grundregeln für die äußere Form und die Formulierung der Gliederung.
8. Gestalte die **Einleitung** mithilfe eines eigenständigen Einleitungsgedankens oder unter Verwendung von Materialinhalten und halte dich an den dreiteiligen Aufbau: Einleitungsgedanke, Überleitung und Themafrage(n).
9. Formuliere alle **Argumente** nach dem Argumentationsschema: Behauptung – Begründung – Beispiel (– Abrundung) – Überleitung. Verwende sprachliche Verknüpfungen zwischen den einzelnen Teilbereichen des Aufsatzes und zwischen den Oberbegriffen bzw. Argumenten.
10. Runde **den Aufsatz** mit einem anschaulichen **Schluss** sinnvoll ab. Verwende dazu geeignete Materialinhalte oder eine eigene Variante.
11. Überarbeite deinen Aufsatz abschließend nach den obigen Punkten. Beachte dabei auch die **äußere Form** (Absätze, Schrift, Korrekturrand) sowie **Rechtschreibung, Grammatik und Zeichensetzung**. Verbessere auch umgangssprachliche Ausdrücke, Wiederholungen und Verallgemeinerungen.

Bei der Erschließung eines pragmatischen oder literarischen Textes handelt es sich um **zwei verschiedene Aufsatzarten**, die aber aufgrund der Ähnlichkeit der Arbeitsaufträge im Folgenden zusammen vorgestellt werden.

3.1 Grundlegendes zu den Aufsatzarten

Eine Texterschließung bezieht sich immer auf einen **Text**, der dir in der Prüfung vorgelegt wird. Es kann sich dabei entweder um einen **literarischen oder einen pragmatischen Text**, also einen Sachtext handeln. Zu diesem werden dir dann immer insgesamt **fünf Arbeitsaufträge** gestellt, die du in Form eines gegliederten Aufsatzes bearbeiten musst. Drei dieser Aufgaben befassen sich mit der **Texterschließung**. Die restlichen zwei Arbeitsaufträge kann man als **weiterführende Aufgaben** bezeichnen. Diese beziehen sich aber ebenfalls auf den Text.

- In den ersten drei Aufgaben zur **Texterschließung** musst du dich beschreibend und auch interpretierend mit dem **Inhalt**, der **Sprache** und einer **weiteren Besonderheit** des vorgegebenen Textes auseinandersetzen.
- Die vierte Aufgabe ist eine sogenannte **argumentative Schreibaufgabe**. Bei dieser sollst du zu einer Aussage aus dem Text oder einer Frage- bzw. Problemstellung, die der Text aufwirft, eine **begründete Stellungnahme** verfassen. Es kann auch sein, dass die Stellungnahme in eine andere Textart, z. B. einen Leserbrief oder einen Aufruf für die Schülerzeitung, gekleidet werden soll.
- Der fünfte Arbeitsauftrag besteht aus einer offeneren **kreativen Schreibaufgabe**, die auch eng im Zusammenhang mit dem vorliegenden Text oder seinen Aussagen steht. Hierbei handelt sich z. B. um einen inneren Monolog, einen Tagebucheintrag oder eine Fortsetzung der Geschichte.

Da ein längerer Text deine Arbeitsgrundlage darstellt, besteht deine erste Arbeitsaufgabe im **sinnerfassenden und genauen Lesen**. Lies den Text mehrfach gründlich durch, unterstreiche wichtige Schlüsselstellen und markiere Auffälliges (z. B. mit Ausrufezeichen) oder Unklares (z. B. mit Fragezeichen). Setze dich anschließend mit den Arbeitsaufträgen auseinander und arbeite genau heraus, was diese von dir verlangen.

Wie jeder Aufsatz besteht auch die Texterschließung aus **Einleitung, Hauptteil** (= die Bearbeitung der fünf Arbeitsaufträge) und **Schluss**. Eine Gliederung wird zwar nicht verlangt, doch ist es empfehlenswert, wenn du einen knappen **Schreibplan** anlegst. Darin kannst du die Arbeitsaufträge (in der Reihenfolge der Aufgabenstellung) auflisten und bei jedem Oberpunkt jeweils die wesentlichen Unterpunkte ergänzen. Damit ist sichergestellt, dass du nichts vergisst oder übersiehst.

3.2 Die Einleitung

Die Einleitung beim Erschließen von Texten soll das **Interesse** der Leser*innen **wecken** und zur **Thematik hinführen**. Dafür eignen sich folgende Inhalte:

- Informationen über **die Autorin/den Autor** (oder nur Nennung des Namens, wenn keine weiteren Angaben vorhanden sind)
- **Daten zum Text** (Titel, Quelle, Erscheinungszeit usw.)
- Einordnung des Textes in die literarische oder geschichtliche **Epoche** (bei literarischen Texten)
- Benennung der **Textsorte**
- **Kernsatz** zur zentralen Thematik des Textes

oder:

- Hinführung zum Thema durch einen **eigenständigen Einleitungsgedanken**

3.3 Der Hauptteil

Im **Hauptteil** der Texterschließung sollst du die in der Aufgabenstellung genannten Arbeitsaufträge ausarbeiten. Zunächst musst du dich **mit dem Text auseinandersetzen** und zeigen, dass du den Text verstanden hast.

Folgende **fünf Aufgabenbereiche** werden im Hauptteil von dir gefordert:

Aufgabe 1	einfache **Inhaltszusammenfassung** (beim literarischen Text) oder Inhaltszusammenfassung unter Berücksichtigung des Aufbaus des Textes (beim pragmatischen Text)
Aufgabe 2	Untersuchen und Reflektieren der **Sprache** des Textes
Aufgabe 3	Erschließen einer **Besonderheit des Textes**, z. B. Bestimmung der Textsorte (evtl. unter Berücksichtigung des Textäußeren), Absicht der Autorin/des Autors und Wirkung des Textes auf die Leser*innen, Charakterisierung der Hauptpersonen (nur bei literarischen Texten)
Aufgabe 4	**begründete Stellungnahme/argumentative Schreibaufgabe** zu einer Aussage des Textes oder einer Frage- bzw. Problemstellung, die der Text aufwirft, z. B. persönliche Stellungnahme, Leserbrief, Aufruf/Appell, Beschwerde
Aufgabe 5	**offenere kreative Schreibaufgabe** zum Text bzw. dessen Thematik, z. B. persönlicher Brief, Tagebucheintrag, Fortsetzung eines Textes, Übertragung in eine andere Textsorte, Schilderung von Gedanken und Empfindungen/innerer Monolog

Im Folgenden werden die **fünf Aufgabenbereiche** näher erläutert.

Aufgabe 1: Inhaltszusammenfassung

Achte bei einer **Inhaltszusammenfassung** auf Folgendes:

- Beantwortung der wichtigen W-Fragen
- Beschränkung auf das Wesentliche
- in eigenen Worten formulieren
- Zeitstufe Präsens
- indirekte Rede (statt wörtlicher Rede)
- beim pragmatischen Text: Funktion der einzelnen Sinnabschnitte für das Textganze, also z. B. Einleitung, Hinführung, Wendepunkt, Darstellung der Ausgangssituation, Schlusspointe

Bei **pragmatischen Texten** ist also **zusätzlich zur Inhaltszusammenfassung** auch der **Aufbau des Textes**, d. h. die Funktion der einzelnen Sinnabschnitte, zu erfassen.

Aufgabe 2: Untersuchen und Reflektieren der Sprache

Diese Aufgabe kann sich auf den **ganzen Text** oder auch nur auf **einen bestimmten Textabschnitt** beziehen. Zu einer Sprach- und Stilanalyse gehört es immer auch, die **Wirkung** der erarbeiteten Merkmale konkret am Text zu beschreiben. Stelle die Sprachanalyse unter folgende **Leitfragen:**

1. Was will die Autorin/der Autor mit dem Text erreichen? (Absicht/Ziel)
2. Wie hat die Autorin/der Autor ihre/seine Gedanken, Inhalte formuliert? (Grammatik/Stil)
3. Welche Wirkung besitzen die einzelnen sprachlichen Gestaltungsmittel?

Dabei kannst du folgende Aspekte untersuchen:

- **Wortwahl:** Besonderheiten bei bestimmten Wortarten (Verben, Nomen, Adjektive ...), Fremdwörter, fachsprachliche Ausdrücke (Wissenschaft, Technik, Sport ...) usw.
- **Sprachebene:** Jugendsprache, Umgangssprache usw.
- **Satzbau:** Satzarten (Fragesätze, Interjektionen ...), Satzstruktur (Satzgefüge, Satzreihe), Stilmittel des Satzbaus (Ellipse, Inversion ...), Zusammenhänge zwischen Absicht und Satzbau usw.
- **Stilmittel/rhetorische Mittel:** Aufzählung, Alliteration, Vergleich, Ironie usw.
- **Rede und Gedanken:** direkte Rede, indirekte Rede, innerer Monolog usw.
- **Erzählperspektive:** Ich-Erzähler, personaler Erzähler usw.

Aufgabe 3: Erschließen einer Besonderheit des Textes

Charakterisierung der Hauptperson(en)

Bei literarischen Texten wird üblicherweise eine Charakterisierung der Hauptperson(en) verlangt. Die **äußeren Merkmale** (Name, Alter, Beruf usw.) kannst du leicht der Textvorlage entnehmen. Die **Charaktereigenschaften** werden hingegen meistens nicht konkret genannt. In diesem Fall musst du aus dem Verhalten Rückschlüsse ziehen und so den handelnden Personen bestimmte Charaktermerkmale zuordnen (z. B. fleißig/faul, ehrlich/verlogen, gutgläubig/misstrauisch, offen/verschlossen). Wichtig sind hierfür nicht nur die Verhaltensweisen der zu beschreibenden Person, sondern auch das **Verhalten der anderen Beteiligten ihr gegenüber**. Oft hilft dir bei der Charakterisierung auch der Blick auf bestimmte Satzteile wie Attribute und Adverbiale. Belege deine Aussagen immer am Text.

Bestimmung der Textsorte anhand typischer Merkmale

Die Textsorte lässt sich anhand zahlreicher Merkmale bestimmen, darunter fallen neben **inhaltlichen Aspekten** üblicherweise auch der Textaufbau, die **Absicht der Verfasserin/des Verfassers** oder bestimmte sprachliche Mittel. Wenn zudem von dir verlangt wird, dass du bei der Textsortenbegründung auch auf das **Textäußere** (äußerer Aufbau, äußere Form, Aufmachung, Erscheinungsbild) eingehen sollst, kannst du folgende Bereiche genauer untersuchen:

- Umfang und Aufbau: Überschriften, Dachzeilen, Schlagzeilen, Vorspann, Absätze, Spalten, Name der Autorin/des Autors, Rubrikname usw.
- Schriftgröße der Schlagzeilen, Fettdruck, Balken, Rahmen, Bilder, Karikaturen, Diagramme, Zeichnungen, Hervorhebungen usw.

Bei einem Textsortennachweis sollst du wichtige Merkmale der Textsorte anführen und sie mit Textbeispielen belegen. Hierzu musst du die **wichtigen und eindeutigen Merkmale der Textsorten** gelernt haben und sicher beherrschen. Manchmal kann es sich bei den Texten aber auch um **Mischformen** handeln. Dann musst du darauf hinweisen und die Hauptmerkmale der infrage kommenden Textsorten herausarbeiten.

Folgende **Textsorten** können dir in der Prüfung begegnen:

Journalistische Texte		**Literarische Texte**	
informierend:	Bericht, Reportage	erzählend:	Kurzgeschichte, Erzählung, Romanauszug
meinungsbildend:	Kommentar, Glosse, Kolumne	verspottend:	Satire

Absicht der Autorin/des Autors und Wirkung des Textes auf die Leser*innen

Stelle ausführlich **anhand von Textstellen** dar, was die Autorin oder der Autor mit ihrem oder seinem Text **aussagen will** und **welche Wirkung** der Text auf dich als Leser*in hat. Halte dich auch hier an die Funktion der **Textsorte**.

Texte können z. B. …
- unterhalten,
- Kritik an gesellschaftlichen oder politischen Missständen oder an bestimmten menschlichen Verhaltensweisen üben,
- zum Nach- und Weiterdenken anregen,
- zum Handeln aufrufen,
- einen Standpunkt klar darlegen,
- an die Vernunft appellieren,
- zur Hilfe aufrufen,
- Verhaltensänderungen erreichen wollen,
- zur Überprüfung eigener Ansichten herausfordern oder
- einfach nur informieren.

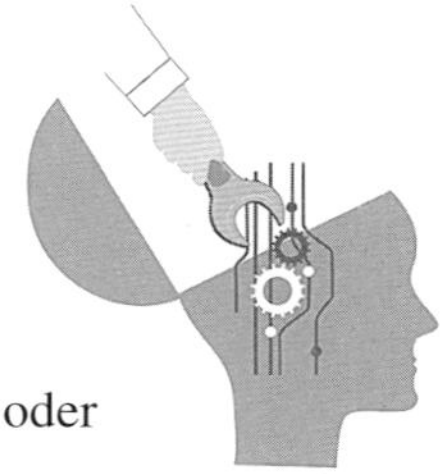

Aufgabe 4: Argumentative Schreibaufgabe/Begründete Stellungnahme

Die argumentative Schreibaufgabe besteht immer aus einer **begründeten Stellungnahme**, die z. B. auch in die Form eines Leserbriefs, eines Appells/Aufrufs oder einer Beschwerde gekleidet sein kann. Wichtig ist bei dieser Aufgabe vor allem, dass du **mit Argumenten überzeugst**. Du musst also nach dem Schema Behauptung – Begründung – Beispiel – Abrundung vorgehen. Einzelne Beispiele dazu findest du in den Lösungen zu den Übungs- und Prüfungsaufgaben. Vom Umfang her solltest du dich an der Wortzahlangabe, die in der Aufgabenstellung gemacht wird, orientieren. Bei durchschnittlicher Schriftgröße dürfte deine Stellungnahme mindestens eine DIN-A4-Seite umfassen.

Folgende **Textarten** können z. B. von dir verlangt werden:

Persönliche Stellungnahme

Bei der **persönlichen Stellungnahme** innerhalb der Erschließung eines Textes musst du zu einer Aussage, zu einem Gesichtspunkt oder zur Thematik des Textes zuerst **Position beziehen** und dann **deine Meinung** mithilfe von **Argumenten** begründen. Die Argumente sind genauso wie bei der materialgestützten Argumentation aufzubauen. Hier wird von dir aber keine so umfangreiche Abhandlung wie bei der materialgestützten Argumentation erwartet. Üblicherweise genügen zwei bis drei aussagekräftige und ausführliche Argumente, damit die erwartete Textlänge erreicht wird.

Leserbrief

In einem **Leserbrief** wendest du dich in Briefform an eine Zeitung oder Zeitschrift und äußerst dich zu einem Zeitungsartikel (in der Regel der Text aus der Aufgabenstellung), den du berichtigst, ergänzt oder kritisierst. Du kannst hier auch Anregungen, Lösungsvorschläge oder Hinweise auf weitere Probleme ansprechen. Diese Aufgabe ist ebenfalls mit einer **Stellungnahme** verknüpft. Das bedeutet, dass du deine Meinung zum Thema äußern und mithilfe von **Argumenten** untermauern sollst. Daher musst du sowohl die Grundregeln der Stellungnahme als auch die Merkmale der Briefform einhalten. Nimm bei der Darstellung auch Rücksicht auf die Leser*innen und beachte ihr mögliches Wissen (oder Nicht-Wissen) und ihre Erwartungen an die Sprache. In der Regel sollte ein Leserbrief **sachlich** und ohne Umgangssprache formuliert werden.

Aufruf/Appell

Ein **Aufruf/Appell** gehört zu den sogenannten appellativen Texten. Aufrufe wollen überzeugen und appellieren an die Leser*innen, in einer gewünschten Art **zu handeln**. Ein Aufruf sollte daher auch stichhaltige **Argumente** liefern. Diese sollten nicht nur überzeugen, sondern auch die Aufmerksamkeit der Leser*innen wecken.

Beim Aufruf musst du dich – im Gegensatz zur persönlichen Stellungnahme – nicht immer an eine sachliche Sprache halten. Um die Zielgruppe deines Aufrufs überzeugen zu können, sind umgangssprachliche oder jugendsprachliche Formulierungen ggf. besser geeignet. Damit sich die Leser*innen direkt angesprochen fühlen, solltest du die Anredepronomen „du" oder „Sie" verwenden.

Beschwerde

Eine **Beschwerde** hat ebenfalls Appellcharakter. Die Beschwerdeführer*innen möchten z. B. erreichen, dass eine Person oder Personengruppe ihr **Verhalten ändert** oder dass ein **sachlicher Mangel behoben** wird. Zunächst musst du klären, was du erreichen möchtest, und dann **Argumente** anbringen, warum du mit einem Verhalten oder einer Situation nicht einverstanden bist. In der Regel wird eine Beschwerde in der **Form eines Briefs** von dir verlangt. Halte dich also an die äußere Form eines offiziellen bzw. formalen Briefs. Schreibe **sachlich**, nur so kannst du dein Anliegen überzeugend darstellen. Berücksichtige dabei auch die Situation der Beschwerdeempfänger*innen.

Aufgabe 5: Offenere kreative Schreibaufgabe

Offenere kreative Schreibformen verlangen, dass du auf Grundlage des vorliegenden Textes selbst **sprachlich kreativ** wirst.

Folgende **Textsorten** können z. B. von dir verlangt werden:

Persönlicher Brief

Ein persönlicher Brief wird anders als ein formaler Brief gestaltet. Das beginnt schon mit der **äußeren Form:** In der Regel ist es nicht erforderlich, dass du die Anschrift der Verfasserin/des Verfassers und der Empfängerin/des Empfängers im Briefkopf einfügst. Es genügen die Angaben von Ort und Datum sowie die Anrede. Zudem musst du dich in die **Situation der Figur** hineinversetzen, die den Brief schreibt, denn es geht immer darum, dass du aus ihrer **Perspektive** schreibst. Wichtig ist, dass du Gefühle, Gedanken und Eindrücke so schilderst, als ob du die betreffende Figur wärst. Verwende daher die **Ich-Form**.
Da es sich bei der Verfasserin oder dem Verfasser immer um eine Figur aus einem Text handelt, solltest du die **Informationen** berücksichtigen, die der Text vermittelt. Dabei solltest du dich vor allem auf Einzelheiten beziehen, die dieser Figur wichtig sind. Versetze dich aber auch in **die Empfängerin oder den Empfänger** hinein. Bedenke, was sie oder er weiß oder wissen könnte. Nimm auch auf ihre oder seine Gefühle Rücksicht – selbst dann, wenn du Kritik an der Person üben willst. Dabei solltest du eine **Sprachebene** wählen, die der Adressatin/dem Adressaten entspricht. Ob du z. B. auch umgangssprachliche Wendungen benutzen kannst, hängt ganz von der Person ab, an die der Brief gerichtet ist. Beende deinen Brief mit einer entsprechenden Schlussformel.

Tagebucheintrag

Ein Tagebucheintrag ist ein ganz besonders **persönlicher Text**, da die Verfasserin oder der Verfasser hier nicht nur über ihre oder seine Probleme und Sorgen sprechen kann, sondern auch die geheimsten Gedanken und Gefühle zum Ausdruck bringt. Die Verfasserin oder der Verfasser geht schließlich davon aus, dass niemand – außer ihr/ihm selbst – das Tagebuch lesen wird.
Es gibt vor allem zwei Gründe, warum man ein Tagebuch schreibt: Zum einen ist es wie ein **Ventil für die eigenen Gefühle und Gedanken**. Das können positive Gefühle sein (z. B. wenn man frisch verliebt ist) oder auch negative Gefühle (z. B. wenn man sich an einem Tag über jemanden ganz besonders geärgert hat). Zum anderen dient der Tagebucheintrag der **Erinnerung:** Man schreibt all das hinein, was man nicht vergessen möchte (z. B. wenn man ein besonderes Urlaubserlebnis für sich festhalten will).
Einen Tagebucheintrag kannst du sehr frei formulieren. Umgangssprachliche Wendungen solltest du aber nur verwenden, wenn das zu der Figur, in die du dich hineinversetzen sollst, passen würde.
Wie der persönliche Brief steht auch ein Tagebucheintrag immer im **Zusammenhang mit dem Text**. Du musst also in diesem Fall genau überlegen, welche Gedanken und Gefühle die betroffene Figur dazu veranlassen könnten, einen Tagebucheintrag zu schreiben, und welche Informationen du aus dem Originaltext sinnvoll einbauen kannst.

Fortsetzung eines Textes

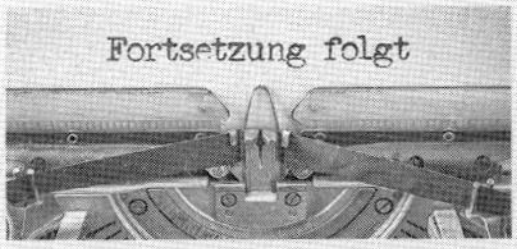

Bei literarischen Texten wie Kurzgeschichten, Romanauszügen oder Satiren kann die kreative Schreibaufgabe auch darin bestehen, dass du eine Fortsetzung des Textes schreiben sollst. Wichtig ist hier, dass du einen möglichst „nahtlosen“ **Übergang** zum Originaltext herstellst. Das betrifft sowohl die **Sprache** als auch den **Inhalt**. Du sollst also nicht einfach deiner Fantasie freien Lauf lassen, sondern musst den vorgegebenen Text so weitererzählen, dass man kaum merkt, dass die Fortsetzung nicht von der Autorin oder dem Autor, sondern von dir stammt.
Daher ist es wichtig, dass du möglichst nahe an der **Sprache des Originaltextes** formulierst und deine Weiterführung der Handlung **glaubwürdig** wirkt. Überlege auch genau, welche **Verhaltensweisen** zu den Figuren, von denen erzählt wird, passen könnten. Mitunter wird auch verlangt, dass du den Text **aus der Sicht einer bestimmten Figur** weitererzählst. Dann musst du dich in diese Figur hineinversetzen und überlegen, wie sie denken, handeln und fühlen könnte. In diesem Fall schreibst du deine Fortsetzung in der **Ich-Form**.

Übertragung in eine andere Textsorte

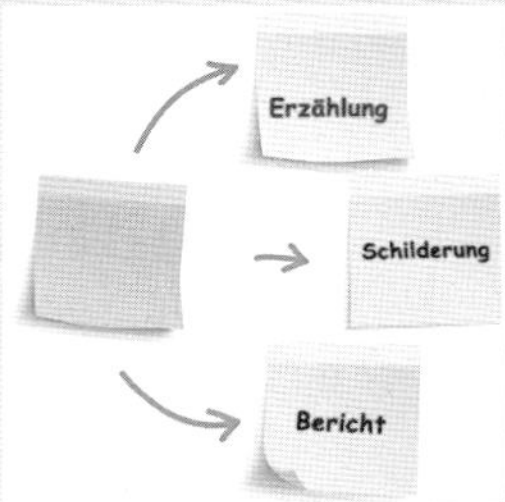

Wenn du den gegebenen Text in eine andere Textsorte übertragen sollst, sind zwei Schwierigkeiten zu bewältigen: Zum einen musst du das im Originaltext **dargestellte Geschehen** Schritt für Schritt rekonstruieren und **alle wesentlichen Informationen** des Ausgangstextes dabei berücksichtigen. Zum anderen musst du deine Darstellung an die neue Textsorte anpassen. Wichtig ist daher, dass du die besonderen **Merkmale der Textsorte** gut kennst und bei deiner Darstellung genau beachtest. Infrage kommen hier z. B. die Textsorten „Erzählung“ und „Schilderung“.

Schilderung von Gedanken und Empfindungen, innerer Monolog

Eine Schilderung stellt Erlebnisse, Ereignisse, vor allem aber **Gedanken, Stimmungen und Empfindungen** anschaulich dar. Ihr Ziel ist nicht, über ein Geschehen zu informieren, sondern die Wirkung des Geschehens auf eine Person zu veranschaulichen. Deswegen stehen Gedanken und Empfindungen im Vordergrund. Diese lassen sich besonders gut in Form eines **inneren Monologs** darstellen.
Wenn du die Form eines **inneren Monologs** wählen sollst, musst du das Geschehen in der **Ich-Form** aufschreiben. Dabei musst du vor allem die möglichen Gedanken der Person darstellen. Dazu hast du eine Vielzahl sprachlicher Gestaltungsmöglichkeiten, z. B. Frage- und Ausrufesätze oder unterbrochene Sätze.

3.4 Der Schluss

Es gibt mehrere Möglichkeiten, einen **Schluss** zu gestalten:

- persönliche **Stellungnahme** zum Text
- kurze **Zusammenfassung** wichtiger Ergebnisse der Auseinandersetzung mit dem Text
- begründete **Kritik oder Würdigung** des Textes oder der Absichten
- **Ergänzung** um einen Teilaspekt, der in der Aufgabenstellung selbst nicht verlangt ist
- **Ausblick** in die Zukunft
- **Appell** an die Leser*innen

Wenn als argumentative Schreibaufgabe eine persönliche Stellungnahme, beispielsweise in Form eines Leserbriefs, verlangt wird, ist es ratsam, im Schlussteil auf eine eigene Stellungnahme zu verzichten und stattdessen eine der **anderen Möglichkeiten** zu wählen.

3.5 Hinweise zum Üben der Aufsatzformen

Vollständige **Aufsatzbeispiele**, die die einzelnen Arbeitsschritte der Erschließung von pragmatischen oder literarischen Texten berücksichtigen und darstellen, findest du in den **Lösungsvorschlägen zu den Übungsaufgaben und Abschlussprüfungen**. Verwende sie nicht nur als Anschauungsmaterial, sondern als Grundlage zu eigenständigen Übungen.

Wenn du dir bei der Ausarbeitung des Aufsatzes noch unsicher bist, dann lies dir die **Lösungshinweise** durch und formuliere anschließend **einzelne Bereiche bzw. den ganzen Aufsatz** aus. Wenn du dir schon sicherer bist: Sieh dir nur die Aufgabenstellung an und schreibe einen vollständigen Aufsatz. **Vergleiche und überarbeite** deine Lösungen am Ende mithilfe der Hinweise und Lösungsmöglichkeiten in diesem Buch.

Beachte dabei aber, dass es sich hier nur um Lösungsvorschläge und „Maximallösungen" handelt, die von dir in diesem Umfang nicht erwartet werden, um als sehr gute Arbeit zu gelten.

TIPP **Leitfaden zum Erschließen von pragmatischen oder literarischen Texten**

Den Leitfaden zum Erschließen von pragmatischen oder literarischen Texten kannst du auch als „Checkliste" verwenden, um zu überprüfen, ob du alle Schritte beherrschst.

1. **Analysiere** die fünf Aufgaben, die in der Aufgabenstellung genannt werden, genau.
2. **Lies** den Text mehrmals gründlich durch und **unterstreiche** dabei wichtige Stellen oder hebe sie farbig hervor. **Kennzeichne** Bedeutsames oder unklare Textstellen mit Symbolen (Frage- oder Ausrufezeichen). **Notiere** auch spontane Gedanken und Ideen am Rand.
3. Erstelle auf einem separaten Blatt Papier anhand der Aufgabenstellung eine **Grobgliederung**, die dir als **Schreibplan** für deinen Aufsatz dient.
4. Erarbeite die Aufgaben der Reihe nach mithilfe deiner Markierungen und Randnotizen. Halte die Ergebnisse stichpunktartig in einer Stoffsammlung fest. Berücksichtige dabei alle **Arbeitshinweise**, die du bei den einzelnen Aufgabenbereichen erfüllen sollst.
5. Schreibe die **Einleitung**, um zu deinem Aufsatz hinzuführen (Basisinformationen oder eigenständige Hinführung).
6. Formuliere nun mithilfe deines **Schreibplans** und der **stichpunktartigen Stoffsammlung** die drei Abschnitte der Texterschließung aus. Achte darauf, die einzelnen Arbeitsbereiche sprachlich zu verknüpfen und jede Teilaufgabe mit einem neuen **Absatz** zu beginnen.
7. Bearbeite anschließend die **argumentative und die kreative Schreibaufgabe** entsprechend der jeweiligen Aufgabenstellung.
8. Runde deinen Aufsatz mit einem sinnvollen **Schluss** ab.
9. Überarbeite deinen Aufsatz abschließend nach den obigen Punkten. Beachte dabei auch die **äußere Form** (Absätze, Schrift, Korrekturrand) sowie **Rechtschreibung, Grammatik und Zeichensetzung**. Verbessere auch umgangssprachliche Ausdrücke, Wiederholungen und Verallgemeinerungen.

Materialgestütztes Argumentieren
Übungsaufgabe 1

Warum verbreiten sich vor allem im Internet viele sogenannte Fake News? Wie kann man diesem Problem entgegentreten?

Gehen Sie zur Bearbeitung des Themas zunächst das vorliegende Material durch und überlegen Sie sich, welche Informationen Sie für Ihren Aufsatz verwerten können. Das Material dient zur Ergänzung Ihrer eigenen Ideen. ***Es muss jedoch deutlich erkennbar sein, dass Teile des Materials in die Bearbeitung mit einbezogen wurden.*** *Falls Sie Textstellen wörtlich übernehmen bzw. angegebene Daten oder Aussagen verwenden, müssen Sie dies in Ihrem Aufsatz angeben.*

Material 1 zum Begriff „Fake News“

Fake News: in den Medien und im Internet, besonders in den sozialen Netzwerken, in manipulativer Absicht verbreitete Falschmeldungen

Quelle: Duden. Die deutsche Rechtschreibung, 2020.

Formen (Beispiele):

- vollkommen erfundene Inhalte oder Vermischung von wahren und falschen Informationen
- Verfälschung authentischer Inhalte/Bilder/Videos durch Veränderung (z. B. Fotomontage) oder Einbettung in falsche Zusammenhänge
- reißerische Falschmeldungen, um Nutzer auf bestimmte Websites zu locken und durch dort platzierte Werbung Geld zu verdienen

Quelle: eigene Zusammenstellung nach: https://de.firstdraftnews.org

Material 2 aus einem Zeitschriftenartikel

„Neue“ Medien wie beispielsweise soziale Netzwerke [...] oder Videoportale [...] sind keine regulierbaren Nachrichtenanbieter. In ihnen fehlen die sogenannten „Gatekeeper“, die Journalistinnen und Journalisten, welche Meldungen recherchieren, kritisch hinterfragen und interpretieren. In sozialen Medien kann jeder und jede Inhalte einstellen und verbreiten, unabhängig vom Professionalitätsgrad. Die Möglichkeit, dies anonym oder unter falschem Namen zu tun, stellt ein weiteres Risiko dar.

Quelle: Zeitschrift „Pädagogische Führung“, Heft 4/2020

Material 3 aus einem Online-Artikel

Online werden viele Artikel bewusst mit reißerischen Überschriften versehen, damit sie von vielen Nutzern angeklickt werden. Oft teilen die Nutzer die Texte mit ihren Freunden, obwohl sie nur die Überschriften gelesen haben. […] Durch häufiges Teilen erreichen die Fake News erstens immer mehr Nutzer, was zweitens wiederum ihre Glaubwürdigkeit erhöht. Denn wenn ein Beitrag schon hunderttausendfach weitergeleitet wurde, muss er ja stimmen – so die Annahme.

Quelle: Sonja Kolonko (2018): Fake News – die Macht der Falschmeldungen, Planet Wissen, https://www.planet-wissen.de/kultur/medien/fake_news/index.html

Material 4 Umfrageergebnis

Hauptnachrichtenquelle 2020 in Deutschland (nach Alter, in Prozent)

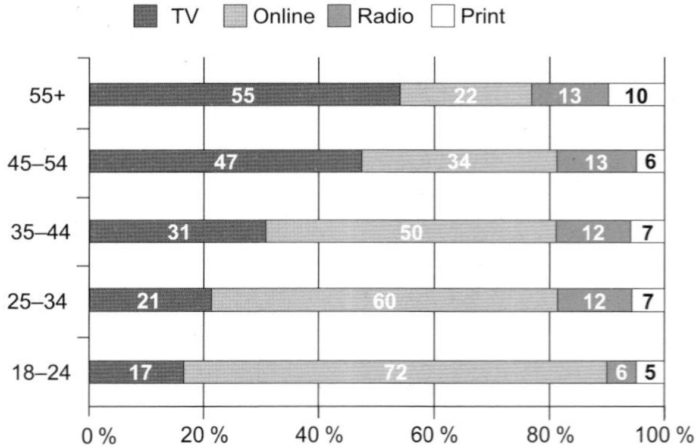

Quelle: Reuters Institute Digital News Report 2020

Material 5 Aufklärungs-Website

Der österreichische Verein Mimikama hat es sich seit 2011 zur Aufgabe gemacht, Internetbetrug, -missbrauch und Falschmeldungen aufzudecken. Mit der zugehörigen Suchmaschine Hoaxsearch lassen sich Fakes gezielt nach bestimmten Schlagworten finden.

Quelle: www.mimikama.at

Material 6 aus einem Zeitungsartikel

Mit Hilfe von Computerprogrammen lassen sich Fotos, Tonaufnahmen und Videos nach Belieben manipulieren. Die Programme verwischen die Grenze zwischen Wahrheit und Fiktion [...]. „Wir steuern auf einen Punkt zu, an dem normale Menschen nicht mehr zwischen Fake und Original unterscheiden können", sagt Hany Farid, Informatikprofessor der Universität Berkeley. Er spricht von einem Kampf mit ungleichen Waffen: „Es ist unfair. Auf einen Menschen, der daran forscht, Manipulationen zu erkennen, kommen hundert, die immer perfektere Fälschungen entwickeln."

Quelle: Simon Hurtz: Fox News und Photoshop sind gefährlicher als Deep Fakes, Süddeutsche vom 30. 07. 2019, https://www.sueddeutsche.de/digital/deep-fake-video-faelschung-1.4541336

Material 7 Plakat

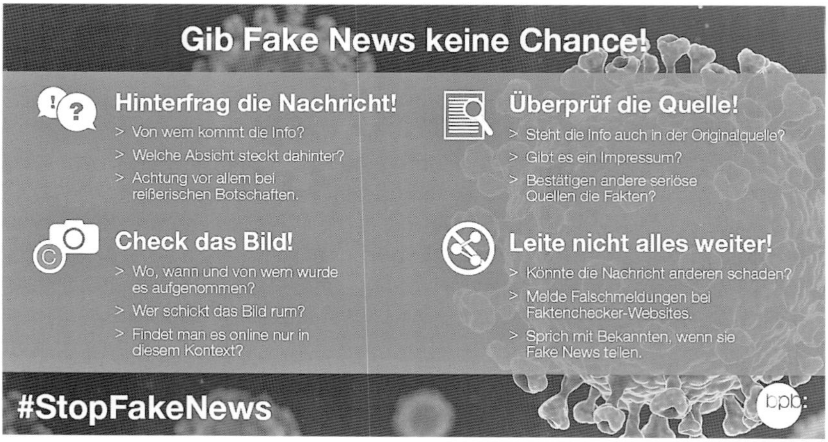

Quelle: Bundeszentrale für politische Bildung: Fake News zu erkennen, ist nicht immer einfach. (bpb) Lizenz: cc by-nc-nd/3.0/de/

Material 8 aus einem Interview

Sabrina Heike Kessler, Medienwissenschaftlerin an der Universität Zürich:

Im Prinzip sind wir alle anfällig für Fake News – zumindest auf Gebieten, in denen wir uns nicht auskennen. Weil wir oft nicht genug Zeit, kognitive Ressourcen oder Motivation haben, um komplexe Themen [...] zu verstehen, kommt es sehr häufig zu Missverständnissen und Halbwissen. Fake News können zudem auf manche Menschen attraktiv wirken: Sie sind meist leicht verständlich, einfach und augenscheinlich plausibel. Dazu kommt, dass sie oft emotional und überraschend sind sowie unsere Sensationslust befriedigen. Das Internet mit seiner rasant wachsenden Informationsfülle und den schier unerschöpflichen Möglichkeiten, diese zu präsentieren, ist hierfür ein ideales Medium.

Quelle: Corinne Plaga: Unsicherheit und Angst kann Menschen für Fake-News empfänglicher machen, NZZ vom 29. 01. 2020, https://www.nzz.ch/digital/coronavirus-und-verschwoerungstheorien- eine-expertin-im-interview-ld.1537132?reduced=true

Material 9 aus einem Zeitungsartikel

Geldbußen, Strafen, Verbote, das klingt konsequent [...]. Doch so einfach ist es nicht in einer offenen Gesellschaft, zu deren wichtigsten Werten die Meinungsfreiheit zählt. Wer bestimmt, was erlaubt ist und was nicht? Wo beginnt die Zensur? Dazu kommt: Regeln, mit denen die schlimmsten Auswüchse geahndet werden können, gibt es längst. Beispielsweise Paragrafen gegen Betrug und Verleumdung, die auch im Internet gelten. Was die vorhandenen Vorschriften möglich machen, hat Anfang 2019 das Amtsgericht Mannheim gezeigt. Es verurteilte einen Blogbetreiber wegen einer Meldung über einen Terroranschlag zu einer Geldstrafe von 12 000 Euro. Der Anschlag hatte nie stattgefunden.

Quelle: Simon Hurtz und Klaus Ott: Es gibt längst Regeln gegen die Infodemie, Süddeutsche vom 18. 03. 2020, https://www.sueddeutsche.de/medien/fake-news-coronavirus-gesetze-1.4849743

Material 10 aus einem Online-Artikel

„Social Bots" sind Computerprogramme, die eine menschliche Identität vortäuschen, indem sie wie Menschen in sozialen Medien kommunizieren. In automatisierter Form posten sie (Falsch-)Nachrichten, liken oder teilen diese.

Quelle: Sonja Kind/Marc Bovenschulte/Simone Ehrenberg-Silies/Tobias Jetzke/Sebastian Weide: Social Bots, Thesenpapier zum öffentlichen Fachgespräch „Social Bots – Diskussion und Validierung von Zwischenergebnissen" am 26. Januar 2017 im Deutschen Bundestag, https://www.bundestag.de/resource/blob/488564/4a87d2d5b867b0464ef457831fb8e642/thesenpapier-data.pdf

Material 11 aus einem Internetportal

In großen sozialen Netzwerken gibt es die Möglichkeit, einzelne missbräuchliche Beiträge als kritisch zu melden. Gemeldete Beiträge sollen dann zeitnah überprüft werden. Je nach Ergebnis der Überprüfung können unterschiedliche Maßnahmen eingeleitet werden:

✗ *Löschung einzelner Beiträge*

! *Kennzeichnung von Beiträgen als Fake News*

⦸ *Sperrung eines Accounts*

Quelle: mebis Redakteure (2021), Fake News | Maßnahmen in sozialen Netzwerken, in: mebis – Landesmedienzentrum Bayern, https://www.mebis.bayern.de/p/58405 (18. Januar 2022)

Material 12 aus dem Flyer einer Initiative

klicksafe

Seit 2004 setzt die Initiative *klicksafe* in Deutschland den Auftrag der EU-Kommission um, Internetnutzern die kompetente und kritische Nutzung von Internet und Neuen Medien zu vermitteln.

klicksafe bietet Medienerziehungstipps für Eltern, Unterrichtsmaterialien für Lehrer und Pädagogen sowie einen Überblick über aktuelle Themen im Internet.

klicksafe sensibilisiert für Sicherheitsfragen und klärt über Entwicklungen, Chancen und Risiken im Netz auf.

klicksafe informiert über Internetbeschwerdestellen (Hotlines) und Beratungsstellen (Helplines).

Quelle: Klicksafe, https://www.kinderschutzbund-erlangen.de/sicherheit-im-netz/#:~:text=Seit%202004%20setzt%20klicksafe%20in,bis%20hin%20zu%20empfohlenen%20Spielen;
Logo: www.klicksafe.de

Die Aufgabe stammt aus der Original-Abschlussprüfung 2022.

Lösungsvorschlag

TIPP **Bearbeitungshinweise**

Erschließung des Themas
Der Themabegriff dieser Aufgabenstellung lautet „Fake News". Eingeschränkt wird er durch den Hinweis „vor allem im Internet". Das Thema ist zweigliedrig angelegt, besteht also aus zwei Themafragen. Die erste fragt nach den Gründen, warum sich Fake News vor allem im Internet verbreiten, die zweite stellt die Möglichkeiten, dem Problem entgegenzutreten, in den Mittelpunkt.

Themabegriff	Fake News
Einschränkung	vor allem im Internet
Präzisierung	Gründe für die Verbreitung; Maßnahmen, dem Problem entgegenzutreten
Erörterungsauftrag zweigliedrig	1. Aus welchen Gründen verbreiten sich vor allem im Internet viele sogenannte Fake News? 2. Mit welchen Maßnahmen kann man dem Problem entgegentreten?

Eine intensive Auseinandersetzung mit dem vorgegebenen Material ist zentraler Teil der Stoffsammlung. Bei der Auswertung solltest du auch überlegen, welche Informationen du für welchen Bereich deines Aufsatzes verwenden kannst.

Überlegungen zur Einleitung und zum Schluss
Überprüfe das Material hinsichtlich seiner Verwendbarkeit für einen sinnvollen Einleitungs- und Schlussgedanken. Du kannst dabei auch auf **eigene Erfahrungen** im Umgang mit „Fake News" zurückgreifen, z. B. in sozialen Netzwerken. Es ist auch eine Kombination aus mehreren Materialaussagen möglich. Achte darauf, dass du in der Einleitung **keine Gründe vorwegnimmst**. Auch während deiner zurückliegenden Schulzeit wirst du einiges an Wissen über die Gefahren im Internet und somit auch über „Fake News" gesammelt haben. Dieses Wissen kannst du auch für einen überzeugenden Schlussgedanken verwenden.

Vorarbeiten für den Hauptteil
Neben einer genauen Materialauswertung unter der Vorgabe, daraus **Argumente für beide Themafragen** zu formulieren, solltest du die vorliegenden Texte und die anderen Materialien gleichzeitig auf ihre **Verwendbarkeit für Begründungen und Beispiele** überprüfen und dies entsprechend markieren. Textstellen, Daten oder Aussagen, die du zitierst oder benutzt, müssen als **Zitate** gekennzeichnet werden. Überlege in einem letzten Schritt, ob du aus deinem **eigenen Wissen** weitere Argumente, Begründungen oder Beispiele formulieren kannst. Eine Untergliederung der Argumente in einzelne Oberpunkte erscheint nicht notwendig. Grundsätzlich wird erwartet, dass dem Aufsatz deutlich anzumerken ist, dass das Material gelesen, ausgewertet und sinnvoll verarbeitet wurde.

So könnte die **Auswertung der Materialien** aussehen:

Einleitung	Material 1	• Erklärung des Begriffs „Fake News“ • Formen von „Fake News“ im Internet
	Materialien 1, 2, 9	• häufige Quellen für „Fake News“ im Internet
	Material 4	• Internet als Hauptnachrichtenquelle für jüngere Personen
Hauptteil 1. Thema-frage	Materialien 1, 3	• Möglichkeit zur Steigerung von Werbeeinnahmen durch Klicks
	Material 2	• fehlende oder mangelhafte Kontrolle der veröffentlichten Informationen • Ausnutzen der Anonymität im Internet
	Materialien 3, 7, 8	• unreflektiertes Teilen von „Fake News“
	Materialien 3, 10	• Eindruck von Glaubhaftigkeit durch viele Likes und häufiges Teilen
	Materialien 6, 8, 10	• schwierige Erkennbarkeit von „Fake News“
2. Thema-frage	Materialien 5, 7, 11	• Training und Anwendung von Strategien zur Überprüfung von Informationen
	Materialien 5, 7, 12	• Verstärkung von Aufklärungsmaßnahmen
	Materialien 7, 11, 12	• Nutzung von Möglichkeiten zum Melden von „Fake News“ für die Internetnutzer*innen
	Material 9	• konsequente Umsetzung geltender gesetzlicher Vorgaben
	Material 11	• Löschen oder Kennzeichnen von „Fake News“ durch Plattform- oder Webseitenbetreiber
	Material 12	• konsequente Medienerziehung durch Eltern und Schule
Schluss	Materialien 1, 6, 10	• Formen von und technische Möglichkeiten für Fälschungen
	Material 4	• mögliche Gefahren der Benutzung des Internets als Hauptnachrichtenquelle
	Material 8	• Internet als ideales Medium für Falschmeldungen

Gliederungsvorschlag

TIPP **Hinweis zur Gliederung**

Die **Gliederungspunkte** für Einleitung, Hauptteil und Schluss können je nach Vorgabe deiner Lehrkraft einheitlich in ganzen Sätzen oder im Nominalstil formuliert sein.

A. Darstellung verschiedener Formen von „Fake News“

B. Gründe für die Verbreitung vieler sogenannter Fake News im Internet, und Maßnahmen, dem Problem entgegenzutreten

1 Gründe für die Verbreitung vieler sogenannter Fake News im Internet

1.1 Möglichkeit zur Steigerung von Werbeeinnahmen durch Klicks
1.2 Ausnutzen der Anonymität im Internet
1.3 Schwierige Erkennbarkeit von „Fake News“
1.4 Eindruck von Glaubhaftigkeit durch viele Likes und häufiges Teilen
1.5 Fehlende oder mangelhafte Kontrolle der veröffentlichten Informationen
1.6 Unreflektiertes Teilen von „Fake News“

2 Maßnahmen, dem Problem entgegenzutreten

2.1 Training und Anwendung von Strategien zur Überprüfung von Informationen
2.2 Konsequente Umsetzung geltender gesetzlicher Vorgaben
2.3 Nutzung von Möglichkeiten zum Melden von „Fake News“ für die Internetnutzer*innen
2.4 Löschen oder Kennzeichnen von „Fake News“ durch Plattform- oder Webseitenbetreiber
2.5 Verstärkung von Aufklärungsmaßnahmen
2.6 Konsequente Medienerziehung durch Eltern und Schule

C. Mögliche Gefahren der Benutzung des Internets als Hauptnachrichtenquelle

Aufsatzbeispiel

> **TIPP** **Hinweis zur Randspalte**
>
> Die **Angaben am Rand** sind nicht Bestandteil des Aufsatzes, sondern dienen nur deiner Orientierung hinsichtlich Inhalt und Aufbau.

A. Einleitung – Überleitung – Themafragen als Aussagesatz

„Fake News“ sind laut Duden (vgl. M 1) Falschmeldungen, die den Zweck haben, zu manipulieren. Neben anderen Medien spielen dabei das Internet und hier wiederum die sozialen Netzwerke eine besondere Rolle. Diese Falschmeldungen können frei erfunden sein oder es wird Wahres und Falsches gezielt vermischt. Häufig werden echte Inhalte, z. B. Bilder, durch technische Veränderungen verfälscht oder in falsche Zusammenhänge eingebunden, wie auf firstdraftnews.org (vgl. M 1) nachzulesen ist. Vor diesem Hintergrund sind die Fragen zu erörtern, warum sich vor allem im Internet viele sogenannte Fake News verbreiten und wie man diesem Problem entgegentreten kann.

B. 1 – Hinführung – 1.1 Behauptung – Begründung – Beispiel

Der erste Teil des Aufsatzes untersucht zunächst die Gründe, warum sich viele Falschmeldungen gerade im Internet verbreiten. Ein Grund ist vermutlich, dass damit die Möglichkeit geschaffen wird, die Werbeeinnahmen durch Klicks auf bestimmte Seiten zu steigern. Reißerische „Fake News“ dienen laut Material 1 dem Zweck, die Nutzer*innen auf Webseiten zu locken, auf denen dann viel Werbung zu finden ist. So werden die User*innen beispielsweise auf (angeblich) sensationelle neue Heilmittel gegen häufig verbreitete Beschwerden aufmerksam gemacht und dazu verleitet, etwa ein neues pflanzliches Mittel gegen Schlaflosigkeit zu bestellen.

1.2 Behauptung – Begründung – Beispiele

Auch die Anonymität im Internet unterstützt die Ausbreitung von Falschmeldungen. Jede*r kann unter einem falschen Namen oder anonym Nachrichten posten (vgl. M 2). Eine Verpflichtung, seinen eigenen Namen anzugeben, besteht in vielen sozialen Netzwerken oder auf beliebten Videoportalen nicht bzw. die Angaben werden nicht (ausreichend) überprüft. Gerade Wahlkämpfe oder die Corona-Pandemie haben viele Internetnutzer*innen dazu verleitet, anonym Falschnachrichten zu erstellen und zu verbreiten, da sie durch die Anonymität meist nicht mit negativen Konsequenzen rechnen müssen. Es gibt sogar professionelle Gruppen, die mutmaßlich im Auftrag von Regierungen das Netz mit „Fake News“ überschwemmen.

Zum Problem mit der Verbreitung von „Fake News“ im Internet 1.3 Behauptung
trägt auch bei, dass diese als solche nur schwer zu erkennen sind.
In einem Bericht der Süddeutschen Zeitung vom 30. 07. 2019 Begründung
wird ein Informatikprofessor zitiert, der sagt, dass der Zeitpunkt
bald erreicht sei, „an dem normale Menschen nicht mehr zwi-
schen Fake und Original unterscheiden können.“ (M 6) Es gibt
nämlich immer mehr Computerprogramme, mit denen sich Fo-
tos, Tonaufnahmen und Videos perfekt verändern lassen (vgl.
M 6). Dass es schon seit Jahren Bildbearbeitungsprogramme
gibt, mit denen man sehr gute Fotomontagen erstellen kann, ist
nichts Neues. Mittlerweile ist es aber auch möglich, Live-Videos
oder Tonaufnahmen so zu verändern, dass die Person im Video
wie eine andere aussieht und klingt. In vereinfachter Form ken- Beispiele
nen wir diese Technik auch von Filtern, die man z. B. bei der
Video-Telefonie anwenden kann, sodass man beispielsweise
wie ein sprechender Hund aussieht. Diese Form des „Fakes“ ist
harmlos. Ganz anders sieht es jedoch aus, wenn ein professio-
nelles Video erstellt wird, in dem angeblich ein Politiker, z. B.
der Bundeskanzler, Falschnachrichten verbreitet.
Ein weiterer Grund ist, dass Falschmeldungen durch das Teilen 1.4 Behauptung
immer mehr Nutzer*innen erreichen, was wiederum die Glaub-
haftigkeit der Nachricht erhöht und dazu führt, dass sie weiter-
verbreitet wird (vgl. M 3). Denn wenn zahlreiche Personen eine Begründung
Nachricht teilen oder liken, dann gehen viele davon aus, sie
könne nicht falsch sein. Beispielsweise können entsprechende Beispiel
Computerprogramme, sogenannte Social Bots (vgl. M 10), die
Nachrichten zuerst teilen, sodass ein Teufelskreis entsteht, durch
den die „Fake News“ immer glaubhafter wirken und sich zuneh-
mend verbreiten.
Neben dem Verhalten der Nutzer*innen fördert besonders auch Überleitung
die fehlende oder mangelhafte Kontrolle der Inhalte die Verbrei- 1.5 Behauptung
tung von Falschnachrichten im Internet. Die Zeitschrift „Pädago- Begründung
gische Führung“ schreibt 2020 darüber, dass soziale Netzwerke
oder Videoportale keine regulierbaren Nachrichtenanbieter seien
(vgl. M 2). Das heißt, dass es dort niemanden gibt, der die Hin-
tergründe zu den Nachrichten recherchiert. Bei Zeitungen oder Beispiele
dem Fernsehen, z. B. bei der „Süddeutschen Zeitung“ und dem
ZDF, gibt es dafür hingegen Journalistinnen und Journalisten, die
Meldungen überprüfen oder kritisch hinterfragen.

1.6 Behauptung – Begründung – Beispiel

„Fake News“ verbreiten sich wohl vor allem deswegen so stark, weil sie unreflektiert von den Internetnutzerinnen und -nutzern geteilt werden. Häufig werden nur die Überschriften gelesen, bevor die Texte weitergeleitet werden (vgl. M 3). Außerdem besitzen die User*innen oftmals auch nicht das nötige Verständnis für kompliziertere Zusammenhänge oder die Zeit und Lust, über den Inhalt einer Nachricht nachzudenken, um „Fake News“ als solche zu erkennen. Diese sind oft auch gerade deshalb interessant und verlockend, weil sie die Sensationslust der Menschen befriedigen und häufig überraschende Fakten vortäuschen (vgl. M 8). So wurde zum Beispiel in den Sozialen Medien die Falschnachricht verbreitet, dass die Impfung gegen COVID-19 die Fruchtbarkeit beeinträchtigen würde. Diese Nachricht klang so dramatisch, dass sie von vielen Menschen sofort mit anderen geteilt wurde. Dass sich die Nachricht so schnell verbreiten konnte, lag unter anderem wohl auch daran, dass der Wahrheitsgehalt aufgrund der Komplexität des Sachverhalts von Nicht-Medizinerinnen und -Medizinern nur schwer überprüft werden konnte.

*Überleitung zu **B. 2***

Nach der Darstellung von wesentlichen Gründen für die starke Verbreitung von „Fake News“ im Internet sollen im zweiten Teil der Argumentation nun die Möglichkeiten, wie man diesem Problem entgegentreten kann, erörtert werden.

2.1 Behauptung – Begründung – Beispiele

Eine mögliche Gegenmaßnahme besteht darin, Strategien zur Überprüfung von Informationen zu trainieren und diese dann konsequent anzuwenden. Denn nur, wenn man weiß, wie man „Fake News“ erkennen kann, und diese Strategien entsprechend eingeübt und verinnerlicht hat, wendet man sie auch konsequent an und fällt nicht mehr so leicht auf „Fake News“ herein. Jede Falschmeldung, die nicht weiterverbreitet wird, ist eine weniger, die Schaden anrichten kann. Um eine Nachricht kritisch auf Hinweise, die auf „Fake News“ hindeuten, zu untersuchen, kann man zum Beispiel auf reißerische Aussagen oder darauf, wo und wann ein Bild aufgenommen wurde, achten. Außerdem sollte man überprüfen, ob andere seriöse Quellen die Fakten bestätigen (vgl. M 7). Zudem gibt es spezielle Suchmaschinen, mit denen man nach Falschmeldungen mithilfe von Schlagwörtern suchen kann, z. B. die Suchmaschine „Hoaxsearch“ (vgl. M 5).

Auch die Strafverfolgungsbehörden sind im Kampf gegen Falschmeldungen gefordert, indem sie dafür sorgen, dass geltende gesetzliche Vorgaben konsequent umgesetzt werden.	2.2 Behauptung
Denn es gibt bereits Gesetze gegen Betrug und Verleumdung, die auch im Internet gelten. Sie bräuchten nur konsequent angewendet werden	Begründung
wie im Beispiel aus Material 9: Darin heißt es, dass ein Gericht eine Geldstrafe von 12 000 Euro über einen Blogbetreiber, der einen Terroranschlag erfunden hatte, den es nie gegeben hatte, verhängt hat.	Beispiel
Eine weitere Möglichkeit, gegen die Verbreitung von „Fake News" im Internet vorzugehen, besteht darin, dass die Internetnutzer*innen diese selbst melden.	2.3 Behauptung
Denn alle tragen eine Mitverantwortung, wenn es darum geht, Falschmeldungen auf die Spur zu kommen.	Begründung
Daher bieten vor allem die großen Sozialen Netzwerke wie Facebook und Twitter die Möglichkeit, verdächtige Beiträge zu melden, damit diese gekennzeichnet oder gelöscht werden können oder sogar die Accounts der Nutzer*innen, die solche Falschnachrichten verbreiten, gesperrt werden (vgl. M 11). Darüber hinaus gibt es noch weitere Internetbeschwerde- und Beratungsstellen, über die beispielsweise die Initiative „klicksafe" (vgl. M 12) informiert.	Beispiele
Natürlich muss die Löschung oder Kennzeichnung von „Fake News" durch die Plattform- und Webseitenbetreiber auch umgesetzt werden. Denn nur so kann die Mithilfe der Nutzer*innen auch Wirkung zeigen.	Abrundung
Es genügt aber nicht, dass die Plattform- und Webseitenbetreiber nur zeitnah auf die Meldung von verdächtigen Beiträgen durch die Nutzer*innen reagieren,	Überleitung
sondern sie können auch selbst aktiv nach Falschnachrichten suchen und diese als solche kennzeichnen oder löschen (vgl. M 11).	2.4 Behauptung
Denn die Betreiber sind ebenfalls dafür verantwortlich, welche Inhalte auf ihren Plattformen und Webseiten verbreitet werden.	Begründung
Sie könnten beispielsweise mithilfe von künstlicher Intelligenz Beiträge herausfiltern lassen, die verdächtig sein könnten, und sie erst nach einer kritischen Prüfung zur Veröffentlichung freigeben. Dadurch könnte die Verbreitung der „Fake News" zum Teil schon im Keim erstickt werden, bevor jemand die Beiträge zu Gesicht bekommen hat.	Beispiel

2.5 Behauptung

Vor allem der Verstärkung von Aufklärungsmaßnahmen kommt beim Kampf gegen das Phänomen der „Fake News“ im Internet eine besondere Bedeutung zu.

Begründung

Denn nur, wenn möglichst viele Internetnutzer*innen hinsichtlich dieses Problems sensibilisiert werden und wissen, wie sie mit „Fake News“ umgehen sollen, kann man dem Problem der Verbreitung von Falschnachrichten im Internet Herr werden.

Beispiele

Die Initiative „klicksafe“ hat sich z. B. zur Aufgabe gemacht, „Internetnutzern die kompetente und kritische Nutzung von Internet und Neuen Medien zu vermitteln“ (M 12), was auch die Aufklärung über „Fake News“ beinhaltet. Auch Plakate wie das der Bundeszentrale für politische Bildung mit dem Titel „Gib Fake News keine Chance!“ (vgl. M 7) und Vereine wie „Mimikama“ (vgl. M 5) leisten einen wertvollen Beitrag zur Aufklärung über das Thema.

2.6 Behauptung

Eine konsequente Medienerziehung durch die Eltern und die Schule stellt eine besonders wichtige Maßnahme dar, um dem Problem der Verbreitung von „Fake News“ im Internet entgegenzutreten.

Begründung

Dies ist insbesondere deshalb so wichtig, weil gerade jüngere Menschen das Internet als Hauptnachrichtenquelle verwenden (vgl. M 4). Es liegt in der Verantwortung der Eltern und der Schulen, dass Kinder und Jugendliche die Kompetenzen entwickeln, das Internet verantwortungsbewusst und sicher zu nutzen.

Beispiele

Zur Unterstützung bei dieser Aufgabe bieten beispielsweise Initiativen wie „klicksafe“ (vgl. M 12) Medienerziehungstipps für Eltern und Unterrichtsmaterialien für Lehrer*innen. Auch Aktionen wie der Internetführerschein, der Medienführerschein oder die Lerninhalte in Fächern wie Informationstechnologie dienen dieser wichtigen pädagogischen und erzieherischen Aufgabe.

Abrundung

Damit wird es hoffentlich gelingen, die Internetnutzer*innen kompetenter im Umgang mit den vielen Vorteilen aber auch Risiken dieses Mediums, wie zum Beispiel den „Fake News“, zu machen.

C. Schluss

Die Tatsache, dass die Mehrheit der 18- bis 34-Jährigen in Deutschland laut einer Umfrage (vgl. M 4) das Internet als Hauptnachrichtenquelle nutzen und vor allem gedruckte Medien fast keine Rolle mehr spielen, birgt die Gefahr von Falschinformation, weil man selbst verantwortlich dafür ist, den Wahrheitsgehalt einer Nachricht zu überprüfen. „Fake News“ können, wenn sie nicht erkannt werden, eine unheilvolle Macht entfalten. Sie können die politische Meinung verändern, Stimmungen in der Gesellschaft anheizen, Vorurteile wachsen lassen und sogar

Wahlen entscheiden und die Gesellschaft spalten. Vielen von uns ist sicherlich noch Donald Trumps Verhalten zum Zeitpunkt der Amtsübergabe an seinen Nachfolger in Erinnerung, als er seine Anhänger*innen durch die Verbreitung der Falschnachricht, Biden hätte ihm durch Betrug seinen Wahlsieg gestohlen, zum Sturm auf das Kapitol aufgestachelt hatte. Man sollte sich daher der Gefahren, die durch die Nutzung des Internets als Hauptnachrichtenquelle entstehen können, bewusst sein und Informationen gewissenhaft auf ihren Wahrheitsgehalt prüfen, und zwar auch mithilfe von klassischen Printmedien.

Materialgestütztes Argumentieren
Übungsaufgabe 2

In vielen Berufen gibt es die Möglichkeit zum Homeoffice. Erörtern Sie die Vorteile und mögliche Probleme.

Gehen Sie zur Bearbeitung des Themas zunächst das vorliegende Material durch und überlegen Sie sich, welche Informationen Sie für Ihren Aufsatz verwerten möchten. Das Material dient zur Ergänzung Ihrer eigenen Ideen. ***Es muss jedoch deutlich erkennbar sein, dass Teile des Materials in die Bearbeitung mit einbezogen wurden.*** *Falls Sie Textstellen wörtlich übernehmen bzw. angegebene Daten oder Aussagen verwenden, müssen Sie dies in Ihrem Aufsatz angeben.*

Material 1 Statistik

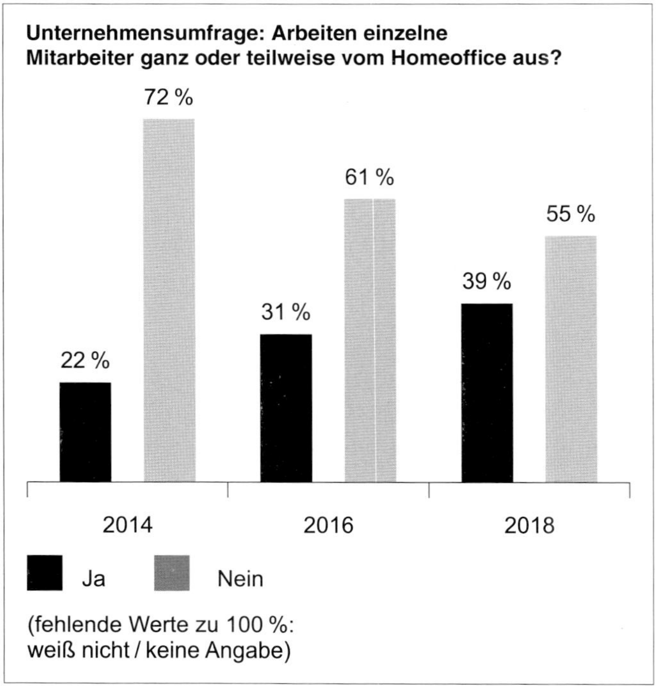

Quelle: www.bitkom.org/Presse/Presseinformation/Vier-von-zehn-Unternehmen-setzen-auf-Homeoffice#item-4161--2

Material 2 Begriffserklärung

Homeoffice, auch Telearbeit genannt, ist eine flexible Arbeitsform, bei der die Beschäftigten ihre Arbeit vollumfänglich oder teilweise aus dem privaten Umfeld heraus ausführen.

Quelle: www.haufe.de/thema/homeoffice

Material 3 Studienergebnisse

Nach einem Gutachten des Instituts für angewandte Arbeitswissenschaft (ifaa) von 2019 könnten rund 4,5 Milliarden Kilometer an Pendlerstrecke und ca. 850 Millionen Kilogramm CO_2 pro Jahr eingespart werden, wenn 10 % der Erwerbstätigen in Deutschland einen Tag in der Woche von zu Hause aus arbeiten würden. Bei 20 % wären es schon 1,7 Milliarden Kilogramm.

Quelle: Cordula Eubel: Wie viel CO_2 Deutschland mit mehr Home Office sparen könnte, 10. 01. 2020, www.tagesspiegel.de/wirtschaft/weniger-pendeln-wie-viel-co2-deutschland-mit-mehr-home-office-sparen-koennte/25406082.html

Forscher der Universität Stanford fanden 2015 heraus, dass sich Berufstätige aus dem Homeoffice nicht nur seltener krankmeldeten, weniger Pausen einlegten und weniger häufig kündigten, weil sie mit ihrer Arbeit zufriedener waren als die Vergleichsgruppe, die weiter ins Büro musste. Diejenigen, die zu Hause arbeiteten, waren auch um 13 % produktiver als die anderen.

Quelle: Süddeutsche Zeitung, 24. 11. 2018

Einer Umfrage des wissenschaftlichen Instituts der AOK (WIdO) aus dem Jahr 2019 zufolge schätzen viele am Homeoffice, selbstständiger planen zu können. Knapp drei Viertel der Befragten gaben an, zu Hause konzentrierter zu arbeiten. Auch die flexiblen Arbeitszeiten und -orte seien ein Vorzug. Die Belange des Familienlebens könnten so besser in den Alltag integriert werden.

Quelle: www.aok-bv.de

Material 4 Schlagzeilen

Homeoffice kann so schön sein! Solange die Technik mitspielt

Quelle: www.merkur.de

Haushalt und Beruf – Homeoffice kann zur Doppelbelastung werden

Quelle: www.handelsblatt.de

Datensicherheit im Homeoffice oftmals unterschätzt

Quelle: www.mdr.de

Die Snackfalle

Häufiges Naschen führt schnell zu Gewichtszunahme. Gerade wer von zu Hause aus arbeitet, läuft Gefahr, dauernd zum Kühlschrank zu gehen.

Quelle: www.sueddeutsche.de

Material 5 Karikatur

Quelle: Tech Toons / Cloud-Science.de

Material 6 Aussagen von Arbeitgebern

„Geringerer Platzbedarf, niedrigere Ausgaben für Strom, Wasser und andere Fixkosten, weniger Fahrtkostenzuschüsse – seitdem wir Telearbeit anbieten, sparen wir Geld.“

„Wir ermöglichen Frauen – und auch immer mehr Männern – nach der Familiengründung ins Homeoffice zu wechseln. So binden wir qualifizierte Mitarbeiter.“

„Vertrauen ist gut, Kontrolle ist schwierig, aber möglich. Das muss man eben lernen.“

„Dank Telearbeit ist unser Unternehmen mit Sitz in München auch für Mitarbeiter aus entfernteren Regionen attraktiv.“

Material 7 Information einer Versicherung

Wenn sich ein Mitarbeiter im Büro einen Kaffee holt und stürzt, ist das ein Arbeitsunfall. Wenn das Malheur aber auf dem Weg von der heimischen Küche zum Schreibtisch passiert, hat man laut R+V Versicherung Pech gehabt.

Quelle: Constantin Gillies / Judith Bexten / Sabine Philipp, www.ingenieur.de/karriere/arbeitsleben/alltag/home-office-das-wichtigsten-vorteile-nachteile

Material 8 Diagramm – Ergebnisse einer Arbeitnehmerbefragung

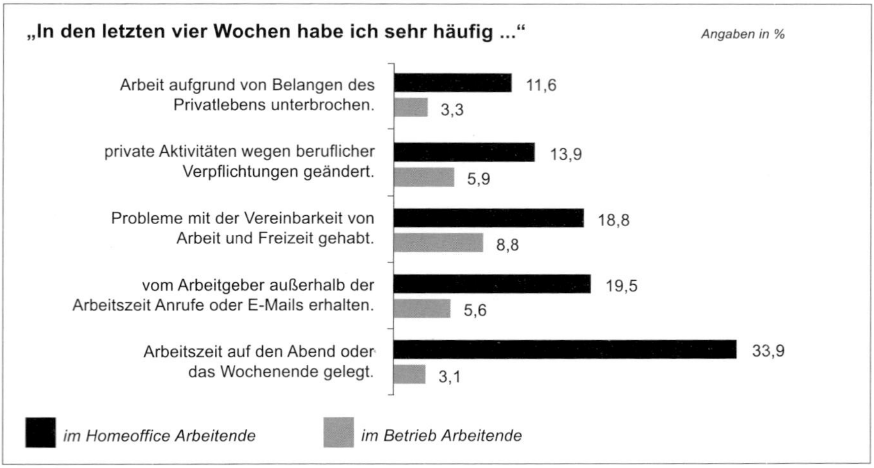

Quelle: Badura/Ducki/Schröder/Klose/Meyer (Hrsg.): Fehlzeiten-Report 2019, Schwerpunkt: Digitalisierung – gesundes Arbeiten ermöglichen. Springer-Verlag Berlin Heidelberg, 2019.

Material 9 Erfahrungsbericht

Homeoffice – darauf waren viele in meinem Freundeskreis sofort neidisch. Ich müsse mir zum Arbeiten nicht mal eine Hose anziehen, sagten einige. Niemand merke, wenn ich einfach einen Tag lang nichts leiste. Mein Bett könne mein Arbeitsplatz sein usw.

Meinen ersten Homeoffice-Tag machte ich, weil Maler das Bad meiner Wohnung streichen mussten. Den Termin konnte ich nicht verschieben. Hätte ich nicht zu Hause gearbeitet, hätte ich mir extra einen Tag Urlaub nehmen müssen.

Pünktlich um 8:30 Uhr saß ich am Esstisch vor dem Laptop. Im Büro bringt mir der Austausch mit meinen Kolleginnen und Kollegen sehr viel. Wenn ich mal nicht weiterweiß, frage ich jemand um Rat. Als ich zu Hause nicht vorankam, saß ich mit leerem Blick am Esstisch. Ich fühlte mich allein. Also machte ich mir noch einen Kaffee, schaute bei den Handwerkern vorbei und setzte mich wieder vor meinen Laptop.

Im Homeoffice vermischte sich mein privates Freiheitsgefühl mit meinem Arbeitskosmos. Da, wo ich normalerweise entspanne und esse, musste ich auf einmal hoch konzentriert arbeiten. Irgendwie war ich langsamer als sonst. Im Laufe des Nachmittags wurde mir klar, dass ich mit meiner Arbeit nicht – wie sonst – um 18 Uhr fertig sein würde. Immerhin hatte ich mir den Arbeitsweg gespart. So redete ich mir den verpatzten Feierabend schön.

Manchmal macht Homeoffice aber auch einfach Sinn. Weil man um 15 Uhr schon die Kinder von der Kita abholt. Oder weil man, wie ich, die Wohnungstür für die Handwerker aufmachen muss. Dann ist es eine geschickte Lösung.

Quelle: Maximilian Senff, DER SPIEGEL (online), 19. 02. 2020, www.spiegel.de/start/homeoffice-arbeit-von-zu-hause-aus-ist-anstrengend-a-9b8efc2c-f105-419c-a346-105c32afee01

Material 10 Tipps für Arbeitgeber

- Produktivitätsvorgaben machen und Regeln für Anmeldung und Abmeldung am Homeoffice-Arbeitsplatz festsetzen
- Klare Regeln und Maßnahmen für Datensicherheit und Datenschutz aufstellen
- Teambuilding-Maßnahmen gegen die Isolation einsetzen; auch hier helfen digitale Kommunikationstools
- Regeln für die interne Kommunikation aufstellen: Wann muss wer wie erreichbar sein? Findet ein regelmäßiger Austausch zwischen Mitarbeitern im Homeoffice und in der Zentrale statt?
- Kombinierte Arbeitsmodelle anbieten: beispielsweise 3 Tage Homeoffice und 2 Tage Arbeit in der Zentrale

Quelle: www.fuer-gruender.de

Die Aufgabe stammt aus der Original-Abschlussprüfung 2021.

Lösungsvorschlag

TIPP **Bearbeitungshinweise**

Erschließung des Themas
Der Vorspann beinhaltet den Themabegriff „Homeoffice". Das Thema ist zweigliedrig angelegt und besitzt daher zwei Erörterungsaufträge. Die Themenstellung verlangt die Erörterung der Vorteile, im Homeoffice zu arbeiten, und mögliche Probleme dabei.

Themabegriff	Homeoffice
Einschränkung	keine
Präzisierung	Vorteile, im Homeoffice zu arbeiten; Probleme, die dabei auftreten können
Erörterungsauftrag zweigliedrig	1. Welche Vorteile bringt das Arbeiten im Homeoffice mit sich? 2. Welche Probleme können dabei auftreten?

Die wesentlichen Grundlagen für deinen Aufsatz liefert das vorliegende Material. Daher steht eine intensive Auseinandersetzung damit im Mittelpunkt und bildet einen Schwerpunkt deiner Stoffsammlung. Dabei ist es wichtig, zu überlegen, welche Informationen du für welchen Bereich deines Aufsatzes verwenden kannst.

Überlegungen zur Einleitung und zum Schluss
Du solltest das Material auf seine Verwendbarkeit für einen sinnvollen Einleitungs- und Schlussgedanken überprüfen. Infrage kommen für eine Einleitung all jene **Aussagen, die keine Argumente vorwegnehmen**, z. B. Begriffserklärungen oder Statistiken. Es ist auch eine Kombination aus mehreren Materialaussagen möglich oder eine **eigene Hinführung zum Thema**, etwa die Zunahme der Arbeit im Homeoffice aufgrund der Pandemie. Auch beim Schlussgedanken kannst du eine eigenständige Lösung wählen und z. B. deine persönliche Meinung zum Thema „Homeoffice" darstellen oder Vor- und Nachteile abwägen.

Vorarbeiten für den Hauptteil
Werte das Material zunächst im Hinblick darauf aus, welche **Argumente für die beiden Themafragen** zu finden oder abzuleiten sind. Zusätzlich solltest du die Materialien auf ihre **Verwendbarkeit für Begründungen und Beispiele** überprüfen und dies entsprechend markieren. Textstellen, Daten oder Aussagen, die du zitierst oder benutzt, müssen als **Zitate** gekennzeichnet werden.
Ein zweiter Schritt in der Stoffsammlung besteht darin, zu überlegen, ob sich aus dem vorliegenden Informationsmaterial weitere Argumente ergeben könnten bzw. ob du selbst **eigene Ideen** hast, z. B. durch Erfahrungen in deiner Familie mit der Arbeit im Homeoffice.
Grundsätzlich wird erwartet, dass dem Aufsatz deutlich anzumerken ist, dass das Material gelesen, ausgewertet und sinnvoll verarbeitet wurde.

So könnte die **Auswertung der Materialien** aussehen:

Einleitung	Material 1	• Auswertung der Statistik: Wachsender Anteil an Unternehmen, die Arbeit im Homeoffice anbieten
	Material 2	• Übernahme der Begriffserklärung
Hauptteil 1. Themafrage	Materialien 2, 3, 9	• Flexibilität bei der Arbeitszeitverteilung (Begründungen, Beispiele, Folgen bei M 9)
	Material 3	• Rückgang der Umweltbelastung durch Verkehrsentlastung (vgl. Zitat 1) • Flexibilität bei der Arbeitszeitverteilung (vgl. Zitat 3) • Erhöhung der Produktivität (vgl. Zitat 2) • Selbstständigeres und konzentrierteres Arbeiten (vgl. Zitat 3)
	Materialien 3, 6	• Erhöhung der Arbeitszufriedenheit (vgl. M 3, Zitate 2 und 3; Andeutungen bei M 6)
	Materialien 3, 6, 9	• Bessere Vereinbarkeit von Familie und Beruf (Beispiel bei M 9)
	Material 6	• Einsparung von Kosten für den Arbeitgeber (vgl. Aussage 1) • Steigerung der Attraktivität des Unternehmens (vgl. Aussagen 2 und 4)
	Material 9	• Bessere Vereinbarkeit von Familie und Beruf (Beispiel bei M 9)
2. Themafrage	Material 4	• Mängel in der technischen Infrastruktur (vgl. Schlagzeile 1) • Verleitung zu ungesunder Ernährung (vgl. Schlagzeile 4)
	Materialien 4, 5	• Doppelbelastung durch Beruf und Familie (vgl. M 4, Schlagzeile 2; M 5 als Veranschaulichung)
	Materialien 4, 5, 8, 9	• Gefahr der Verschmelzung von Berufs- und Privatleben (Veranschaulichung besonders bei M 8 und 9)
	Materialien 4, 10	• Mängel bei der Datensicherheit
	Materialien 5, 8, 9	• Vielfältige Formen der Ablenkung
	Materialien 6, 10	• Schwierigkeiten bei der Kontrolle der Mitarbeiter*innen (vgl. M 6, Aussage 3; M 10, Tipp 1 und 4)
	Material 7	• Gefahr rechtlicher Unsicherheiten beim Versicherungsschutz

	Materialien 8, 9	• Ausdehnung der Arbeitszeit auf den Feierabend und das Wochenende
	Materialien 9, 10	• Fehlender Austausch mit Kolleginnen und Kollegen (vgl. M 9, dritter Absatz; M 10, Tipp 3)
	Material 10	• Erhöhter Aufwand zur Ermöglichung der Kommunikation zwischen Mitarbeiterinnen und Mitarbeitern
Schluss	Material 10	• Regeln für die Arbeit im Homeoffice

Gliederungsvorschlag

TIPP **Hinweis zur Gliederung**

Die **Gliederungspunkte** für Einleitung, Hauptteil und Schluss können je nach Vorgabe deiner Lehrkraft einheitlich in ganzen Sätzen oder im Nominalstil formuliert sein.

A. Erklärung des Begriffes „Homeoffice“

B. Erörterung der Vorteile, im Homeoffice zu arbeiten, und der Probleme, die dabei auftreten können

1 Vorteile, im Homeoffice zu arbeiten

1.1 Rückgang der Umweltbelastung durch Verkehrsentlastung
1.2 Zeitgewinn durch Wegfall des Pendelns
1.3 Steigerung der Attraktivität des Unternehmens
1.4 Einsparung von Kosten für den Arbeitgeber
1.5 Erhöhung der Produktivität
1.6 Flexibilität bei der Arbeitszeitverteilung
1.7 Bessere Vereinbarkeit von Familie und Beruf
1.8 Selbstständigeres und konzentrierteres Arbeiten
1.9 Erhöhung der Arbeitszufriedenheit

2 Probleme, die dabei auftreten können

2.1 Schwierigkeiten bei der Kontrolle der Mitarbeiter*innen
2.2 Verleitung zu ungesunder Ernährung
2.3 Erhöhter Aufwand zur Ermöglichung der Kommunikation zwischen Mitarbeiterinnen und Mitarbeitern
2.4 Vielfältige Formen der Ablenkung
2.5 Gefahr rechtlicher Unsicherheiten beim Versicherungsschutz
2.6 Mängel bei der Datensicherheit
2.7 Doppelbelastung durch Beruf und Familie
2.8 Gefahr der Verschmelzung von Berufs- und Privatleben
2.9 Ausdehnung der Arbeitszeit auf den Feierabend und das Wochenende
2.10 Fehlender Austausch mit Kolleginnen und Kollegen
2.11 Mängel in der technischen Infrastruktur

C. Darstellung von Möglichkeiten zur Lösung der Probleme im Homeoffice

Aufsatzbeispiel

TIPP **Hinweis zur Randspalte**

Die **Angaben am Rand** sind nicht Bestandteil des Aufsatzes, sondern dienen nur deiner Orientierung hinsichtlich Inhalt und Aufbau.

Unter dem Begriff „Homeoffice" versteht man eine flexible Arbeitsform, bei der die Beschäftigten ihre Arbeit entweder in vollem Umfang oder teilweise von zu Hause ausführen. Man nennt diese Arbeitsform auch Telearbeit (vgl. M 2). Aus einer Unternehmensumfrage aus dem Jahr 2019 (vgl. M 1) geht zudem hervor, dass der Anteil der Mitarbeiter*innen, die im Homeoffice arbeiten, zwischen 2014 und 2018 kontinuierlich zunahm. Angesichts dieser Entwicklung stellt sich die Frage, welche Vorteile die Arbeit im Homeoffice hat, aber auch, welche Probleme dabei auftreten können. — **A. Einleitung** / Überleitung / Themafrage als Aussagesatz

Der erste Teil des Aufsatzes untersucht zunächst die Vorteile, die das Arbeiten von zu Hause mit sich bringt. Ein positiver Aspekt, der damit verbunden ist, ist der Rückgang der Umweltbelastung durch die Entlastung des Verkehrs. Denn je mehr Arbeitnehmer*innen im Homeoffice tätig sind, desto weniger Menschen müssen den Weg zum Arbeitsplatz zurücklegen. Da dies häufig mit dem eigenen Pkw geschieht, würde sich die ausgestoßene Menge an CO_2 verringern. „Nach einem Gutachten des Instituts für angewandte Arbeitswissenschaft (ifaa) von 2019 könnten rund 4,5 Milliarden Kilometer an Pendlerstrecke und ca. 850 Millionen Kilogramm CO_2 pro Jahr eingespart werden, wenn 10 % der Erwerbstätigen in Deutschland einen Tag in der Woche von zu Hause aus arbeiten würden." (M 3) — **B. 1** / Hinführung / 1.1 Behauptung / Begründung / Beispiel

Der Rückgang des Pendlerverkehrs wirkt sich jedoch nicht nur auf die Umwelt, sondern auch auf die betroffenen Arbeitnehmer*innen aus, denn diese sparen viel Zeit, wenn sie nicht zum Arbeitsplatz fahren müssen. Bei einer Fahrzeit von nur 30 Minuten pro Richtung würde man pro Woche bereits 5 Stunden einsparen, die man für andere Dinge nutzen kann. Bei längeren Fahrzeiten oder Verzögerungen durch Staus wäre die Zeitersparnis sogar noch deutlich größer. — 1.2 Behauptung / Begründung / Beispiel

Auch die Unternehmen können von dieser Beschäftigungsform profitieren, weil sie für Mitarbeiter*innen aus weiter entfernten Gebieten attraktiver werden, da diese keine langen Fahrtwege in — 1.3 Behauptung / Begründung

Kauf nehmen müssen. Telearbeit hilft den Firmen auch dabei,
für qualifizierte Arbeitskräfte nach deren Familiengründung
attraktiv zu bleiben und sie so an das Unternehmen zu binden
(vgl. M 6). Zum Beispiel wird eine IT-Spezialistin aus Rosen- Beispiel
heim eher zu einem Münchner Unternehmen wechseln oder dort
nach der Familiengründung bleiben, wenn sie den ca. 60 Kilo-
meter langen Arbeitsweg nicht zurücklegen muss.

Auch die Einsparung von Kosten ist für viele Firmen ein Argu- 1.4 Behauptung
ment, das für Homeoffice spricht. Wenn die Mitarbeiter*innen Begründung
nicht im Büro, sondern zu Hause arbeiten, entfallen viele Fix-
kosten, zum Beispiel für Strom, Wasser und Fahrtkostenzu- Beispiele
schüsse. Zusätzlich, so die Aussage eines Unternehmers in Ma-
terial 6, sei der Platzbedarf geringer. Es muss also weniger
Bürofläche angemietet werden.

Zudem erhöht sich die Produktivität der Beschäftigten. So haben 1.5 Behauptung
Forscher der Universität Stanford eine Steigerung von 13 % ge-
genüber den Mitarbeiterinnen und Mitarbeitern im Büro festge-
stellt. Das könnte daran liegen, dass sich Berufstätige im Home- Begründung
office seltener krankmelden und weniger Pausen einlegen (vgl.
M 3). Im Homeoffice wird man zum Beispiel nicht auf dem Weg Beispiel
in die Kaffeeküche oder zur Toilette von Kolleginnen oder Kol-
legen in eine Unterhaltung verwickelt, wodurch die Pausen im
Homeoffice im Vergleich zu denen im Büro kürzer ausfallen
können.

Ein bedeutender Vorteil für die Mitarbeiter*innen liegt auch da- 1.6 Behauptung
rin, dass sie im Homeoffice ihre Arbeitszeit flexibel verteilen
können (vgl. M 3). Sie sind meist nicht an die im Betrieb vorge- Begründung
gebenen Arbeitszeiten gebunden, sondern können die Arbeits-
zeit an die eigenen Bedürfnisse anpassen. So muss man sich z. B. Beispiel
nicht extra Urlaub nehmen, wenn sich ein Handwerker angekün-
digt hat, sondern kann seine Arbeit kurz unterbrechen und da-
nach wieder weiterarbeiten (vgl. M 9).

Von zu Hause aus arbeiten zu können, bietet insbesondere den 1.7 Behauptung
Vorteil, Familie und Beruf besser miteinander vereinbaren zu
können. Denn Kinder können so von dem Elternteil, das im Begründung
Homeoffice arbeitet, betreut werden. Auch wenn die Kinder
schon einen Kindergarten oder die Schule besuchen, ist dann
nachmittags jemand für sie da. Das belegt auch eine Umfrage
des wissenschaftlichen Instituts einer Krankenkasse (vgl. M 3),
die zu dem Ergebnis kommt, dass durch die Arbeit im Home-
office die Anforderungen durch die Familie besser in den Alltag

miteinbezogen werden können. Es ist beispielsweise durch die zeitliche Flexibilität im Homeoffice leichter, die teilweise recht frühen Abholzeiten aus der Kita einzuhalten. Das stellt selbst der eher negativ geprägte Erfahrungsbericht aus dem „Spiegel" (vgl. M 9) positiv heraus. Auch Arbeitgeber*innen sehen durch Homeoffice die Chance, qualifizierte Mitarbeiter*innen nach der Familiengründung leichter im Unternehmen halten zu können (vgl. M 6).

Beispiele

Ausweitung

Studien konnten auch nachweisen, dass die Telearbeit selbstständigeres und konzentrierteres Arbeiten ermöglicht. Eine AOK-Umfrage (vgl. M 3) bestätigt dieses Argument, denn drei Viertel der Befragten gaben an, zu Hause konzentrierter zu arbeiten. Das liegt wohl auch daran, dass man die Arbeit nach seinen Bedürfnissen strukturieren kann und seltener durch Kolleginnen oder Kollegen abgelenkt wird. Man kann sich beispielsweise besser auf die Arbeit konzentrieren, wenn die allgemeine Unruhe, die es insbesondere in Großraumbüros immer wieder gibt, entfällt.

1.8 Behauptung

Begründung

Beispiel

Aus all den Vorteilen, die sich für die Beschäftigten ergeben, lässt sich ableiten, dass die Arbeitszufriedenheit im Homeoffice insgesamt höher ist. Sowohl Studienergebnisse als auch eine Umfrage (vgl. M 3) kommen zu dem Schluss, dass die Beschäftigten zufriedener sind, was sich auch darin zeigt, dass sie seltener kündigen. Beispielsweise schätzen viele an der Telearbeit, dass sie konzentrierter arbeiten und selbstständiger planen können, was sicherlich ein wichtiger Beitrag zur Arbeitszufriedenheit ist.

1.9 Behauptung

Begründung

Beispiel

Neben den Vorteilen, die das Homeoffice bietet, muss man sich aber auch möglichen Problemen, die dabei auftreten können, zuwenden. Ein Problem sehen Arbeitgeber*innen darin, dass es schwierig ist, ihre Mitarbeiter*innen zu kontrollieren. Die Kontrolle, ob und wann Mitarbeiter*innen tatsächlich arbeiten, scheint aber notwendig zu sein, da dies ein Arbeitgeber in Material 6 anspricht. Weil die Vorgesetzten und die Mitarbeiter*innen an unterschiedlichen Orten arbeiten, kann z. B. nicht überprüft werden, ob sich Angestellte über einen längeren Zeitraum hinweg mit anderen Dingen, z. B. dem Haushalt, beschäftigen, anstatt zu arbeiten. In den „Tipps für Arbeitgeber" wird daher vorgeschlagen, dass man „Produktivitätsvorgaben machen und Regeln für Anmeldung und Abmeldung am Homeoffice-Arbeitsplatz festsetzen" (M 10) soll.

Überleitung zu **B. 2**

2.1 Behauptung

Begründung

Beispiel

Ausweitung

Die Verleitung zu einer ungesunden Ernährung kann ein weite- 2.2 Behauptung
res Problem der Telearbeit darstellen. Da der Kühlschrank stän- Begründung
dig in Reichweite ist, wird er zu einer Snackfalle, wie es in einer
Schlagzeile der Süddeutschen Zeitung (vgl. M 4) heißt. Nicht Beispiel
selten geht man z. B. unbewusst zum Kühl- oder Vorratsschrank,
wenn man sich bei der Arbeit nicht mehr konzentrieren kann,
und isst eine Kleinigkeit. Wenn dies besonders häufig vorkommt Folge
oder man zu ungesunden Snacks wie Schokoriegeln greift, kann
dies gesundheitliche Folgen haben und zu einer Gewichtszunah-
me führen (vgl. M 4).

Ebenso muss ein erhöhter Aufwand betrieben werden, damit die 2.3 Behauptung
Kommunikation zwischen den Mitarbeiterinnen und Mitarbei-
tern im Homeoffice funktioniert. Da diese nicht im Betrieb, Begründung
sondern zu Hause sind, können Erreichbarkeit und Kontaktauf-
nahme schwierig werden. Es muss z. B. mit festen Regeln, wer Beispiel
wann und wie erreichbar ist, und speziellen Kommunikations-
programmen, z. B. „Microsoft Teams" gearbeitet werden, damit
ein regelmäßiger Austausch stattfinden kann (vgl. M 10).

Ein weiteres Problem ergibt sich aus den vielfältigen Formen der 2.4 Behauptung
Ablenkung, die es zu Hause geben kann. Denn Haushaltstätig- Begründung
keiten, Kinder und eine ungünstige Arbeitsumgebung können
für Ablenkung und Unterbrechungen sorgen. In der Karikatur Beispiele
M 5 wird dies ebenso anschaulich dargestellt wie im Erfahrungs-
bericht M 9. Hier wird angedeutet, dass es der Person nicht
leichtfiel, plötzlich an dem Ort, an dem sie normalerweise ent-
spannt und isst, hoch konzentriert zu arbeiten. Auch das Dia-
gramm M 8 zeigt, dass fast vier Mal so viele Arbeitnehmer*in-
nen im Homeoffice ihre Arbeit wegen „Belangen des Privatle-
bens" unterbrechen mussten als solche, die im Betrieb arbeiten.

Außerdem bestehen bei Arbeitnehmerinnen und Arbeitnehmern 2.5 Behauptung
immer wieder rechtliche Unsicherheiten, was den Versiche-
rungsschutz angeht. Denn viele wissen nicht, in welchen Fällen Begründung
die Versicherung greift. Ereignet sich ein Unfall im Homeoffice,
der am Arbeitsplatz vielleicht durch die betriebliche Unfall-
versicherung abgedeckt wäre, ist dieser zu Hause oftmals nicht
versichert, auch wenn man dort für seine Firma arbeitet. Dies
verdeutlicht das Beispiel, das in einer Versicherungsinformation
(vgl. M 7) zu lesen ist. Demnach ist z. B. ein Sturz beim Kaffee- Beispiel
holen im Büro ein Arbeitsunfall, geschieht dies aber im Home-
office, habe man laut der Versicherung Pech gehabt.

Ein häufig unterschätztes Problem sind mögliche Mängel bei der 2.6 Behauptung
Datensicherheit im Homeoffice. Darauf weist unter anderem
eine Schlagzeile des Mitteldeutschen Rundfunks (vgl. M 4) hin.
Denn nicht selten kommen für die Telearbeit private Endgeräte Begründung
zum Einsatz, die nicht mit der effektivsten Sicherheitssoftware
ausgestattet sind und somit ein Sicherheitsrisiko darstellen.
Darüber hinaus kann es Sicherheitslücken bei der Übermittlung
von Daten, z. B. via E-Mail, geben. Auch für Chats und Video- Beispiele
konferenzen gibt es kaum einen sicheren Schutz durch eine
Ende-zu-Ende-Verschlüsselung. Nicht umsonst steht das Thema Abrundung
Datensicherheit und Datenschutz bei den Arbeitgebertipps (vgl.
M 10) an zweiter Stelle.
Des Weiteren kann sich die Arbeit im Homeoffice zur Doppel- 2.7 Behauptung
belastung, bestehend aus Beruf und Familie, entwickeln (vgl.
M 4). Denn die Gefahr ist groß, dass aus beiden Bereichen Begründung
gleichzeitig Verpflichtungen erwachsen. Einerseits wird z. B. Beispiele
von einem erwartet, dass man konzentriert und effizient arbeitet,
andererseits quengeln die Kinder, muss die Wäsche gewaschen
oder die Wohnung aufgeräumt werden. Die Karikatur M 5
schlägt deshalb scherzhaft einen „Homeoffice Panic Room“ vor,
der das Chaos aussperrt.
Ein weiteres Problem besteht in der Verschmelzung von Berufs- 2.8 Behauptung
und Privatleben, da beides am selben Ort stattfindet. So kann die Begründung
Verlockung für die Vorgesetzten z. B. hoch sein, Angestellte Beispiele
auch außerhalb der Arbeitszeiten zu kontaktieren. Laut einer Ar-
beitnehmerbefragung (vgl. M 8) ändern weit mehr Menschen
ihre privaten Aktivitäten wegen beruflicher Verpflichtungen, er-
halten vom Arbeitgeber Anrufe und E-Mails außerhalb der Ar-
beitszeit und haben Probleme mit der Vereinbarkeit von Arbeit
und Freizeit, wenn sie im Homeoffice arbeiten.
Die Vermischung von Berufs- und Privatleben führt zum nächs- Überleitung
ten Problemfeld: Es kommt im Homeoffice häufiger vor, dass 2.9 Behauptung
die Arbeitszeit auf den Feierabend oder das Wochenende ausge-
dehnt wird. In einer Befragung (vgl. M 8) gibt jede*r dritte im
Homeoffice Arbeitende an, dass er in den letzten vier Wochen
sehr häufig am Abend oder am Wochenende gearbeitet hat. Bei
Personen, die im Betrieb arbeiten, trifft dies nur auf etwa 3 Pro-
zent zu. Das kann zum einen daran liegen, dass Vorgesetzte Begründung
keine Rücksicht auf den Feierabend nehmen, und zum anderen
daran, dass man tagsüber vielleicht aufgrund unterschiedlichster
Ablenkungen Zeit verloren hat, die man wieder hereinarbeiten

Beispiel

muss. Dieser Fall wird auch im Erfahrungsbericht M 9 nachvollziehbar dargestellt. Darin wird beschrieben, dass die Person nach einem unproduktiven Tag im Homeoffice ihren Feierabend opfern muss, um das übliche Arbeitspensum zu schaffen.

2.10 Behauptung

Außerdem darf man nicht außer Acht lassen, dass bei der Telearbeit der Austausch mit Kolleginnen und Kollegen fehlt oder sich zumindest reduziert.

Begründung und Beispiel

Wenn man allein zu Hause arbeitet, ist es schwieriger möglich, das fachliche Gespräch mit der Kollegin aus dem Nachbarbüro zu suchen oder schnell einen anderen Mitarbeiter aufzusuchen und z. B. um Hilfe bei der Problemlösung zu bitten. Gespräche, die sich aus zufälligen Begegnungen auf dem Gang entwickeln und für die Arbeit zum Teil sehr hilfreich sein können, entfallen durch das Homeoffice ganz. Auf dieses Problem geht auch der Erfahrungsbericht (M 9) ein. Der dort zitierte Beschäftigte fühlt sich schon am ersten Telearbeitstag

Abrundung

allein und isoliert. Deswegen müssen sich Arbeitgeber*innen Gedanken machen, mit welchen Teambuilding-Maßnahmen sie der sozialen Isolation begegnen können (vgl. M 10).

Überleitung

Die bisher erörterten Probleme wiegen jedoch alle nicht so

2.11 Behauptung

schwer wie das, das auftritt, wenn es Mängel in der technischen Infrastruktur gibt.

Begründung

Eine Schlagzeile auf der Internetseite der Zeitung Merkur (vgl. M 4) weist auf dieses Problem hin. Im Homeoffice ist man zumindest auf einen funktionierenden Computer und eine schnelle und stabile Datenübertragung angewiesen. Gerade Letzteres ist in vielen Regionen Deutschlands – insbesondere auf dem Land – bis heute nicht gewährleistet, da ein gut

Beispiele

ausgebautes Breitbandnetz fehlt. Dadurch dauert z. B. die Übertragung großer Datenmengen sehr lang oder funktioniert gar nicht. Auch Videokonferenzen sind dann z. B. nicht möglich.

C. Schluss

Aufgrund der zahlreichen Vorteile stellt die Arbeit im Homeoffice für viele Beschäftigte eine gute Alternative zur Arbeit im Büro dar.

mögliche Lösungen für Probleme

Wesentliche Problembereiche können dadurch beseitigt werden, dass die Unternehmen einige grundlegende Regeln aufstellen und Maßnahmen ergreifen, wie aus den Arbeitgebertipps (vgl. M 10) hervorgeht. Dabei sollte es z. B. um die Themen Datensicherheit und den regelmäßigen Austausch zwischen Mitarbeiterinnen und Mitarbeitern und der Zentrale gehen. Außerdem sollte die Erreichbarkeit der Mitarbeiter*innen zu festen Zeiten gewährleistet sein. Auch das dort erwähnte Angebot von kombinierten Arbeitsmodellen aus Tagen im Homeoffice und im Betrieb kann mögliche Nachteile ausgleichen.

Materialgestütztes Argumentieren
Übungsaufgabe 3

Fast Fashion ist ein aktueller Trend in der Textilbranche. Erörtern Sie die Gründe hierfür sowie bedenkliche Auswirkungen.

Gehen Sie zur Bearbeitung des Themas zunächst das vorliegende Material durch und überlegen Sie sich, welche Informationen Sie für Ihren Aufsatz verwerten möchten. Das Material dient zur Ergänzung Ihrer eigenen Ideen. ***Es muss jedoch deutlich erkennbar sein, dass Teile des Materials in die Bearbeitung mit einbezogen wurden.*** *Falls Sie Textstellen wörtlich übernehmen bzw. angegebene Daten oder Aussagen verwenden, müssen Sie dies in Ihrem Aufsatz angeben.*

Material 1 Begriffserklärung

„Fast Fashion", ein Begriff, der Mitte der 1990er-Jahre aufgekommen ist, bezeichnet das rasche, preisgetriebene Angebot stark trendbezogener Kleidung, deren Qualität und Preis im niedrigen Segment anzusiedeln sind. „Fast Fashion" steht für ein schnelles Imitieren von Laufstegmodellen und Modetrends in kostengünstigen Kopien wie auch für eine hohe Anzahl an Kollektionen und Auslieferungsterminen.

Quelle: Sarah Maria Schmidt u. a.: Fast Fashion. Teil 2: Einkaufspraktiken, Christl Initiative Romero Münster 2019, S. 6, https://saubere-kleidung.de/wp-content/uploads/2019/06/FastFashion_Dossier_CIR_2019_Teil2_Einkaufspraktiken.pdf

Material 2 Grafik

Preiszusammensetzung für ein T-Shirt (Branchenschätzung)

Quelle: Nils Reinke-Dieker, Larissa Starke, Friederike Wolf, 2015, Museum für Kunst und Gewerbe, www.fastfashion-dieausstellung.de/de/oekonomie

Material 3 aus einem Aufruf

Obwohl wir inzwischen wissen, dass der Massenkonsum von Kleidung die Umwelt und die Menschen in den Produktionsländern schwer belastet, bleibt der Trend, mehr und mehr Kleidung zu kaufen, bisher ungebrochen, denn wir werden ständig auf Instagram, YouTube, auf Plakaten etc. zum Shoppen animiert. Wir sind gefangen in unseren Gewohnheiten und einer Konsumkultur, die uns immer wieder Geld ausgeben lässt. Wenn wir uns etwas Neues kaufen, werden Glückshormone ausgeschüttet, was wie eine Belohnung wirkt.

Quelle: www.ci-romero.de/poppenstattshoppen (04. 09. 2019)

Material 4 aus einem Interview

Ulrich Müller, Geschäftsführer der Deutschen Kleiderstiftung, die für gemeinnützige Zwecke gebrauchte Kleidung sammelt:

„Wir merken deutlich, dass die Fast-Fashion-Mentalität jetzt auch in der Entsorgung angekommen ist. Die Materialien werden grundsätzlich schlechter. Wir haben eine Fülle von Textilien, bei denen wir merken, dass sie nur für eine Saison hergestellt sind. Das heißt, sie sind dann für uns als Hilfsgut auch nicht mehr zu verwenden, wenn die Teile nach dem Waschen schon aus der Form geraten sind, Knöpfe abgehen usw. […] Wir konnten vor zehn oder auch vor fünf Jahren für Ware auch mittlerer Qualität problemlos einen Erlös erzielen. Das ist heute nicht mehr möglich. Diese Ware ist einfach übrig, weil diese schlechte Qualität niemand haben möchte. Nur noch 18 % der Altkleider werden überhaupt recycelt. Der Rest – also 82 % – ist unbrauchbar."

Quelle: Ulrich Müller, Deutsche Kleiderstiftung, im Beitrag von Jörn Kersten: Fast Fashion – Wegwerfprodukte für wenig Geld, www.daserste.de/information/wirtschaft-boerse/plusminus/sendung/sendung-vom-21-08-2019-mode-100.html

Material 5 aus einem Online-Artikel

Fast 60 Prozent der Kleidung enthalten mittlerweile Polyesterfasern. Allerdings merkt das kaum jemand. Denn damit sich der Pulli aus Plastik nicht genauso anfühlt wie seine Verpackung, wird er in der Regel mit einer Naturfaser wie Baumwolle gemischt. […] Der Trugschluss fällt dem Kunden meist erst auf, wenn das schicke Shirt schon nach dem ersten Tragen verdächtig müffelt oder er vor der Waschmaschine das Etikett studiert. „Der Einsatz von Polyester hat den Aufstieg von Fast-Fashion-Ketten überhaupt erst möglich gemacht", sagt Alexandra Perschau. Die Kunstfaser sei „leicht herzustellen, schnell zu verarbeiten und vor allem billig", erklärt die Textilexpertin einer Umweltorganisation.

Quelle: Simone Salden, DER SPIEGEL 8/2017, S. 56 ff.

Material 6 aus einem Veranstaltungshinweis

Wussten Sie, dass ...

- im Jahr rund 4 000 Kontaktallergie-Fälle, die in deutschen Hautkliniken festgestellt werden, auf Kleidung zurückzuführen sind?
- das Angebot neuer Kollektionen in immer kürzeren Zeitabständen in den Fabriken [...] 10- bis 16-Stunden-Tage für die einzelnen Näherinnen zur Folge hat?

Quelle: Fast Fashion, Die Schattenseiten der Mode, www.fastfashion-rjm-koeln.de

Material 7 aus einem Online-Magazin

Laut einer Studie bringen große Textilunternehmen jedes Jahr bis zu 24 Kollektionen auf den Markt. [...] In den Jahren 2000 bis 2016 hat sich die Menge der Textilproduktion weltweit verdoppelt – 2014 durchbrach sie die Schwelle von jährlich 100 Milliarden hergestellten Kleidungsstücken. [...] 2030 wird die Weltbevölkerung voraussichtlich jedes Jahr 102 Millionen Tonnen Kleidungsstücke konsumieren. [...] Verbraucher tragen bis zu 40 Prozent der gekauften Kleidung nur selten – oder gar nicht. Ein großer Teil landet in Altkleidercontainern.

Quelle: Bekleidung: Fast Fashion, www.konsument.at/fast-fashion-062019 (30. 01. 2009);
Foto: Gorodenkoff.Shutterstock

Material 8 Unternehmerinformation

Da bei der Färbung von Kleidung giftige Chemikalien verwendet werden, ist die Textilfärbung [...] der zweitgrößte Wasserverschmutzer. 70 % der Seen und Flüsse in China sind mit giftigen Farbstoffen und Chemikalien verunreinigt. Das Grundwasser ist so verseucht, dass Bauern sich fürchten, Gemüse anzubauen. Der Baumwollanbau für ein einziges T-Shirt verschlingt zum Beispiel bis zu 2000 Liter Wasser. Außerdem wird Polyester aus Erdöl hergestellt. [...]

Quelle: https://blog.printzipia.de/fadenscheinige-fast-fashion-kleidung-auf-kosten-von-mensch-und-natur/ (24. 01. 2019)

Material 9 Grafik

Jährlicher Aufwand der Bekleidungsindustrie

Quelle: © Christliche Initiative Romero (ci-romero.de); Grafik: Nikola Berger (Nikobe.net) unter CC-BY-NC-SA 4.0

Material 10 Zitat

„Die serienmäßige Herstellung von Mode wurde in den letzten Jahrzehnten ausgelagert und globalisiert. Die Verantwortung für die Lieferkette ist nicht mitgewachsen. Die Einkäufer der Modelabels haben angesichts des Konkurrenzdrucks den Auftrag, ihre Einkaufspreise zu senken, für nachhaltigen Einkauf gibt es kaum Anreize. Verstöße gegen Menschenrechte, zum Beispiel bei Arbeitsschutz oder Überstunden, werden nur zum Teil geahndet. Sobald Löhne in den Produktionsländern steigen, lässt man die Zulieferer im Stich und wechselt rasch ins nächste Billigland."

Quelle: Zitat von Thomas Antkowiak, Misereor-Geschäftsführer für Fairen Handel

Material 11 Karikatur

Quelle: © Karsten Schley/toonpool.com

Material 12 aus einer TV-Doku

Modekampagnen vermitteln Lebensentwürfe und Lebensgefühle. Werbung macht aus einfachen Kleidungsstücken „Fashion-Items", die in einschlägigen Modeblogs und Modemagazinen zum „It-Piece" oder „Must Have!" ausgerufen werden. Models, It-Girls, Bloggerinnen, Filmstars und andere Prominente sind die Zugpferde einer gigantischen Industrie.

Quelle: Eva Maria Steimle: Unsere zweite Haut Mode: Marken und Märkte, www.br.de/fernsehen/ard-alpha/programmkalender/ausstrahlung-627590.html (15. 02. 2019)

Material 13 aus einer Online-Nachricht

Black Friday oder Kauf-Nix-Tag?
Seit einigen Tagen läuft der Countdown bei vielen Händlern zum „Black Friday" […], an dem Rabatte locken. Einige Anbieter werben sogar mit einer gesamten „Black-Friday-Woche" oder dem darauffolgenden „Cyber Monday". […] Als Gegenentwurf zu „Shopping"-Aufforderungen gibt es deshalb den „Kauf-Nix-Tag". […] Der Tag ist ein Aufruf an alle, einen Tag lang nichts zu kaufen und sich kritisch mit dem eigenen Konsum auseinanderzusetzen.

Quelle: www.umweltbundesamt.de/themen/black-friday-kauf-nix-tag (28. 11. 2019)

Die Aufgabe stammt aus der Original-Abschlussprüfung 2020.

Lösungsvorschlag

TIPP **Bearbeitungshinweise**

Erschließung des Themas
Der Themabegriff „Fast Fashion" findet sich im Vorspann. Es gibt keine Einschränkungen, nur den Hinweis, dass es sich um einen aktuellen Trend handelt. Der Arbeitsauftrag des zweigliedrigen Themas umfasst die Erörterung der Gründe sowie der bedenklichen Auswirkungen dieses Trends.

Themabegriff	Fast Fashion
Einschränkung	keine
Präzisierung	Gründe für den aktuellen Trend „Fast Fashion"; seine bedenklichen Auswirkungen
Erörterungsauftrag zweigliedrig	1. Welche Gründe gibt es für den aktuellen Trend „Fast Fashion"? 2. Welche bedenklichen Auswirkungen hat dieser Trend?

Stoffsammlung
Die Auseinandersetzung mit dem vorliegenden Material bildet einen Schwerpunkt deiner Stoffsammlung. Aus deinem Aufsatz muss deutlich hervorgehen, dass das Material ausgewertet und sinnvoll verarbeitet wurde. Wenn du Aussagen oder Daten aus den Materialien wiedergibst, sei es als direktes Zitat oder mit eigenen Worten, musst du die Quelle (z. B. www.spiegel.de) oder die entsprechende Materialnummer (z. B. M 5) angeben. Daher solltest du dir bei der Stoffsammlung nicht nur die Informationen in Stichworten aufschreiben, sondern immer auch genau notieren, in welchem Material diese enthalten sind. Im zweiten Schritt der Stoffsammlung kannst du dann eigene Ideen zum Thema „Fast Fashion" sammeln, zum Beispiel hinsichtlich deines eigenen Kaufverhaltens bei Kleidung.

Überlegungen zu Einleitung, Hauptteil und Schluss
Überlege genau, welche Informationen du für welchen Bereich deines Aufsatzes (Einleitung, Hauptteil oder Schluss) verwenden kannst.
Bereite zunächst den **Hauptteil** vor. Werte aus, in welchen Materialien Argumente für die beiden Themafragen (1. Gründe für Fast Fashion, 2. Auswirkungen) zu finden sind, und überprüfe, welche Aspekte du zur Begründung und Veranschaulichung deiner Argumente verwenden kannst.
Für die **Einleitung** kommen alle Aussagen infrage, die keine Argumente vorwegnehmen, z. B. Begriffserklärungen oder Ergebnisse aus Statistiken. Für den **Schlussgedanken** bieten sich z. B. Aussagen an, die ein Fazit oder einen Ausblick geben. Achte unbedingt darauf, am Schluss keine neuen Argumente mehr anzuführen. Du kannst in Einleitung und Schluss auch mehrere Materialaussagen kombinieren und eigene Ideen oder Kenntnisse aus dem Unterricht (Kinderarbeit, Armut in den Entwicklungsländern usw.) einbringen. Im Schlussteil kannst du zudem auch deine persönliche Meinung zum Thema darstellen.

So könnte die **Auswertung der Materialien** aussehen:

Einleitung	Material 1	• Begriffserklärung
	Material 3	• Aussagen über das Kaufverhalten vieler Menschen *(auch für den Schluss geeignet)*
	Material 7	• Statistische Angaben zur Entwicklung der Textilproduktion
Hauptteil 1. Themafrage	Materialien 2, 5	• Niedrige Produktionskosten, z. B. durch billige Kunstfasern (M 2, 5) und günstige Transportkosten (M 2)
	Materialien 2, 7	• Streben nach größtmöglichem Gewinn durch hohe Verkaufszahlen, z. B. durch sehr niedrige Lohnkosten oder immense Stückzahlen • Große Auswahl an Textilien zu Niedrigpreisen
	Materialien 2, 10, 11	• Produktion in Billiglohnländern (M 2, 10) mit Hungerlöhnen (M 11)
	Materialien 3, 13	• Stark ausgeprägtes Konsumverhalten vieler Verbraucher*innen
	Materialien 10, 11	• Fehlende Produktionsvorschriften (Arbeitsschutz, Menschenrechte)
2. Themafrage	Materialien 2, 6, 10, 11	• Massive Verstöße gegen Menschenrechte, z. B. durch Ausbeutung von Arbeitskräften, Kinderarbeit, schlechte Arbeitszeiten
	Materialien 4, 5	• Schlechte Qualität der Produkte
	Materialien 6, 9	• Gesundheitsgefährdung für Textilarbeiter*innen und Verbraucher*innen
	Material 7	• Förderung der Wegwerfgesellschaft
	Materialien 8, 9	• Vergeudung von Ressourcen (Wasser, Öl) • Zunahme der Umweltverschmutzung
	Material 9	• Bedeutender Beitrag zum Klimawandel
	Material 10	• Verhinderung einer nachhaltigen Produktion durch Konkurrenzdruck
Schluss	Material 13	• Beispiel einer Gegenbewegung

Die Materialien enthalten weitere Informationen, die zu Argumenten ausgebaut oder zur Veranschaulichung anderer Argumente verwendet werden können:
1. Themafrage: massive Werbung (M 3), Verfügbarkeit in großen Mengen (M 7)
2. Themafrage: Entstehung von viel Textilmüll (M 4, 7)

Gliederungsvorschlag

TIPP **Hinweis zur Gliederung**

Die **Gliederungspunkte** für Einleitung, Hauptteil und Schluss können je nach Vorgabe deiner Lehrkraft einheitlich in ganzen Sätzen oder im Nominalstil formuliert sein.

A. Erklärung des Begriffes „Fast Fashion“

B. Gründe für den aktuellen Trend „Fast Fashion“ und bedenkliche Auswirkungen

1 Gründe für den aktuellen Trend „Fast Fashion“

1.1 Vonseiten der Textilwirtschaft
- 1.1.1 Niedrige Produktionskosten
- 1.1.2 Fehlen strenger Produktionsvorschriften
- 1.1.3 Streben nach größtmöglichem Gewinn durch hohe Verkaufszahlen

1.2 Vonseiten der Verbraucher*innen
- 1.2.1 Große Auswahl an Textilien zu Niedrigpreisen
- 1.2.2 Stark ausgeprägtes Konsumverhalten vieler Verbraucher*innen

2 Bedenkliche Auswirkungen von „Fast Fashion“

2.1 Schlechte Qualität der Produkte
2.2 Verhinderung einer nachhaltigen Produktion durch Konkurrenzdruck
2.3 Vergeudung von Ressourcen
2.4 Förderung der Wegwerfgesellschaft
2.5 Bedeutender Beitrag zum Klimawandel
2.6 Zunahme der Umweltverschmutzung
2.7 Gesundheitsgefährdung für Textilarbeiter*innen und Verbraucher*innen
2.8 Massive Verstöße gegen Menschenrechte

C. Notwendigkeit, sich mit dem eigenen Kaufverhalten bei Textilien auseinanderzusetzen

Aufsatzbeispiel

TIPP **Hinweis zur Randspalte**

Die **Angaben am Rand** sind nicht Bestandteil des Aufsatzes, sondern dienen nur deiner Orientierung hinsichtlich Inhalt und Aufbau.

Wenn in den Medien über das Thema „Mode" berichtet wird, fällt immer wieder der Begriff „Fast Fashion". Gemeint ist damit „das rasche, preisgetriebene Angebot stark trendbezogener Kleidung, deren Qualität und Preis im niedrigen Segment anzusiedeln sind. ‚Fast Fashion' steht für ein schnelles Imitieren von Laufstegmodellen und Modetrends in kostengünstigen Kopien wie auch für eine hohe Anzahl an Kollektionen und Auslieferungsterminen" (M 1).	**A. Einleitung** Hinführung Begriffsklärung
Diese Art der Mode ist in der Textilbranche mittlerweile zum Trend geworden. Doch welche Gründe gibt es dafür und welche bedenklichen Auswirkungen sind damit verbunden? Diese Fragen sollen nachfolgend erörtert werden.	Überleitung zu den Themafragen
Bei der Frage nach den Gründen für den aktuellen Trend „Fast Fashion" ist es zunächst sinnvoll, das Thema aus Sicht der Textilwirtschaft, also der Produzenten der Mode, zu betrachten.	**B.1** Überleitung zu 1.1
Ein ausschlaggebender Grund für die Textilbranche sind die niedrigen Produktionskosten dieser Art von Mode:	1.1.1 Behauptung
Die Kleidungsstücke werden überwiegend aus günstigen Kunstfasern wie Polyester gefertigt (vgl. M 5), die Lohnkosten für die Textilarbeiter*innen sind gering, da meist in Billiglohnländern produziert wird (vgl. M 10), und die Transportkosten fallen niedrig aus.	Begründung
Branchenschätzungen zufolge liegen beispielsweise bei einem T-Shirt aus dem „Fast-Fashion"-Bereich, das für 4,95 € verkauft wird, die Materialkosten bei 0,40 €, die Lohnkosten bei 0,13 € und die Transportkosten bei nur 0,06 € (vgl. M 2).	Beispiel
Somit sind die geringen Produktionskosten für die Textilhersteller ein großer Anreiz, „Fast-Fashion" zu produzieren.	Abrundung
Daraus ergibt sich auch ein weiterer Aspekt, warum „Fast Fashion" vonseiten der Textilbranche zum Trend geworden ist.	Überleitung
Es wird den Herstellern nämlich leicht gemacht, diese Art der Mode kostengünstig zu produzieren,	1.1.2 Behauptung
da keine strengen Produktionsvorschriften vorhanden sind. Verstöße beim Arbeitsschutz und gegen Menschenrechte werden nur zum Teil geahndet (vgl. M 10).	Begründung
Steigen in einem Land die Lohnkosten, z. B. um den Textilarbeiterinnen und -arbeitern faire Löhne zu bezahlen, wird die	Beispiel

Produktion einfach in ein anderes Billiglohnland verlagert (vgl.	
M 10). Auf diese Weise können die Kleidungsstücke weiterhin möglichst günstig hergestellt werden.	Folge
Außerdem ist besagter Modetrend für die Textilwirtschaft von großer Bedeutung, da damit große Gewinne erzielt werden	1.1.3 Behauptung
können. Gründe dafür sind einerseits die bereits erwähnten niedrigen Produktionskosten (vgl. M 2) und andererseits die immen-	Begründung
sen Stückzahlen, die verkauft werden. So hat sich laut einer Studie „[i]n den Jahren 2000 bis 2016 […] die Menge der Textilproduktion weltweit verdoppelt – 2014 durchbrach sie die Schwelle von jährlich 100 Milliarden hergestellten Kleidungsstücken“ (M 7). Da diese Textilien natürlich nicht nur produziert, sondern auch verkauft werden, lässt sich erahnen, wie groß die Gewinne der Textilwirtschaft sind.	Beispiel
„Fast-Fashion“ ist aber nicht nur für die Textilproduzenten, sondern auch für die Verbraucher*innen interessant.	Überleitung zu 1.2
Ein Grund dafür ist die große Auswahl an Textilien zu niedrigen Preisen.	1.2.1 Behauptung
So bringen große Textilunternehmen einer Studie zufolge bis zu 24 Kollektionen pro Jahr auf den Markt (vgl. M 7), weshalb den Konsumentinnen und Konsumenten in kurzen und regelmäßigen Abständen immer wieder neue und zudem günstige Ware angeboten werden kann.	Begründung
Wenn einem beispielsweise die aktuelle Kollektion an Sommerkleidern nicht gefällt, muss man nur wenige Wochen warten, bis es eine neue gibt. So hat man immer wieder die Chance, das passende Kleid zu finden, und muss nicht auf das nächste Jahr warten, bis eine neue Sommerkollektion herauskommt.	Beispiel
Ausschlaggebend für die Entstehung des Trends „Fast-Fashion“ ist zudem das stark ausgeprägte Konsumverhalten vieler Ver-	1.2.2 Behauptung
braucher*innen. Denn „Fast-Fashion“ kommt ihrem Bedürfnis nach Kleidungsstücken, die immer der neuesten Mode entsprechen, entgegen. Verstärkt wird das Konsumverhalten zusätzlich noch durch Soziale Medien, Werbung oder Rabattaktionen (vgl.	Begründung
M 3, M 13). Wird beispielsweise auf Instagram von einer beliebten Influencerin ein neuer Modetrend vorgestellt, kann bei ihren Followerinnen und Followern der Wunsch ausgelöst werden, diesem Trend zu folgen. „Fast Fashion“ zu kaufen, bietet sich in diesem Fall an, da sich die Mode stark an Trends orientiert und kostengünstig ist (vgl. M 1).	Beispiel

Auch wenn „Fast Fashion" sowohl für die Textilwirtschaft als auch für die Verbraucher*innen Vorteile mit sich bringt, hat dieser Trend jedoch bedenkliche Auswirkungen zur Folge. Überleitung zu **B.2**

Eine dieser Auswirkungen ist, dass die Produkte häufig von schlechter Qualität sind. Denn um die Kleidungsstücke zeitsparend und günstig produzieren zu können, wird auf leicht verarbeitbare und billige Materialien wie Polyester gesetzt (vgl. M 4, M 5). Diese sind allerdings nicht so lange haltbar und geraten z. B. nach dem Waschen schnell aus der Form (vgl. M 4). 2.1 Behauptung Begründung und Beispiele

Außerdem ist durch den großen Konkurrenzdruck in der „Fast Fashion"-Branche eine nachhaltige Produktion kaum möglich, da geringe Produktions- und Einkaufspreise im Vordergrund stehen (vgl. M 10). Eine nachhaltige Produktion würde in diesem Zusammenhang unter anderem bedeuten, dass Materialien verwendet werden, die langlebig sind und eine gute Ökobilanz besitzen, z. B. ökologisch angebaute Naturfasern. Eine Textilfabrik, die derartige Materialien verarbeitet und ihren Mitarbeiterinnen und Mitarbeitern im besten Fall auch noch faire Löhne bezahlt, muss zwangsläufig mehr Geld für ihre Produkte verlangen als eine Fabrik, die dies nicht tut. Um konkurrenzfähig zu bleiben, wird sich ein „Fast Fashion"-Unternehmen daher eher für die günstigere, wenn auch nicht nachhaltige Produktion entscheiden. 2.2 Behauptung Begründung Beispiel

Eine weitere bedenkliche Auswirkung ist, dass durch „Fast Fashion" sehr viele Ressourcen verschwendet werden. Die Herstellung verbraucht riesige Mengen an Rohstoffen, aber die Kleidungsstücke werden dann nur kurz getragen (vgl. M 8). Die Grafik aus Material 9 veranschaulicht, wie groß der jährliche Aufwand der Bekleidungsindustrie in einzelnen Bereichen ist. So werden beispielsweise jedes Jahr 98 Millionen Tonnen Erdöl und 79 Milliarden Kubikmeter Wasser für die Produktion von Kleidung verbraucht. Anzunehmen ist, dass es sich beim Großteil der Kleidung um „Fast Fashion" handelt. 2.3 Behauptung Begründung Beispiel

„Fast Fashion" fördert zudem die Wegwerfgesellschaft, da die Kleidungsstücke und die Modetrends, denen sie entsprechen, nur sehr kurzlebig sind. Deshalb ist es auch nicht verwunderlich, dass die Verbraucher*innen laut einer Studie „bis zu 40 Prozent der gekauften Kleidung nur selten – oder gar nicht [tragen]. Ein großer Teil landet in Altkleidercontainern" (M 7). Ein Oberteil mit einem ausgefallenen Muster wird wahrscheinlich nur in der Saison getragen, in der das Muster gerade im Trend ist. In der 2.4 Behauptung Begründung Beispiel

darauffolgenden Saison liegt es entweder ungetragen im Schrank
oder wandert in den Altkleidercontainer. Wer glaubt, dass er mit   Ausweitung
seiner „Fast Fashion"-Kleiderspende Hilfsbedürftigen etwas
Gutes tut, der irrt sich meist. Aufgrund der schlechten Qualität
der Kleidung werden „[n]ur noch 18 % der Altkleider [...] über-
haupt recycelt [...]. Der Rest – also 82 % – ist unbrauchbar", wie
der Geschäftsführer der Deutschen Kleiderstiftung erklärt (M 4).
Darüber hinaus leistet „Fast Fashion" einen bedeutenden Beitrag   2.5 Behauptung
zum Klimawandel, weil bei der Herstellung und beim Transport   Begründung
der Kleidung Treibhausgase freigesetzt werden. Da sehr große
Mengen an Kleidung für die „Fast Fashion"-Branche produziert
werden, ist die CO_2-Emission auch entsprechend hoch. Laut der   Beispiel
Grafik aus Material 9 werden allein durch die Bekleidungs-
industrie jedes Jahr 1 458 Millionen Tonnen Treibhausgase aus-
gestoßen.
Das ist aber noch nicht alles. „Fast Fashion" trägt auch zur Um-   2.6 Behauptung
weltverschmutzung bei, da zum einen bei der Produktion schäd-   Begründung
liche Stoffe in die Umwelt gelangen und zum anderen große
Mengen an Müll entstehen. Beispielsweise werden beim Färben   Beispiele
der Kleidung giftige Chemikalien verwendet, sodass in China
bereits 70 % der Seen und Flüsse mit Farbstoffen und Chemi-
kalien verunreinigt sind (vgl. M 8). Insgesamt verbraucht die
Bekleidungsindustrie pro Jahr ganze 43 Millionen Tonnen Che-
mikalien. Außerdem gelangen durch diese Branche jedes Jahr
522 Millionen Kilogramm Mikrofasern in die Ozeane und es
entstehen 92 Millionen Tonnen Müll (vgl. M 9). Die kurzlebige   Abrundung
und nicht nachhaltig produzierte „Fast Fashion" hat somit
erheblich Mitschuld an der weltweiten Umweltverschmutzung.
„Fast Fashion" stellt aber nicht nur eine Gefahr für die Umwelt,   2.7 Behauptung
sondern auch für die Textilarbeiter*innen und Verbraucher*in-
nen dar, weil sich die giftigen Farbstoffe und Chemikalien nega-   Begründung
tiv auf die Gesundheit auswirken. „Fast Fashion"-Kleidung wird   Beispiele
meistens in Billiglohnländern produziert, wo häufig nicht viel
Wert auf Arbeitsschutzmaßnahmen, z. B. Schutzkleidung, gelegt
wird. Das hat zur Folge, dass jedes Jahr 27 Millionen Textil-
arbeiter*innen mit arbeitsbedingten Krankheiten zu kämpfen
haben (vgl. M 9). Aber auch die Käufer*innen der Kleidung
spüren die Auswirkungen der giftigen Farbstoffe und Chemika-
lien, wenn sie diese tragen. So sind „im Jahr rund 4 000 Kontakt-
allergie-Fälle, die in deutschen Hautklinken festgestellt werden,
auf Kleidung zurückzuführen", wie es in Material 6 heißt.

Am schlimmsten sind jedoch die massiven Verstöße gegen Menschenrechte, die immer wieder bei der Produktion von „Fast Fashion“ begangen werden. Das liegt, wie bereits erwähnt, daran, dass ein großer Konkurrenz- und Preisdruck in der Branche vorhanden ist und Verstöße nur zum Teil geahndet werden (vgl. M 10). Daher werden die Arbeitskräfte häufig ausgebeutet, indem sie z. B. eine sehr schlechte Bezahlung erhalten und zum Teil zehn bis 16 Stunden pro Tag arbeiten müssen (vgl. M 6). Auch die Beschäftigung von Kindern ist nach wie vor keine Seltenheit (vgl. M 11).

2.8 Behauptung

Begründung

Beispiele

C. Schluss

Macht man sich über die zahlreichen bedenklichen Auswirkungen des „Fast Fashion“-Trends Gedanken, so kommt man nicht umhin, sich auch mit dem eigenen Kaufverhalten bei Textilien auseinanderzusetzen. Die meisten Menschen wissen zwar, dass die Massenproduktion der „Fast Fashion“-Industrie die Umwelt und die Textilarbeiter*innen belastet, doch ändern sie aus Gewohnheit oder aus anderen Gründen nichts an ihrem Konsumverhalten (vgl. M 3). Die negativen Auswirkungen sind meiner Meinung nach aber zu schwerwiegend, als dass wir Verbraucher*innen sie weiter ignorieren dürfen. Ich wünsche mir deshalb, dass es nicht nur beim reinen Nachdenken über das eigene Konsumverhalten bleibt, sondern jede*r Einzelne auch tatsächlich etwas daran ändert. Man muss nicht gleich vollständig auf den Kauf von Kleidung verzichten, aber vielleicht müssen es beim nächsten Mal nicht vier Pullover sein, sondern es reicht auch einer, dafür aber aus hochwertigen Materialien und nachhaltiger Produktion. Man selbst hat schließlich länger etwas von dem Kleidungsstück und tut gleichzeitig auch den Arbeitskräften und der Umwelt etwas Gutes damit.

eigene Meinung

Wunsch

Erschließen eines pragmatischen Textes

Übungsaufgabe 1

Text

Die nervigste Erfindung des Kommunikationszeitalters

Von Peter Praschl

Als wir dachten, SMS und WhatsApp hätten uns vom Telefonieren erlöst, wurde in der Hölle die Sprachnachricht erfunden. Jetzt müssen wir wieder zuhören, können auf das Gerede aber selbst nichts erwidern.

Nichts ist segensreicher für die menschliche Kommunikation als das Smartphone. Es erlaubt bei der Auswahl von Ringelpullovern mitzureden, ohne selbst ins Kaufhaus zu müssen. Es macht die Elternzeit erträglich, weil man sich auf dem Spielplatz mit der Weltlage statt mit Schippenkriegen[1] beschäftigen kann. Es lässt den Groll vergessen, im Restaurant ewig lange auf seine Verabredung warten zu müssen, weil man sich in der Zwischenzeit ja einen Podcast reinziehen kann.

Am besten aber ist, dass man dank der Erfindung des Mobiltelefons nicht mehr telefonieren muss. Schließlich kann man alles Wichtige („wir brauchen noch Klarspüler“, „bin gerade gelandet“, „falls dich jemand fragt, wir waren im Kino“) auch simsen. Tatsächlich hat in den letzten Jahren die Telefonzeit stetig abgenommen.

Unglücklicherweise gibt sich der Kapitalismus mit dem Status quo[2] nie zufrieden, selbst wenn er perfekt ist. Deswegen erlauben uns seit einiger Zeit all die Messenger-Dienste, die uns SMS und Emojis geschenkt haben, auch Sprachnachrichten zu versenden. Sogar auf Instagram, einem eher sprachfernen sozialen Netzwerk, ist das möglich. Der Mensch soll die Gelegenheit bekommen, seine eigene Stimme hören zu lassen – eine Stimme, die zum Beispiel „ja“ sagt oder „du kannst schon mal die Pizza in den Ofen schieben“ oder 30 Minuten lang durchgibt, was am Wochenende alles los war und was es zu essen gab und was Leni gesagt hat und dass das alles ziemlich deprimierend ist und dass der Supermarkt an der Ecke, an dem die Stimme gerade vorbeikommt, übrigens nächste Woche für immer dichtmacht, na toll.

Es ist, und das ist das Perfide[3] daran, ungeheuer einfach, solche Sprachnachrichten aufzunehmen. Man patscht auf ein Mikrofonsymbol und labert los. Sobald man fertig ist, macht sich der Mikro-Podcast auf seinen Weg zum Empfänger. Man muss seine Wurstfinger nicht mehr über eine viel zu kleine Tastatur navigieren, nie wieder darüber nachdenken, wie man Tattoo schreibt, und keine Emojis mehr heraussuchen, die signalisieren, dass man etwas bitterernst meint und nicht bloß ironisch.

Man holt sich keine Sehnenscheidenentzündung, während man loswird, was einem so durch den Kopf geht, schafft es währenddessen locker, Abendessen zu kochen, sein Kind mit Apfelspalten ruhigzustellen oder von der S-Bahn-Haltestelle zum Büro zu gehen, weiß, dass man nicht mit unangenehmen Widerworten rechnen muss oder einem jemand sagt, man solle doch den Mund halten. Endlich hat man die Möglichkeit der allmählichen Verfertigung der Gedanken beim Reden. Selbst dann, wenn dabei keine Gedanken rumkommen, nicht einmal annähernd.

Hunderte Millionen Sprachnachrichten werden mittlerweile täglich weltweit versandt. Eine Forsa-Umfrage ergab bereits für 2018, dass 13 Prozent der Nutzer von Messenger-Diensten mehrmals pro Woche Sprachnachrichten verschicken. Längst gibt es auch kokette Selbstauskünfte, in denen diese Art der Kommunikation als Symbol einer jungen Vorne-dran-Generation besungen wird. Dabei weiß jeder, der sein soziales Leben nicht auf seine eigene Altersgruppe beschränkt, dass auch Omis Sprachnachrichten lieben, weil sie ihnen nicht abverlangen, ihre unbeweglich gewordenen Finger anzustrengen.

Doch jeder, bei dem hin und wieder Sprachnachrichten aufschlagen, macht die leidvolle Erfahrung, dass sie nur für ihre Absender bequem sind. Für den Empfänger sind sie eine gewaltige Zumutung. Er muss aus seiner Musik-Playlist raus, hat nicht immer die Gelegenheit, die an ihn gerichtete Botschaft gleich anzuhören (in einem Meeting kommt es nicht wahnsinnig gut an, wenn man sich das Handy ans Ohr hält), und während sich eine SMS auf den ersten Blick als wichtig oder unerheblich rubrizieren[4] lässt, hat man bei Sprachnachrichten keinerlei Ahnung, was einen erwartet. Man muss sich das ganze Gelaber erst anhören, auch wenn es 9 Minuten und 34 Sekunden dauert. Man weiß ja nicht, ob nach acht Minuten Befindlichkeitsgeplapper doch noch etwas kommt, was zu ignorieren möglicherweise nicht ratsam ist. Schließlich neigen viele Menschen dazu, sich erst einmal warmzureden, ehe sie sagen, worum es ihnen wirklich geht.

Deswegen sind Sprachnachrichten eine der polarisierendsten Innovationen des Handyzeitalters. Die sie verschicken, lieben sie. Die sie empfangen, hassen sie oft inbrünstig, auch deswegen, weil es noch keine Etikette gibt, die festlegt, wie man Menschen, die es doch nur lieb meinen, sagen kann, dass man keine Zeit hat, ihnen beim Labern zuzuhören.

Wahrscheinlich sind Sprachnachrichten deswegen so umstritten, weil sie in einer Zeit, in der Kommunikation symmetrisch stattfinden soll, wieder Hierarchien einführen: Der eine redet, der andere muss es sich ohne Widerrede anhören. Es ist ein Rückfall in eine Epoche, da man lieber zu Menschen sprach als mit ihnen. Da stellt sich schnell das Gefühl von Ohnmacht ein. Gewiss, man könnte auch miteinander telefonieren. Aber wahrscheinlich wird es noch ein paar Jahre dauern, bis diese Funktion auf dem Telefon entdeckt wird.

Quelle: Peter Praschl: Die nervigste Erfindung der Kommunikationszeitalter, WELT vom 06. 03. 2019, https://www.welt.de/kultur/article189875175/Sprachnachrichten-Die-nervigste-Erfindung-des-Kommunikationszeitalters.html (Text zu Prüfungszwecken gekürzt und verändert)

Anmerkungen

1 die Schippe: die Schaufel
2 der Status quo: der gegenwärtige Zustand
3 perfide: gemein, niederträchtig
4 rubrizieren: einordnen, einstufen

Aufgabenstellung

Lesen Sie den Text „Die nervigste Erfindung des Kommunikationszeitalters" sorgfältig durch und bearbeiten Sie dann die folgenden Aufgaben.

1. Fassen Sie den Inhalt des Textes so zusammen, dass dessen Aufbau erkennbar wird.
2. Der Text enthält Elemente einer Glosse. Weisen Sie diese nach.
3. Beschreiben Sie auffällige sprachliche Mittel und deren Wirkung.
4. Legen Sie in einem Leserbrief Ihre Meinung zur Thematik des Textes dar.
5. „Die sie verschicken, lieben sie. Die sie empfangen, hassen sie" (Z. 117–119). Formulieren Sie einen Dialog, in dem Sie eine gute Freundin oder einen guten Freund davon abbringen wollen, Ihnen weiterhin Sprachnachrichten zu schicken.

Die Aufgaben stammen aus der Original-Abschlussprüfung 2022.

Lösungsvorschlag

TIPP **Bearbeitungshinweise**

EINLEITUNG

Neben der Darstellung der Thematik des Textes bietet sich hier auch ein **eigenständiger Einleitungsgedanke** an, den du mit einer **Überleitung zum Thema** des Textes abschließt. In jedem Fall musst du in einem **Basissatz** die grundlegenden Informationen zum Text (Titel, Autor, Textsorte, Quelle, Thema) nennen. Möglichkeiten für einen eigenen Einleitungsgedanken sind z. B.:

- deine eigenen Erfahrungen mit Sprachnachrichten
- deine persönliche Einstellung zur Nutzung von Sprachnachrichten
- eine kurze Darstellung des Nutzens von Smartphones als Kommunikationsmittel

HAUPTTEIL

1. Inhaltszusammenfassung und Textaufbau

Bei dieser Aufgabe wird eine Gliederung des Textes in **Sinnabschnitte**, die kurze Wiedergabe des Textinhalts und die Darstellung des Textaufbaus, bei der du auch die Funktion der einzelnen Sinnabschnitte nennen musst, verlangt. Im vorliegenden Textbeispiel geben die Absätze einen guten Anhaltspunkt dafür, wo ein neuer Sinnabschnitt beginnt. Formuliere für jeden dieser Abschnitte eine inhaltlich passende Überschrift, mit der du erfasst, worum es im jeweiligen Textabschnitt geht. Die Zusammenfassung sollte in eigenen Worten und in zwei bis drei Sätzen pro Abschnitt erfolgen.

2. Nachweis von Elementen der Glosse

Die Aufgabenstellung gibt vor, nach Elementen der Textsorte „Glosse" zu suchen und diese nachzuweisen. Du weißt also bereits, dass es sich um eine Glosse und damit um einen meinungsbildenden Text handelt. Denke aber auch noch an weitere Merkmale, die kennzeichnend für diese Textsorte sind, z. B. die Kritik an Missständen, Personen oder negativen Verhaltensweisen im Alltag, die übertriebene und ironische sprachliche Darstellung der Sachverhalte oder die Absicht, die Leser*innen auf eine humorvolle Art zum Nachdenken anzuregen.

3. Sprachliche Mittel und deren Wirkung

Ein wichtiger Bereich ist hier zunächst die Untersuchung der **Wortwahl**, also z. B. Auffälligkeiten bei bestimmten Wortarten und Wörter, die auf die verwendete Sprachebene hinweisen.
Zudem solltest du auf die verschiedenen **Stilmittel** oder rhetorische Mittel, die der Autor verwendet, achten. Diese müssen nicht gehäuft vorkommen, sollten aber eine wichtige Rolle für den Text spielen.
Beim **Satzbau** kannst du zunächst nach verschiedenen Satzarten und Satzstrukturen suchen und deren Wirkung beschreiben. Berücksichtige darüber hinaus auch Stilmittel, bei denen vom üblichen Satzbau abgewichen wird.

Hinzu kommen noch Aussagen zum **Sprachstil**. Dieser stellt immer eine zusammenfassende Wertung des Satzbaus, der Wortwahl und Stilmittel sowie des sprachlichen Niveaus dar.
Bei der Untersuchung der Sprache musst du besonders auf die jeweilige **Wirkung** der sprachlichen Mittel achten und Textbelege nennen.

4. Leserbrief: Meinung zur Thematik des Textes

Ein Leserbrief ist im Grunde eine **persönliche Stellungnahme**, die in einen Brief eingebettet ist. Deshalb musst du auch einige formale Vorgaben erfüllen, insbesondere was den **Aufbau des Briefes** angeht. Inhaltlich geht es darum, deine Meinung, die du zu den Hauptaussagen der Glosse hast, darzustellen. Dazu ist es zunächst notwendig, sich die Botschaft des Textes klarzumachen, und dann zu überlegen, wie du zu ihr stehst. Kannst du den im Text gemachten Aussagen zustimmen oder nicht? Sind Sprachnachrichten in deinen Augen eine wichtige und sinnvolle Kommunikationsmöglichkeit? Unabhängig von deiner Position solltest du deine Meinung mithilfe von einigen **Argumenten** – bestehend aus Behauptung, Begründung und Beispiel(en) – untermauern. Schreibe sachlich und verknüpfe deine Argumente sprachlich miteinander.

5. Dialog: Versuch, eine gute Freundin oder einen guten Freund davon abzubringen, Sprachnachrichten an mich zu verschicken

Überlege dir zuerst, wie das **Gespräch verlaufen** soll, welche **Stimmung** währenddessen vorherrscht und zu welchem **Ergebnis** es führt. Berücksichtige dabei auch den Inhalt aus den Zeilen 117 bis 119 der Glosse. Für die Dialogsituation bedeutet das, dass du als Empfänger*in die Sprachnachrichten „hasst“ und deine gute Freundin bzw. dein guter Freund eben diese „liebt“. Das Ganze muss aber nicht im Streit enden. Die eine Seite kann die andere auch von ihrem Standpunkt überzeugen oder das Gespräch bleibt ohne Ergebnis.
Die sprachliche Gestaltung des Dialogs orientiert sich am **mündlichen Sprachgebrauch**. Dazu gehören Fragen, Ausrufe, unvollständige oder verkürzte Sätze sowie Unterbrechungen. Achte darauf, dass der **Sprachstil** zu den Personen (Jugendliche), der Situation und der Gefühlslage passt. Bei einem Dialog kannst du auch an wichtigen Stellen **Regieanweisungen** in Klammern nach dem Namen der sprechenden Person angeben. Als **Zeitstufe** verwendest du in der Regel das Präsens, außer es geht um Zukünftiges oder Vergangenes.

SCHLUSS

Sofern du die erwähnten Einleitungsvarianten noch nicht verwendet hast, kannst du sie auch für einen Schlussgedanken nutzen. Da du deine eigene Meinung zur Thematik schon in Aufgabe 4 dargelegt hast, solltest du darauf verzichten, dies im Schluss erneut zu tun. Stattdessen kannst du z. B. noch folgende Ideen für einen passenden **Schlussgedanken** verwenden:

- Darstellung von sinnvollen Nutzungsmöglichkeiten für Sprachnachrichten
- Aufstellen von Regeln für die Nutzung dieser Funktion
- Hinweis auf die Möglichkeit, Sprachnachrichten schneller abzuspielen

Aufsatzbeispiel

TIPP **Hinweis zum Aufsatz**

Die **Angaben am Rand** sind nicht Bestandteil des Aufsatzes, sondern dienen nur deiner Orientierung hinsichtlich Inhalt und Aufbau.
Das Aufsatzbeispiel stellt insbesondere bei der **Sprachanalyse**, aber auch bei anderen Teilaufgaben viele infrage kommende inhaltliche Aspekte dar. Für einen sehr guten Lösungsaufsatz reichen auch weniger Aspekte aus.

EINLEITUNG
eigene Erfahrungen mit Sprachnachrichten
Thematik des Textes
Basisinformationen zum Text

Viele meiner Kontakte, mit denen ich über WhatsApp verbunden bin, gehen immer mehr dazu über, mit Sprachnachrichten miteinander zu kommunizieren. Es vergeht kaum ein Tag, an dem man nicht mit meist völlig unwichtigen und immer länger werdenden Nachrichten konfrontiert wird und entscheiden muss, ob und wie man antwortet oder ob man die „Neuigkeit" gleich wieder löscht. Genau mit dieser Thematik beschäftigt sich die Glosse „Die nervigste Erfindung des Kommunikationszeitalters" von Peter Praschl, die am 06. 03. 2019 auf der Internetseite der Zeitung „Die Welt" erschienen ist.

HAUPTTEIL
1. Inhaltszusammenfassung und Textaufbau
Vorspann
Sinnabschnitt 1 (Z. 1–23)

In einer Art Vorspann benennt der Autor zuerst das Thema seiner Glosse und kritisiert Sprachnachrichten als Teufelszeug.
Im ersten Sinnabschnitt, der von Zeile 1 bis Zeile 23 reicht, singt Peter Praschl dann ein ironisches Loblied auf die Vorzüge von Smartphones. Die vielfältigen Funktionen erleichtern zahlreiche Dinge des Alltags wie das Einkaufen. Sie dienen der Unterhaltung, sind Zeitvertreib und machen durch Kurznachricht das Telefonieren überflüssig.

Sinnabschnitt 2 (Z. 24–45)

Warum die Messenger-Dienste nun Sprachnachrichten anbieten, wird im nächsten Sinnabschnitt (Z. 24–45) beleuchtet. Demnach versuchen die Anbieter, durch immer neue technische Funktionen Nutzer*innen zu halten und ihre Gewinne zu steigern. Wie solche Sprachnachrichten lauten können, wird anschließend anhand einiger Beispiele verdeutlicht.

Sinnabschnitt 3 (Z. 46–73)

Der dritte Sinnabschnitt endet in Zeile 73 und stellt den Nutzen von Sprachnachrichten für die jeweiligen Absender*innen dar und übt damit auch indirekt Kritik an ihnen. Für sie ist es sehr bequem, diese Nachrichten zu versenden, was aber zur Folge haben kann, dass sie lange über Belangloses sprechen, während sie nebenbei noch mit anderen Tätigkeiten beschäftigt sind.

Der nachfolgende Abschnitt (Z. 74–89) hebt die Beliebtheit der Sprachnachrichten hervor. So erfährt man, dass täglich sehr viele dieser Nachrichten von Nutzerinnen und Nutzern jedes Alters versendet werden.

Sinnabschnitt 4
(Z. 74–89)

Im fünften Sinnabschnitt, der sich von Zeile 90 bis Zeile 114 erstreckt, wendet sich Peter Praschl den Empfängerinnen und Empfängern solcher Sprachnachrichten zu und schildert, worunter sie durch diese zu leiden hätten. So beschreibt er das Anhören der Nachricht unter anderem als lästig und oft zeitraubend. Vor allem bei langen Nachrichten wird die Geduld erheblich auf die Probe gestellt, weil man oft bis zum Schluss nicht weiß, ob noch etwas Wichtiges gesagt wird.

Sinnabschnitt 5
(Z. 90–114)

Ein pointiertes Urteil über Sprachnachrichten fällt der Autor im vorletzten Sinnabschnitt (Z. 115–134). Die Nachrichten sorgen bei den Absenderinnen und Absendern für Begeisterung, weil sie so einfach funktionieren, und lösen bei den Empfängerinnen und Empfängern oftmals große Abneigung aus, da sie in die Rolle der passiven Zuhörer*innen zurückversetzt werden.

Sinnabschnitt 6
(Z. 115–134)

Der siebte und letzte Sinnabschnitt stellt die Schlusspointe dar: Peter Praschl spricht sein Bedauern darüber aus, dass es wohl noch viele Jahre dauern wird, bis wiederentdeckt wird, dass man mit einem Smartphone auch telefonieren kann.

Sinnabschnitt 7
(Z. 134–138)

2. Nachweis von Elementen der Glosse

äußere Merkmale: meinungsbildende Elemente

Der vorliegende Text enthält zahlreiche Elemente, die typisch für eine Glosse sind. So lassen sich schon auf den ersten Blick einige äußere Merkmale erkennen, die darauf hindeuten, dass es sich um einen meinungsbildenden Text handelt, was für eine Glosse kennzeichnend ist. Bereits der Titel „Die nervigste Erfindung des Kommunikationszeitalters“ gibt eindeutig wieder, wie der Autor das Thema des Textes (Sprachnachrichten) bewertet. Auch die Karikatur mit ihrer übertriebenen Darstellung des Themas weist darauf hin. Die Nennung des Verfassers gibt zudem einen Hinweis darauf, dass ein subjektiver und meinungsbildender Text vorliegt. Peter Praschl sieht Sprachnachrichten nämlich insofern kritisch, da man als Empfänger*in bei dieser Art der Kommunikation nicht gleichberechtigt ist (vgl. Z. 125–134).

Thema: Kritik an einer aktuellen Zeiterscheinung, von der der Autor persönlich betroffen ist

Ebenfalls typisch für eine Glosse ist, dass sich der Autor kritisch über eine aktuelle Zeiterscheinung (Sprachnachrichten) äußert. Ein weiteres Merkmal einer Glosse besteht darin, dass sich der Verfasser persönlich negativ von dieser Zeiterscheinung betroffen sieht und deswegen seine Meinung darüber formuliert (z. B. Z. 90–114).

Auch der ironische Sprachstil mit Übertreibungen und Wortneuschöpfungen entspricht dieser Textsorte. Nicht zuletzt endet der Text mit einer Schlusspointe (Z. 134–138), in der die Hoffnung geäußert wird, dass man irgendwann wieder entdecken werde, dass Telefone auch zum Telefonieren genutzt werden können.

Sprache: Ironie, Übertreibungen, Wortneuschöpfungen, Schlusspointe

Bei der Untersuchung der sprachlichen Mittel und deren Wirkung sollen zuerst die Wortwahl und die Stilmittel näher betrachtet werden. Hierbei fallen zunächst einige Fachbegriffe aus den Gebieten „Kommunikation" und „Neue Medien" auf, die auf das Fachwissen des Autors hinweisen und den Text dadurch überzeugender erscheinen lassen. Belege hierfür sind unter anderem die Begriffe „Messenger-Dienste" (Z. 28), „Instagram" (Z. 31), „Mikro-Podcast" (Z. 51), „Emojis" (Z. 56) und „symmetrisch" (Z. 128).

3. Sprachliche Mittel und deren Wirkung

Wortwahl und Stilmittel: Fachbegriffe aus den Gebieten „Kommunikation" und „Neue Medien"

Die zahlreichen, zum Teil sehr selten vorkommenden Fremdwörter zeigen die hohe Sprachkompetenz und Bildung des Verfassers. Dies wird z. B. durch die Verwendung von Formulierungen wie „Status quo" (Z. 25), „Perfide" (Z. 46), „navigieren" (Z. 54) oder „rubrizieren" (Z. 102/103) deutlich.

Fremdwörter

Mit umgangssprachlichen Ausdrücken, beispielsweise „patscht" (Z. 48), „labert los" (Z. 49), „Mund halten" (Z. 68/69), „Gelaber" (Z. 106) und „beim Labern" (Z. 123), drückt Praschl seine Haltung zu den Sprachnachrichten aus. Er ist davon genervt und hält sie für überflüssig.

umgangssprachliche Ausdrücke

Übertreibungen („in der Hölle erfunden", Vorspann; „9 Minuten und 34 Sekunden", Z. 107; „gewaltige Zumutung", Z. 94/95) drücken die Geringschätzung und Ablehnung des Autors gegenüber Sprachnachrichten aus. Andere Formulierungen wie „Nichts ist segensreicher" (Z. 1) und „30 Minuten lang durchgibt" (Z. 37/38) nutzt der Autor, um indirekt zu zeigen, dass er die Verwendung von Sprachnachrichten als Kommunikationsmittel missbilligt.

Übertreibungen

Einzelne Neologismen, also Wortneuschöpfungen, verstärken diese indirekte Kritik und wirken abwertend. Beispiele hierfür sind die Wörter „Schippenkriegen" (Z. 9), „Vorne-dran-Generation" (Z. 83) und „Befindlichkeitsgeplapper" (Z. 109).

Neologismen

Auch beim Satzbau lassen sich mehrere Auffälligkeiten erkennen. So gibt es einige Textabschnitte mit sehr langen, verschachtelten Sätzen, die mit Beispielen veranschaulichen, was als Sprachnachricht verschickt wird (vgl. Z. 32–45). Hier beweist der Autor Hintergrundwissen und eigene Erfahrungen, übt aber

Satzbau: lange, komplexe Sätze

auch Kritik an den Sprachnachrichten. Die langen und komplexen Sätze werden aber auch benutzt, wenn es um Folgen, die eine Sprachnachricht nach sich ziehen kann (vgl. Z. 95–105), oder Vorteile, die sich im Zusammenhang mit der Nutzung dieser Funktion für die Absender*innen ergeben (Z. 59–69), geht.

Zitate als Beispiele für Nachrichten

Um die Inhalte der Kommunikation über das Smartphone anschaulich und gut nachvollziehbar darzustellen, verwendet Praschl auch immer wieder Zitate, überwiegend in direkter Rede, z. B. in den Zeilen 18 bis 21 für Textnachrichten und in den Zeilen 35 bis 45 für Sprachnachrichten.

Parallelismen

Wenn es darum geht, die vielseitigen Funktionen und Möglichkeiten der Smartphones und der Sprachnachrichten hervorzuheben, werden parallele Satzstrukturen verwendet. Dies ist beispielsweise in den Zeilen 3 bis 14 der Fall („Es erlaubt […]. Es macht […]. Es lässt […].“) und in den Zeilen 48 bis 69 („Man patscht […]. Man muss […]. Man holt […].“).

Antithesen

Mit einigen Antithesen wird der Gegensatz zwischen Absenderinnen und Absendern von Sprachnachrichten und den Empfängerinnen und Empfängern, die als Opfer dargestellt werden, besonders deutlich hervorgehoben (z. B. „Die sie verschicken, lieben sie. Die sie empfangen, hassen sie oft inbrünstig […].“, Z. 117–124; „Der eine redet, der andere muss es sich ohne Widerrede anhören.“, Z. 129–131).

Sprachstil: gehobene Sprache

umgangssprachliche und kraftvolle Ausdrücke

Zitate belangloser Sprachnachrichten

Insgesamt ist der Text durch einen gehobenen Sprachstil gekennzeichnet, wie Wortwahl, Stilmittel und Satzbau zeigen. Diesen kombiniert der Autor jedoch geschickt mit einer umgangssprachlichen und manchmal sogar kraftvollen, also eher derben Ausdrucksweise (z. B. „das ganze Gelaber“, Z. 105/106; „beim Labern“, Z. 124). Damit gelingt es ihm, die Leser*innen zu unterhalten und zum Schmunzeln zu bringen. Indem er Beispiele möglichst belangloser Sprachnachrichten einstreut (z. B. Z. 35–45), teilt er nicht nur sein Missfallen gegenüber dieser Art der Kommunikation mit, sondern schließt auch deren Absender*innen darin mit ein. Mit den sprachlich anspruchsvollen Passagen will sich Praschl wohl auch von den Nutzerinnen und Nutzern von Sprachnachrichten abgrenzen. Die Kritik, die der Autor äußert, ist immer wieder ironisch dargestellt. So wird beispielsweise die Behauptung aufgestellt, dass „man alles Wichtige […] auch simsen“ (Z. 18–21) kann, aber die formulierten Beispiele (vgl. Z. 18–21) sind gar nicht so wichtig, sodass diese an sich zutreffende Behauptung wieder entwertet wird.

Ironie

Vorname Nachname
Straße Hausnummer
Postleitzahl Ort

4. Leserbrief: Meinung zur Thematik des Textes

Absender*in

An die
Redaktion „Die Welt“

Empfänger*in (In diesem Fall ist nur der Zeitungsname bekannt.)

Datum

Leserbrief zur Glosse „Die nervigste Erfindung des Kommunikationszeitalters“

Betreff

Sehr geehrte Damen und Herren,
ich bitte um Veröffentlichung meines Leserbriefs zu der am 06. 03. 2019 auf Ihrer Internetseite veröffentlichten oben genannten Glosse.

Anrede und Anschreiben

Leserbrieftext Einleitung: Hinführung zum Thema

Es ist sehr begrüßenswert, dass Peter Praschl das Thema „Sprachnachrichten über Messenger-Dienste“ aufgreift. Denn diese Form der Kommunikation nimmt immer schlimmere Ausmaße an. Zu Recht weist der Autor auf die Sinn- und Belanglosigkeit dieses „Geplappers“ hin. Dennoch möchte ich meinen, dass er in seiner völligen Ächtung von Sprachnachrichten und ihrer Absender*innen über das Ziel hinausschießt. Ich denke, dass diese Form der einfachen Übermittlung von Information durchaus Vorteile besitzt, wenn sie richtig angewendet wird.

Darstellung des eigenen Standpunkts

Hauptteil: sinnvolle Einsatzmöglichkeiten von Sprachnachrichten

kurze persönliche Botschaft

Sprachnachrichten sind eine schnelle Möglichkeit, eine kurze persönliche Botschaft an jemanden zu richten. Denn sie sind weitaus persönlicher, als würde man z. B. Emojis, deren Bedeutung man womöglich nachschlagen muss, versenden. Es ist beispielsweise auch für die Empfängerin oder den Empfänger schöner, wenn sie oder er Geburtstagsglückwünsche in Form einer Sprachnachricht bekommt, falls ein Telefonat nicht möglich ist.

Bestätigung von Abmachungen

Eine Sprachnachricht ist auch sinnvoll, wenn man sie zur Bestätigung einer vorher per Textnachricht oder Telefon festgelegten Abmachung benutzt. Denn dann handelt es sich nicht um Belanglosigkeiten, die man sich minutenlang anhören muss, sondern um eine wichtige Information, die schnell und einfach weitergegeben werden kann. Etwa wenn man mit jemandem ausgemacht hat, dass man sie oder ihn besucht, aber man noch keine genaue Uhrzeit festgelegt hat.

Schließlich sind Sprachnachrichten auch dann sinnvoll, wenn man dem anderen nur eine kurze Nachricht zukommen lassen will, aber in Eile ist oder die Hände nicht zum Tippen frei hat. Dann ist dies der schnellste und einfachste Weg, jemanden zu informieren, beispielsweise dass man 20 Minuten später kommt – erst recht, wenn man am Steuer eines Autos sitzt.

schnelle, kurze Nachricht bei Mangel an Alternativen

Man sollte also diese „Erfindung aus der Hölle" und auch deren Absender*innen nicht vollständig verdammen, sondern Sprachnachrichten vielmehr sinnvoll und sparsam einsetzen. Dann nerven sie auch nicht und sind ein nützliches Kommunikationsmittel.

Schluss: Bekräftigung der Meinung

Mit freundlichen Grüßen
Unterschrift

Grußformel
Unterschrift

5. Dialog

Einstieg ins Gespräch: Klären der aktuellen Situation

ICH *(zögerlich)*: Du, ich … Es gibt da etwas, das ich schon lange mal mit dir bereden wollte.

PAULA *(verwundert)*: Oh, warum so förmlich? Was hast du auf dem Herzen?

ICH: Du hast mir allein heute zwölf Sprachnachrichten geschickt.

PAULA *(bestimmt)*: Ja, wie hätten wir uns denn sonst hier zum Eisessen verabreden sollen?

ICH *(geduldig)*: Dafür gibt es auch Textnachrichten oder die gute alte Telefonfunktion.

PAULA *(entschieden)*: Ach was, so ist es viel schneller und praktischer.

ICH *(etwas resigniert)*: Für dich vielleicht! Aber ich musste jede einzelne noch so unwichtige Zwischenmeldung von dir abhören und erfahren, dass du gestern Vanilleeis hattest.

PAULA *(uneinsichtig)*: Ja, aber das ist doch auch deine Lieblingseissorte.

ICH *(gestikulierend)*: Aber das war geeestern, das interessiert mich heute doch nicht mehr. Was hatte das außerdem mit unserem Treffen heute zu tun?

PAULA *(beleidigt)*: Was man macht, macht man falsch.

ICH: Ich möchte dich einfach nur darum bitten, mir keine Sprachnachrichten mehr zu schicken.

Kern des Gesprächs: Bitte, keine Sprachnachrichten mehr zu verschicken

PAULA *(ratlos)*: Nenn mir einen einzigen vernünftigen Grund!

ICH *(mich zur Ruhe zwingend)*: Da kann ich dir gleich mehrere nennen: Erstens nervt es ziemlich, nicht direkt reagieren zu können. Zweitens nervt es mindestens genauso, dass es so lange dauert, bis man etwas mit dir ausgemacht hat …

Gründe gegen Sprachnachrichten

PAULA *(unterbricht vorwurfsvoll)*: Ja, wenn du immer so lange mit der Antwort brauchst!

fehlende Einsicht bei der Gegenseite

ICH *(leicht angesäuert)*: Pah, ich habe auch noch was anderes zu tun! Und außerdem sitzen wir jetzt in der Eisdiele, in die ich nicht wollte!

PAULA *(wenig schuldbewusst)*: Dann hättest du dich halt noch mal gemeldet!

ICH *(fassungslos)*: Dann hätte ich aber auch noch mal x Sinnlosnachrichten von dir bekommen, bis der Treffpunkt festgestanden hätte.

PAULA *(ausweichend)*: Was passt dir denn hier nicht?

ICH *(zögernd)*: Ach, das ist was Persönliches. Ich bitte dich einfach: Keine Sprachnachrichten mehr!

erneute Bitte

PAULA *(entschlossen)*: Und wenn ich mich weigere?

ICH *(mit fester Stimme)*: Dann lösche ich sie ungehört!

PAULA *(spielt die Eingeschnappte)*: Wenn du das machst, dann schicke ich dir keine mehr – basta!

ICH *(lachend)*: Na dann, Ziel erreicht!

Ende des Gesprächs: Auflösung der Situation

PAULA *(ebenfalls lachend)*: Untersteh dich, keine Nachrichten mehr abzuhören!

SCHLUSS

Regeln zur Nutzung von Sprachnachrichten

Wie im Leserbrief bereits dargelegt, können Sprachnachrichten durchaus ein hilfreiches Kommunikationsmittel sein, wenn man sie nicht inflationär verschickt und sich an ein paar Regeln hält. Die erste ist, dass man sich kurzfassen sollte. Auch sollte man via Sprachnachricht nur Eiliges und Wichtiges mitteilen, wenn man keine andere Möglichkeit dazu hat. Ganz verzichten sollte man auf Informationen über das eigene Befinden oder die Stimmung, da eine Reaktion darauf für die Empfänger*innen sehr schwierig ist. Für Persönliches ist das direkte Gespräch noch immer am besten, auch wenn es am Telefon stattfindet. Wenn man diese wenigen Grundregeln beachtet, können Sprachnachrichten sowohl für die Absender*innen als auch für die Empfänger*innen mehr Segen als Fluch sein.

Text

Macht süchtig

Eine ganze Branche lebt davon, Menschen von Apps, Spielen und sozialen Netzwerken abhängig zu machen. Nur wenige kämpfen gegen den Sog des Digitalen. Von einem ungleichen Duell

VON ANDRIAN KREYE

Die meisten Mütter, die an diesem Abend zum „Workshop Mediensucht" in das Klassenzimmer gekommen sind, haben die ersten Phasen ihrer Kampf-oder-Flucht-Reaktionen hinter sich. Den Kampf gegen den Sog der Bildschirme, gegen das Gebettel, Gequengel, Geschrei. Die Flucht vor der Realität, dass so harmlose Dinge wie Zeichentrickfilme oder Geduldsspiele den Kindern schaden könnten, die doch so behütet aufwachsen. Was bleibt, ist das Gefühl, dass da etwas auf die Kinder zugreift, das sehr viel mächtiger ist als Elternliebe und gute Erziehung. Wegen der immer häufigeren Berichte über die Nebenwirkungen der digitalen Revolution. Und ganz konkret wegen des Spiels Fortnite. Das hat bei Schulkindern stärker eingeschlagen als alle Spiele zuvor.

Faszination Computerspiel

Das Klassenzimmer ist die vorderste Frontlinie einer Debatte, für die sich der Begriff „Techlash" etabliert hat, ein englisches Wortspiel aus „technology" und „backlash", aus Technologie und Gegenreaktion. Hierbei geht es um das Unbehagen gegenüber der Sogwirkung sozialer Netzwerke, der Macht der Videospiele und dem übermäßigen Gebrauch von Smartphones.

Sean Parker zum Beispiel, der Mitbegründer von Facebook, gestand ein, sie hätten von Anfang an Suchtmechanismen eingebaut. Erst merkten die Erwachsenen, dass ihnen da etwas aus dem Ruder läuft, weil sie statistisch ihr Handy jeden Tag zwischen zwei- und fünftausend Mal berühren und um die vier bis fünf Stunden im Internet sind. Bald darauf merkten sie auch, dass die bunte Kinderwelt gar nicht so harmlos ist.

Mediensucht in der Diskussion

Der Mann, der den Workshop veranstaltet, heißt Jürgen Eberle, ein grundsympathischer Herr von 46 Jahren, er trägt Jeans und dunkles Hemd. Und er spricht mit einer Ruhe, der man anmerkt, dass er es gewohnt ist, Klassenzimmer voller Trotzköpfe dazu zu bringen, sich auf ihn einzulassen. Jürgen Eberles Abend für die Eltern ist nur die Vorbereitung für den eigentlichen Workshop mit den Schülern. Es ist ihm wichtig, dass er nichts verteufeln will. Eberle hält nichts von Panik. Das sei weltfremd: „Diese Geräte sind jetzt nun mal da. Die können wir nicht mehr wegzaubern. Ich habe ja auch ein Smartphone. Ich habe sogar Freude daran. Wir müssen nur lernen, damit umzugehen." Er will bei Mediensucht auch nicht von Krankheit sprechen. „Die sind nicht krank. Die haben nur Verhaltensweisen entwickelt, die eigentlich mal in Ordnung waren, aber ihnen jetzt schaden. Die sollten sie wieder ablegen."

Die Weltgesundheitsorganisation WHO sieht das dramatischer. Noch ist Onlinesucht zu wenig erforscht, um offiziell als Krankheit zu gelten. Als Problem aber wurde sie erkannt. Allein in Deutschland, meldete die deutsche *Ärzte Zeitung*, seien rund 600 000 junge Menschen medienabhängig. In den USA sei fast ein Drittel der 18- bis 24-Jährigen süchtig nach irgendetwas Digitalem. Die Folgen: Konzentrations- und Schlafstörungen, Leistungsabfall, Depressionen, Vereinsamung, Mangelernährung, Verwahrlosung. Das sind Extreme. Aber es reicht ja schon, wenn die Schulnoten in den Keller gehen und das Familienleben zur Quengelhölle wird.

Am Haken der Ingenieure

Der ehemalige Google-Designer Tristan Harris warnte alle, die glauben, dass soziale Medien für Kinder nichts anderes seien als die Telefonitis der Teenies, die in den Siebzigerjahren Stunden am Hörer verbrachten: „Damals gab es noch keine hundert Ingenieure am anderen Ende, die genau wissen, wie die Psychologie ihrer Nutzer funktioniert." Einer dieser Ingenieure ist Nir Eyal, ein sogenannter Verhaltensformer. Er hat einen Bestseller geschrieben, dessen Untertitel sein deutscher Verlag viel eindeutiger übersetzt hat: „Hooked – Wie Sie Produkte erschaffen, die süchtig machen". Ein innerer oder äußerer Auslöser bringt den Nutzer zu einer Handlung, für die er eine Belohnung bekommt, die ihn dazu bringt, mehr Zeit oder gar Geld zu investieren. „The Hook Model" nennt Nir Eyal die Methode, das Hakenmodell, was buchstäblich als Angelhaken zu verstehen ist. Er beschreibt das an Facebook. Auslöser sind bei den meisten Nutzern Gefühle von Langeweile oder Einsamkeit. Das bringt sie so dazu, sich auf Facebook einzuloggen. Dort sehen sie dann lustige oder empörende Beiträge ihres digitalen Freundeskreises. Wenn sie nun einen Kommentar platzieren, ein Bild oder ein Video, können andere Nutzer ein Daumen-rauf-Symbol anklicken, einen sogenannten Like. Diese Mikrodosis digitaler Streicheleinheiten bringt sie dazu, immer öfter auf Facebook zu gehen, immer öfter etwas von sich preiszugeben. Es funktioniert deshalb so gut, weil Facebook es geschafft hat, mit den verschiedensten Streichelsignalen die Aufmerksamkeit in ständiger Habachtstellung zu halten.

Kurskorrektur bei der Digitalindustrie

Sucht hält Eyal allerdings für das falsche Wort. Es gibt durchaus positive Gründe, ein Produkt zur Gewohnheit zu machen. Das ist der Traum jedes Verhaltensformers, dass er Menschen zu vernünftigem Handeln bringt. Eyal predigt seine Methode aber nicht nur. Er glaubt an sie, deswegen investiert er in Start-ups, die sie anwenden. „Fitbot zum

Beispiel. Das ist eine App, die Sie dazu bringt, mehr Sport zu treiben. Oder Kahoot!, das ist eine Lernplattform mit Spielen.“ Er hat schon viel Geld damit verdient.

Jürgen Eberles Geschäft ist nicht so lukrativ. Wenn er nicht durch die Schulen zieht, betreibt er seine private Praxis „Mediensucht“. Er arbeitete davor in Ulm in einer Drogensuchtberatung, als immer öfter Familien zu ihm kamen, die mit Videospielen ein Problem hatten. Wobei es ihm wichtig ist, dass es nie die Spiele alleine sind, die das Problem schaffen. „Hinter der Sucht liegen immer Bindungsproblematiken innerhalb der Familie.“ Deswegen redet er nicht nur mit den Spielsüchtigen selbst, sondern immer auch mit den Eltern. 90 Prozent seiner Klienten seien Jungs, sagt er. Alle hätten vor allem mit Spielen ein Problem. „Fortnite ist eine Epidemie.“ Vier, fünf Stunden pro Tag seien ein Problem. Einmal behandelte er einen Jungen, der jeden Tag zehn Stunden am Gerät verbrachte. Es sind fast immer die Eltern, die zu ihm kommen. „Die Kinder haben kein Problem“, sagt er, „die sind ja happy. Mensch, Mama, lass mich in Frieden, ich will zocken. Mach keinen Stress. Die guten Eltern entwickeln da aber ein Problembewusstsein.“

Das ist nicht mehr so selten. Womit man wieder beim Techlash wäre, der inzwischen Wirkung zeigt. Im Silicon Valley wissen sie sehr wohl, dass man die „Gewohnheitsbildung“ nicht ewig weitertreiben kann. Die Industrie steuere jetzt dagegen. „Die wissen, dass sie Kunden verlieren, die das Gefühl haben, dass ihnen ein Produkt schadet“, sagt Nir Eyal. Deswegen gibt es jetzt unzählige Apps, die die Nutzungszeit begrenzen. Und das ist erst der Anfang.

Als Jürgen Eberle das hört, seufzt er. „Dann hat unsere Arbeit ja was gebracht.“ Auch wenn er die Grenzen seiner Arbeit viel zu gut kennt. Denn dass der Igel gegen den Hasen gewinnt, das gibt es nur im Märchen. Oder in der Fantasiewelt der Computerspiele.

Quelle: Andrian Kreye: Macht süchtig. Süddeutsche Zeitung vom 09. 02. 2019 (Text zu Prüfungszwecken gekürzt und verändert), Foto: yougoigo.Shutterstock

Aufgabenstellung

Lesen Sie den Text „Macht süchtig“ sorgfältig durch und bearbeiten Sie dann die folgenden Aufgaben.

1. Fassen Sie den Inhalt des Textes so zusammen, dass dessen Aufbau erkennbar wird.
2. Beschreiben Sie auffällige sprachliche Mittel und deren Wirkung.
3. Bestimmen Sie die Textsorte und weisen Sie diese am Text nach.
4. Erörtern Sie, welche Möglichkeiten Eltern haben, ihre Kinder zu einem vernünftigen Umgang mit digitalen Medien zu erziehen.
5. Schreiben Sie einen Dialog zwischen einem medienbegeisterten Jugendlichen und seinen besorgten Eltern.

Die Aufgaben stammen aus der Original-Abschlussprüfung 2020.

Lösungsvorschlag

TIPP **Bearbeitungshinweise**

EINLEITUNG

In der Einleitung müssen in einem Basissatz alle grundlegenden Informationen zum Text genannt werden: Textsorte, Titel, Verfasser, Quelle und Thema des Textes (= Suchtgefahren durch digitale Medien und mögliche Auswirkungen einer solchen Sucht). Wie du diese Angaben in die Einleitung einbettest, ist dir freigestellt. Du kannst mit dem **Basissatz** beginnen und mit einer knappen Darstellung der **Thematik des Textes** zum Hauptteil überleiten.
Auch eine **eigenständige Hinführung** zum Thema ist möglich. Beschreibe z. B.

- persönliche Erfahrungen mit Computerspielen und Social Media,
- Erfahrungen mit schulischen Angeboten zur Medienerziehung,
- den Umgang mit den digitalen Medien in der eigenen Familie oder
- Vorteile der Nutzung digitaler Medien.

Leite dann zum Hauptteil über, indem du unter Angabe der Basisinformationen auf den Text verweist, der im Folgenden untersucht werden soll.

HAUPTTEIL

1. Inhaltszusammenfassung und Textaufbau

Hier wird verlangt, dass du den Text in **Sinnabschnitte** gliederst und den Inhalt Abschnitt für Abschnitt kurz wiedergibst. Dabei musst du auch die **Funktion** der Sinnabschnitte benennen (z. B. Darstellung von Hintergrundwissen, Fazit). Orientiere dich an den Absätzen; häufig beginnt mit einem neuen Absatz auch ein neuer Sinnabschnitt. Schreibe in eigenen Worten und achte darauf, nur die **wichtigen Informationen** zu nennen.

2. Sprachliche Mittel und deren Wirkung

Um die Sprache eines Textes beschreiben zu können, musst du ihn vor allem im Hinblick auf Wortwahl, Stilmittel, Satzbau und ggf. weitere sprachliche Besonderheiten untersuchen. Wichtig ist, die sprachlichen Mittel nicht nur aufzuzählen, sondern auch ihre **Wirkung** im Text zu benennen.
An der **Wortwahl** lässt sich das sprachliche Niveau (die Sprachebene) eines Textes erkennen. Achte insbesondere darauf, ob viele Fachbegriffe und Fremdwörter (z. B. Anglizismen) verwendet werden, welche Wortarten vorherrschen und ob bildhafte und umgangssprachliche Ausdrücke eingesetzt werden. In diesem Zusammenhang kannst du auch auf die **rhetorischen Mittel**, die der Autor verwendet, eingehen.
Untersuche zudem, welche Art von **Satzbau** überwiegt. Handelt es sich um einfache Sätze oder um komplexe Satzkonstruktionen? Gibt es unvollständige Sätze, Einschübe oder Appositionen? Achte auch auf andere Satzarten wie z. B. Fragesätze und auf die Verwendung von direkter und/oder indirekter Rede.

3. Bestimmung der Textsorte

Eine Reportage zeichnet sich durch zahlreiche **spezifische Merkmale** aus: Beispielsweise soll das Layout die Leser*innen besonders ansprechen, z. B. durch prägnante Überschriften oder ein Foto. Reportagen behandeln zudem meist ein aktuelles Thema, das aus unterschiedlichen Sichtweisen dargestellt wird. Typisch sind auch ein szenischer Einstieg sowie der Wechsel zwischen subjektiv wertenden Abschnitten und sachlichen Informationen. Die Beschreibung eigener Beobachtungen und Rechercheergebnisse sind ebenfalls kennzeichnend. Diese werden stets durch Fakten, Expertenaussagen oder Zitate aus anderen Medien untermauert. Reportagen sind außerdem überwiegend im Präsens verfasst.

4. Erörterung

Bei dieser Aufgabe ist es sinnvoll, zunächst den **Themabegriff** (digitale Medien) und mögliche **Einschränkungen** (vernünftiger Umgang) zu bestimmen. Achte auch auf die **Präzisierung des Erörterungsauftrags** (Möglichkeiten der Eltern, ihre Kinder zu einem vernünftigen Umgang mit digitalen Medien zu erziehen). Eine kurz angelegte **Stoffsammlung** kannst du aus der Frage entwickeln, wie dir deine Eltern einen vernünftigen Umgang mit Smartphone und Co. vermitteln. Mögliche Antworten auf die Themafrage liefert auch die Reportage (Zeitbeschränkung, Bewusstsein über die manipulative Wirkung und schädliche Inhalte). Verfasse schließlich zwei bis drei überzeugende **Argumente** zum Thema.

5. Dialog

Ein Dialog ist ein **Gespräch** zwischen zwei oder mehr Personen, in diesem Fall zwischen einem „medienbegeisterten Jugendlichen“ und seinen „besorgten Eltern“. Du kannst ein Dreiergespräch entwerfen oder nur den Vater oder die Mutter das Gespräch mit der oder dem Jugendlichen führen lassen. **Inhaltlich** gibt die Aufgabenstellung nur zwei Pole vor (medienbegeisterter Jugendlicher und besorgte Eltern), lässt aber die Richtung des Gesprächs offen. Es kann daher hilfreich sein, an eigene Gesprächserfahrungen in diesem Zusammenhang zu denken. Die **sprachliche Gestaltung** des Dialogs orientiert sich am mündlichen Sprachgebrauch (z. B. Fragen, Ausrufe, unvollständige Sätze oder Einwürfe und Unterbrechungen). Achte auch darauf, dass der Sprachstil zu den sprechenden Personen passt. Kennzeichnend für einen Dialog sind zudem Regieanweisungen, die verdeutlichen, wie jemand spricht oder welche Mimik und Gestik seine Aussage begleiten. Die Verwendung von Namen ist möglich, aber nicht notwendig.

SCHLUSS

Im Schlussteil könntest du aus **aktuellem Anlass** die positiven Aspekte und Möglichkeiten beschreiben, die digitale Medien bieten, und welche Bedeutung sie in der Zeit von Schulschließungen aufgrund von COVID-19 hatten. Ebenso könntest du **eigene Erfahrungen**, etwa deine Erlebnisse in sozialen Netzwerken, anführen. Es ist auch möglich, aufzugreifen, welche **Regeln für die Nutzung digitaler Medien** bei dir zu Hause gelten. Oder du **erweiterst den Blickwinkel** und stellst dar, wie wichtig reale soziale Kontakte und freie Zeit ohne digitale Medien sind.

Aufsatzbeispiel

TIPP **Hinweis zum Aufsatzbeispiel**

Die **Angaben am Rand** sind nicht Bestandteil des Aufsatzes, sondern dienen nur deiner Orientierung hinsichtlich Inhalt und Aufbau.
Es kann sein, dass sich die **Sprachanalyse** in der Prüfung auf einen bestimmten Textabschnitt bezieht. Das Aufsatzbeispiel stellt daher insbesondere bei der Sprachanalyse, aber auch bei anderen Teilaufgaben, sehr viele infrage kommende inhaltliche Aspekte dar. Für einen sehr guten Lösungsaufsatz reichen auch weniger Aspekte aus.

EINLEITUNG
Hinführung

Wenn man die Menschen auf den Straßen, an Haltestellen oder im öffentlichen Nahverkehr genauer beobachtet, fällt schnell auf, dass die meisten mit ihrem Smartphone beschäftigt sind. Einige von ihnen können ihren Blick nicht einmal von ihrem Handy losreißen, wenn sie eine Straße überqueren. Neben dieser offensichtlichen körperlichen Gefahr birgt eine unangemessene Nutzung digitaler Medien aber auch versteckte Gefahren, z. B. durch eine Sucht.

Thematik des Textes, Basisinformationen zum Text

Mit dieser Suchtgefahr und ihren möglichen Auswirkungen beschäftigt sich auch Andrian Kreyes Reportage „Macht süchtig“, die am 09. 02. 2019 in der Süddeutschen Zeitung erschienen ist.

HAUPTTEIL

1. Inhaltszusammenfassung und Textaufbau
Sinnabschnitt 1 (Z. 1–20)

Der Autor steigt in seinem Artikel direkt in das Thema ein (Z. 1–20), indem er seine Eindrücke aus einem Workshop für besorgte Eltern zum Thema „Mediensucht“, der an einer Schule stattfindet, schildert.

Sinnabschnitt 2 (Z. 21–42)

Im zweiten Sinnabschnitt (Z. 21–42) geht er dann konkreter auf die Thematik ein und stellt die allgemeine Besorgnis über die Macht der digitalen Medien, die unter dem Begriff „Techlash“ zusammengefasst wird, dar.

Sinnabschnitt 3 (Z. 43–67)

Im dritten Abschnitt seines Textes (Z. 43–67) wechselt er wieder zu seinen Eindrücken aus dem Workshop und beschreibt die Arbeitsweise und die Ziele des Kursleiters Jürgen Eberle, der eine bewusste Nutzung digitaler Medien fordert.

Sinnabschnitt 4 (Z. 68–85)

Im nächsten Sinnabschnitt (Z. 68–85) bezieht sich der Autor auf Informationen der WHO und aus der deutschen „Ärzte Zeitung“ über die große Zahl von Betroffenen und die gefährlichen Folgen für die Gesundheit und Persönlichkeit.

Sinnabschnitt 5 (Z. 86–128)

Sinnabschnitt 5 (Z. 86–128) befasst sich schließlich mit den Ursachen der Sucht. In diesem Zusammenhang wird das „Hakenmodell“, demzufolge digitale Angebote so konstruiert werden, dass sie Nutzer*innen gezielt lenken und an sich binden, erläutert. Dabei stützt sich Kreye auf Aussagen des ehemaligen Google-Designers Tristan Harris sowie des Ingenieurs und Bestsellerautors Nir Eyal.

Der sechste Sinnabschnitt (Z. 129–143) greift das zuvor erwähnte „Hakenmodell" noch einmal auf und weitet das Thema aus, indem auf Apps hingewiesen wird, die dieses Modell für positive Zwecke einsetzen, z. B. um die Nutzer*innen der Apps zum Sport oder Lernen zu motivieren.

Sinnabschnitt 6 (Z. 129–143)

Im darauffolgenden Sinnabschnitt (Z. 144–170) kehrt der Autor zur konkreten Situation des Suchtberaters Eberle zurück und stellt dessen Arbeit vor. In seiner Praxis hat Eberle die Erfahrung gemacht, dass Spielsucht die häufigste Form der Mediensucht ist, hauptsächlich Jungen betroffen sind und immer Bindungsprobleme innerhalb der Familie hinter der Sucht stecken.

Sinnabschnitt 7 (Z. 144–170)

Der achte Sinnabschnitt (Z. 171–182) weist auf die jüngsten Entwicklungen in der Software-Industrie hin. Diese hat erkannt, dass ihr durch ein zunehmendes Problembewusstsein bei den Kundinnen und Kunden Umsatzverluste drohen, weshalb zahlreiche Apps zur Begrenzung von Nutzungszeiten auf den Markt gebracht wurden.

Sinnabschnitt 8 (Z. 171–182)

Der Artikel endet schließlich mit einer Art Fazit des Suchtberaters (Z. 183–189). Auch wenn die neuesten Maßnahmen der Technologiekonzerne positiv zu bewerten sind, weiß Eberle, dass seine Arbeit Grenzen hat und er letztlich nicht gegen die Software-Industrie gewinnen kann.

Sinnabschnitt 9 (Z. 183–189)

2. Sprachliche Mittel und deren Wirkung

Wortwahl und Stilmittel: Wortspiel

Bereits der Titel des Zeitungsartikels „Macht süchtig" zeigt, dass der Text durch sprachliche Besonderheiten gekennzeichnet ist, z. B. im Bereich der Wortwahl und Stilmittel. So stellt das Wortspiel in der Überschrift einerseits eine prägnante Diagnose im Zusammenhang mit digitaler Mediennutzung dar und spielt andererseits mit dem Begriff „machtsüchtig". Diese Eigenschaft passt nämlich zu den IT-Konzernen, die alles daransetzen, ihre Gewinne zu steigern und Macht auf die Verbraucher*innen auszuüben.

Wiederholungen

Dass von digitalen Medien auch Gefahren ausgehen, wird durch zahlreiche Wortwiederholungen eindringlich betont. Aus diesem Grund kommen im Text auch häufig unterschiedliche Formen der Wörter „Sucht", „digital" und „Sog" vor („Sucht", Z. 130, Z. 153; „süchtig", Titel, Z. 77, Z. 101/102; „Mediensucht", Z. 2, Z. 43, Z. 61/62, Z. 147; „Suchtmechanismen",

Z. 33/34; „Onlinesucht", Z. 70; „Drogensuchtberatung", Z. 148; „Spielsüchtigen", Z. 156; „digital", Untertitel, Z. 17, Z. 77/78, Z. 115, Z. 120, Z. 129; „Sog", Untertitel, Z. 6; „Sogwirkung", Z. 27).

Zusätzlich unterstreicht der Autor die Gefahren und negativen Auswirkungen der Abhängigkeit von digitalen Medien mithilfe einiger Aufzählungen, z. B. Z. 6–8, Z. 26–30, Z. 78–81.

Aufzählungen

Auch die Ausdrücke, die an Kampf oder an Krankheit erinnern, z. B. „ungleiche[s] Duell" (Untertitel), „Nebenwirkungen der digitalen Revolution" (Z. 17/18), „hat […] stärker eingeschlagen" (Z. 19/20), „vorderste Frontlinie" (Z. 21/22), „eine Epidemie" (Z. 160), weisen auf die Gefahr, die von digitalen Medien ausgeht, hin und betonen ihre Macht.

Ausdrücke, die an Kampf oder an Krankheit erinnern

Wie die Situation in vielen Familien aussieht, wenn es um die Nutzung digitaler Medien durch Jugendliche geht, veranschaulicht schließlich die Alliteration „Gebettel, Gequengel, Geschrei" (Z. 7/8), die gleichzeitig eine Klimax ist, eindringlich.

Alliteration / Klimax

Dass sich der Autor intensiv mit dem Thema „digitale Medien" befasst hat, stellt er unter anderem mithilfe mehrerer Fachbegriffe aus diesem Bereich, z. B. „App[s]" (Untertitel, Z. 139, Z. 181), „Techlash" (Z. 23, Z. 172), „The Hook Model" (Z. 106/107) und „Like" (Z. 120), unter Beweis. Indem er seine Fachkenntnis demonstriert, gewinnen seine Ausführungen für die Leser*innen zudem an Glaubwürdigkeit.

Fachbegriffe aus dem Bereich der digitalen Medien

Eine ähnliche Wirkung erzielen auch die vielen Anglizismen sowie Firmen- und Eigennamen (z. B. „Fortnite", Z. 19, Z. 160; „Facebook", z. B. Z. 32, Z. 110, Z. 122; „Google-Designer", Z. 87; „Start-ups", Z. 138; „Fitbot", Z. 138; „Kahoot", Z. 140/141; „Silicon Valley", Z. 173/174). Diese weisen aber nicht nur auf die Sachkenntnis des Verfassers hin, sondern auch auf die USA als Trendsetter vieler digitaler Entwicklungen.

Anglizismen, Firmen- und Eigennamen

Die bildhaften Ausdrücke stellen ein Gegengewicht zur Fachsprache dar (z. B. „dass […] etwas aus dem Ruder läuft", Z. 35/36; „verteufeln", Z. 55; „wegzaubern", Z. 58; „die Schulnoten in den Keller gehen", Z. 83; „Quengelhölle", Z. 84; „digital[e] Streicheleinheiten", Z. 120/121; „predigt seine Methode", Z. 135/136) und lockern den Text zudem auf.

bildhafte Ausdrücke

Darüber hinaus fallen auch Besonderheiten im Satzbau auf. So stellt Andrian Kreye die Wirkungsweise digitaler Medien und die Besorgnis der Eltern darüber knapp und prägnant mithilfe kurzer und teilweise unvollständiger Sätze dar (z. B. Z. 15–18, Z. 55–60, Z. 138–142, Z. 157–160). Mit diesen sprachlichen Verkürzungen nähert er sich auch der mündlichen Sprache an, was eine authentische Wirkung erzeugt.

Satzbau: kurze und teilweise unvollständige Sätze

Außerdem gibt der Autor mehrfach Aussagen von Experten in der direkten bzw. indirekten Rede wieder (z. B. Z. 56–61, Z. 63–67, Z. 153–155, Z. 165–170 bzw. Z. 31–42, Z. 157–160). Diese dienen zum einen der Untermauerung der jeweiligen Inhalte und veranschaulichen zum anderen, wie ernst das Thema ist.

direkte bzw. indirekte Rede

Einige dieser Experten charakterisiert der Verfasser auch durch Appositionen, z. B. „der Mitbegründer von Facebook" (Z. 31/32), „ein grundsympathischer Herr von 46 Jahren" (Z. 45/46), „ein sogenannter Verhaltensformer" (Z. 96/97), und steigert somit die Glaubwürdigkeit ihrer Aussagen.

Appositionen

Insgesamt ist der Text durch einen eher einfachen Satzbau aus Hauptsätzen oder kurzen Satzgefügen mit nur einem Nebensatz gekennzeichnet (z. B. Z. 15–20, Z. 109–116, Z. 171–177), wodurch er trotz der teilweise anspruchsvolleren Wortwahl (Fachbegriffe, Anglizismen) leicht verständlich ist.

einfacher Satzbau

3. Bestimmung der Textsorte

Der vorliegende Text „Macht süchtig" von Andrian Kreye lässt sich aufgrund zahlreicher Merkmale als Reportage bestimmen.

Erste Hinweise auf diese Textsorte liefert bereits das Layout: Wie es für eine Reportage typisch ist, besitzt der Artikel eine prägnante Überschrift und Unterüberschrift, die die Leser*innen neugierig machen sollen. Danach folgt der Name des Verfassers an hervorgehobener Stelle und in Großbuchstaben. Zudem gliedern Zwischenüberschriften den Text, wodurch sich die Leser*innen leichter orientieren können. Aufgelockert wird der Artikel durch ein Foto, das Interesse am Text erzeugen will, und ebenfalls häufig in Reportagen vorkommt.

typisches Layout

Außerdem greift der Artikel ein aktuelles Thema auf, nämlich die Suchtgefahr durch digitale Medien, die vor allem junge Menschen betrifft. Dieses wird dann aus unterschiedlichen Blickwinkeln (Eltern, Suchtberater, Software-Entwickler) betrachtet, was bei Reportagen oft der Fall ist.

aktuelles Thema

Der Artikel beginnt mit einem szenischen Einstieg, der die Leser*innen zum Thema hinführt. Darin schildert der Autor die Ängste der Eltern sowie seine Beobachtungen während eines Workshops.

szenischer Einstieg

Dass der Verfasser zu Recherchezwecken selbst am Mediensucht-Workshop teilgenommen hat („Recherchestil“) und seine Erlebnisse und persönlichen Beobachtungen (vgl. Z. 1–5, Z. 44–67) wiedergibt, ist ebenfalls für eine Reportage kennzeichnend.

Recherchestil

Insgesamt basiert die Darstellung des Themas auf Fakten, was beispielsweise an der Beschreibung der Ausmaße der Mediensucht (Z. 68–85) zu erkennen ist. Um seine Ausführungen zu untermauern, gibt Kreye auch Zitate unterschiedlicher Experten (z. B. Z. 92–95, Z. 138–142) und aus anderen Medien (z. B. Z. 72–75) wieder.

Fakten und Expertenaussagen zum Thema

Dieser Wechsel zwischen allgemeinen, sachlich dargestellten Informationen (z. B. über die allgemeine Besorgnis wegen der Macht digitaler Medien, Z. 21–30, und über die Wirkungsweise von Facebook) und subjektiven, z. T. wertenden Abschnitten (z. B. über den Kursleiter Eberle, Z. 44–51, Z. 144/145, Z. 183–189) wird auch als „Zoom-Technik“ bezeichnet und ist ebenfalls für eine Reportage typisch.

Zoom-Technik

Schließlich ist auch die Tatsache, dass der Artikel überwiegend im Präsens verfasst wurde, Hinweis auf diese Textsorte.

überwiegend im Präsens

Aufgrund all dieser spezifischen Merkmale lässt sich der Text mit großer Wahrscheinlichkeit der Textsorte „Reportage“ zuordnen.

4. Erörterung

Themafrage

Nachfolgend wird erörtert, welche Möglichkeiten Eltern haben, ihre Kinder zu einem vernünftigen Umgang mit digitalen Medien zu erziehen.

Argument 1: Schaffen eines Bewusstseins für die manipulative Wirkung und schädliche Inhalte

Die wichtigste Maßnahme ist, dass Eltern bei ihren Kindern ein Bewusstsein für die manipulative Wirkung digitaler Medien und für schädliche Inhalte schaffen. Dies ist so bedeutsam, da die Kinder und Jugendlichen verstehen sollen, warum ein vernünftiger Umgang mit digitalen Medien notwendig ist, und wie sie selbst möglichen Gefahren entgegenwirken können. Dies können Eltern beispielsweise erreichen, indem sie mit ihren Kindern sachlich über diese Themen reden, gemeinsam Workshops wie den von Jürgen Eberle besuchen oder ihren Kindern helfen, das eigene Nutzungsverhalten sowie einzelne Inhalte und Apps kritisch zu hinterfragen.

Sollte noch kein ausreichendes Bewusstsein vorhanden oder sollten die Kinder noch zu jung für einen eigenverantwortlichen Umgang mit digitalen Medien sein, können auch Zeitbeschränkungen für die Nutzung der unterschiedlichen Medien hilfreich sein. Auf diese Weise wird den Kindern und Jugendlichen der Umgang mit digitalen Medien nicht vollständig verwehrt, aber er wird auf ein gesundes Maß reduziert. Umsetzen können die Eltern diese Zeitbeschränkungen, indem sie beispielsweise Zeitfenster für die Nutzung der einzelnen Medien festlegen, z. B. Nutzung des Smartphones bis maximal 20 Uhr oder Computerspielen erst nach den Hausaufgaben. Zudem können die Eltern entsprechende Programme und Apps zu Hilfe nehmen, die die Nutzung einzelner Anwendungen z. B. auf dem Smartphone, Tablet oder PC zeitlich beschränken.

Argument 2: Zeitbeschränkungen

Abgesehen von diesen beiden Möglichkeiten, wie Eltern ihre Kinder zu einem vernünftigen Umgang mit digitalen Medien erziehen können, gibt es sicherlich noch zahlreiche weitere hilfreiche Maßnahmen. Wichtig ist jedoch bei allen, dass sie auch konsequent durchgesetzt werden, da sie sonst ihre Wirkung verfehlen.

Schlussteil

Die Eltern klopfen an die Zimmertür ihres Sohnes. Als keine Reaktion folgt, öffnen sie die Tür und betreten das Zimmer. Sie sehen ihren jugendlichen Sohn, wie er vor seinem PC sitzt, ein Headset auf dem Kopf hat und in ein Computerspiel vertieft ist. Der Vater tippt seinem Sohn auf die Schulter, um auf sich aufmerksam zu machen. Der Jugendliche zuckt erschrocken zusammen, dreht sich zu seinen Eltern um und zieht eine Seite des Headsets vom Ohr.

5. Dialog

Schilderung der Gesprächssituation

JUGENDLICHER: Ihr habt mich aber erschreckt! Was wollt ihr?

VATER *(ernst)*: Wir müssen mit dir reden.

JUGENDLICHER *(genervt)*: Muss das jetzt sein? Ihr seht doch, dass ich gerade am Zocken bin.

MUTTER: Ja, und genau darum geht es auch.

JUGENDLICHER *(seufzend)*: Nicht das Thema schon wieder! Mensch, Mama, lass mich damit doch endlich in Frieden. Ich will zocken!

Der Junge zieht den Kopfhörer wieder aufs Ohr und will sich zum Bildschirm umdrehen. Der Vater legt ihm eine Hand auf die Schulter und hält ihn davon ab. Der Jugendliche verzieht genervt das Gesicht und nimmt das Headset dieses Mal ganz vom Kopf.

Was soll das? Ich will mit euch nicht schon wieder über das Thema reden.

VATER: Das müssen wir aber, denn mittlerweile leiden deine Noten ganz schön unter deiner Zockerei.

Auswirkungen des übermäßigen Medienkonsums

JUGENDLICHER: Wie kommt ihr auf den Unsinn? Das liegt nicht an dem Spiel!

MUTTER: Da sind wir anderer Meinung. Und Herr Eberle auch.

Bezug zu Eberles Workshop

JUGENDLICHER: Eberle? Wer soll das bitte sein? Ich kenne keinen Eberle.

VATER: Das ist der Mediensuchtberater, der gestern Abend in deiner Schule diesen Workshop veranstaltet hat.

JUGENDLICHER *(wütend)*: Wie kommt ihr dazu, mit ihm über mich zu reden? Ich habe kein Problem! Ich spiele einfach nur gerne, mehr nicht! Das tun die anderen Jungs aus meiner Klasse auch. Das ist ganz normal!

fehlendes Problembewusstsein beim Betroffenen

MUTTER: Es spricht ja auch nichts dagegen, mal etwas am Computer zu spielen, aber nicht fünf bis sechs Stunden pro Tag. Das ist keineswegs normal.

VATER: Du machst im Grunde nichts anderes mehr, als am PC zu sitzen. Du triffst dich ja nicht einmal mehr mit deinen Freunden.

weitere negative Auswirkungen

JUGENDLICHER *(rechtfertigend)*: Das stimmt doch gar nicht! Ich habe mich doch erst letztens mit Leon und Jan getroffen!

MUTTER: Das war in den Osterferien und jetzt steht Pfingsten vor der Tür! Das ist also fast sechs Wochen her.

VATER: Du merkst offenbar nicht einmal mehr, wie viel Zeit vergeht … Das kann so nicht weitergehen. Und deswegen haben wir für kommenden Montag auch einen Termin in Eberles Praxis ausgemacht.

Lösungsversuch: Termin bei der Mediensuchtberatung

JUGENDLICHER: Aber …

VATER *(unterbricht ihn energisch)*: Nichts „aber"! Das muss sein. Und jetzt schalte den PC aus und geh ins Bett. Es ist schon spät.

MUTTER: Schlaf gut.

JUGENDLICHER *(zerknirscht)*: Gute Nacht.

Digitale Medien sind aus unserem Alltag nicht mehr wegzudenken. Sie erleichtern und bereichern unser Leben in vielen Bereichen, z. B. wenn man an die vielen nützlichen Funktionen auf dem Smartphone denkt. Sogar der Mediensuchtberater Jürgen Eberle verteufelt sie nicht grundsätzlich, sondern nutzt sein Smartphone mit Freude. Wichtig dabei ist aber, dass man ein gesundes Maß und die richtige Art und Weise, mit digitalen Medien umzugehen, findet. Es muss ja nicht gleich der vollständige Verzicht auf die Nutzung digitaler Geräte und Medien sein, aber auch eine kurze Zeit des „Digital Detox“ kann schon dabei helfen, die Hektik des Alltags hinter sich zu lassen und ein wenig zur Ruhe zu kommen. Mir ging es zumindest so, als ich ein paar Tage auf mein Smartphone verzichtet habe. Anfangs war es zwar ungewohnt, aber dann habe ich die Ruhe genossen. Jetzt bleibt mein Smartphone häufiger mal ausgeschaltet. Denn wie so oft gilt auch hier: Die Dosis macht das Gift.

SCHLUSS
Fazit

eigene Erfahrungen mit „Digital Detox“

Erschließen eines pragmatischen Textes
Übungsaufgabe 3

Text

Bleiben

Die Menschen sollten alles dafür tun, den eigenen Planeten zu bewahren, und nicht aberwitzige Summen für die Suche nach einem neuen ausgeben.

Von Karl-Markus Gauß

Wer es vorher nicht wusste, musste es spätestens am 21. Juli 1969 erkannt haben, als Neil Armstrong seine ersten vorsichtigen Schritte in die Wüste des Mondes setzte und die Bilder im Fernsehen liefen: dass die Erde kein unwirtlicher Ort ist, steinig, staubig und kahl wie ihr Trabant, sondern die wunderbare gemeinsame Heimat der Menschheit. Gesegnet mit einer schier unglaublichen Vielfalt an pflanzlichem und tierischem Leben und voller Reichtümer, die es allen Erdenbürgern ermöglichen könnten, ein Leben frei von Bedrängnis zu führen, erstrahlte die Erde, vom kalten Weltall aus besehen, für die ergriffenen Astronauten als „blauer Planet“.

In den bald fünfzig Jahren seither sind die Ozeane weiter verschmutzt, riesige Flächen des Regenwalds zerstört und unfassbare Mengen an Giften in die Luft geblasen worden oder in die Böden versickert. Und erst all die Kriege, von denen kein Jahr frei war, das angehäufte Arsenal atomarer Waffen, der Klimawandel. Es gibt so vieles zu preisen an unserer Erde und gerade deshalb so vieles zu beklagen.

Stephen Hawkings Utopie kommt aus dem Geist der Apokalypse[1]

[…] Der berühmte Astrophysiker Stephen Hawking[2] ließ verlauten, die Menschheit möge sich darauf einstellen, ihren Heimatplaneten in hundert Jahren zu räumen. Warum? Weil die Umweltverschmutzung bis dahin aus ihm einen unbewohnbaren Ort gemacht haben werde, weil irgendwann irgendwo aus der atomaren Bedrohung ein Ernstfall geworden sein wird, weil die gewohnheitsmäßige Überdosierung mit Antibiotika uns schutzlos Viren und Krankheiten ausliefert, die wir noch gar nicht kennen, weil die Erderwärmung den ganzen Planeten überhitzt. Kurz, weil die Erde ökologisch so gründlich ruiniert sein wird, dass sie nicht mehr dazu taugt, ihren Bewohnern das Überleben zu sichern.

Ich empfehle, die Gedanken eines der bedeutendsten Naturwissenschaftler unserer Zeit nicht aus seinem Geist der Apokalypse, sondern mit abwägender Skepsis zu bedenken: Alle technische Intelligenz, das gesamte unermessliche Vermögen der Welt, jedwede militärische und zivile Forschung, alles, was die Menschen an wissenschaftlicher Leistung und sozialer Anstrengung aufzubieten vermögen, muss laut Hawking dafür eingesetzt werden, den Exodus der Menschheit von dem Planeten zu bewerkstelligen, der ihr zugeteilt wurde oder zugefallen ist. Was für eine unvorstellbare Anstrengung, Milliarden Menschen auf ferne Planeten und dort in künstliche Biotope zu verfrachten, wo sie neue Zivilisationen begründen sollen.

Wäre es nicht wesentlich einfacher und sinnvoller, so viel Hirnschmalz und Herzblut statt für die Abwanderung von unserem Planeten für das Verbleiben auf diesem einzusetzen? Manche Wissenschaftler haben wie Hawking offenbar längst die Hoffnung aufgegeben, dass die Menschen ihren sensationellen Erfindergeist, ihre kühne Fantasie und ihre Vernunft auch dafür nutzen könnten, die Erde nicht weiter wie bisher zu traktieren, sondern dafür zu sorgen, dass sie bewohnbar bleibe, mehr noch, jener Ort werde, der für alle genug zu bieten hätte. Das Allerschwierigste können sie sich vorstellen – neue Lebensräume für die Erdbewohner in den Weiten des Alls zu erschaffen –, das Naheliegende ziehen sie hingegen gar nicht mehr in Betracht – dass nämlich niemand uns zwingt, uns selbst zu vertreiben. [...]

Hawkings Obsession[3], die Apokalypse ließe sich einzig technologisch noch abwenden, wird also auch von anderen durchaus geteilt. [...] Seitdem auch Jeff Bezos[4] in die Eroberung des Alls eingestiegen ist, kann man ermessen, dass es dabei nicht nur um die Rettung der Menschheit geht, sondern auch darum, mit dieser einen Haufen Geld zu verdienen. Bezos, der sein immenses Vermögen durchaus nicht der Humanisierung der Welt verdankt, hat bei seinen Unternehmungen rein kommerzielle Ziele im Auge. Was er [...] anstrebt, ist eine Art von Tourismus für die Allerreichsten, die sich nicht mehr nach den unberührten exotischen Regionen auf Erden sehnen, sondern zum Mond, um diesen herum und wieder zurückgebracht werden wollen [...], und deswegen steckt Bezos gewaltige Summen in die für nachhaltig erklärte Technologie eines wiederverwertbaren Raketensystems.

Mit ungleich höheren Ansprüchen als er geht es Elon Musk an, der charismatische Gründer zahlloser Firmen im Silicon Valley, der mit seinem Weltraumprogramm Space-X bereits in naher Zukunft ein paar Leute, denen der Kitzel nach solchen Reisen steht, zum Mond und wieder zurück befördern möchte. Längst aber plant er, den Mars als Destination in sein Programm aufzunehmen, zu dem die Reise freilich viele Monate dauert. Aber auch der Mars ist ihm nur eine Zwischenstation – und der Tourismus nur das Einstiegsgeschäft. Was er, die triste ökologische Situation auf Erden vor Augen, anstrebt, ist nichts anderes, als unser ganzes Sonnensystem auszukundschaften nach Planeten und deren Monden, auf denen sich die aus ihrem Heimatplaneten exilierte Menschheit dereinst wird niederlassen können. Da drängt sich dem Liebhaber der alten Mutter Erde die Frage auf: Wie lange werden die Exilierten brauchen, um ihre neuen Planeten zu zerstören? Denn der Geist, der zu deren Kolonisierung ruft, ist ja derselbe, der zum Untergang des unseren führt.

Quelle: Karl-Markus Gauß: Bleiben, Süddeutsche Zeitung vom 02. 06. 2017, www.sueddeutsche.de/politik/kolumne-bleiben-1.3532234 (Text zu Prüfungszwecken gekürzt)

Anmerkungen

1 Weltuntergang
2 Stephen Hawking verstarb am 14. 3. 2018.
3 zwanghafte Vorstellung
4 Chef des größten Online-Versandunternehmens

Aufgabenstellung

Lesen Sie den Text „Bleiben“ sorgfältig durch und bearbeiten Sie dann die folgenden Aufgaben.

1. Fassen Sie den Inhalt des Textes so zusammen, dass der Aufbau erkennbar wird.
2. Belegen Sie anhand von typischen Merkmalen, um welche Textsorte es sich handelt. Berücksichtigen Sie dabei insbesondere die Absichten des Autors.
3. Untersuchen Sie die sprachliche Gestaltung des Textes und gehen Sie auch auf die Wirkung der sprachlichen Besonderheiten ein.
4. Verfassen Sie für die Schülerzeitung einen Appell, der Ihre Mitschülerinnen und Mitschüler zu einer ökologisch verantwortungsbewussten Lebensweise auffordert.
5. Angenommen, Hawkings Prognose würde sich als richtig herausstellen: Schreiben Sie die Gedanken nieder, die Ihnen kurz vor dem Abflug zu Ihrem neuen Heimatplaneten durch den Kopf gehen.

Die Aufgaben stammen aus der Original-Abschlussprüfung 2019.

Lösungsvorschlag

TIPP **Bearbeitungshinweise**

EINLEITUNG

Neben der Darstellung der **Thematik des Textes** bietet sich auch ein **eigenständiger Einleitungsgedanke** an. In jedem Fall musst du in einem **Basissatz** die grundlegenden Textinformationen nennen (Titel, Autor, Textsorte, Quelle, Thema), bei einer eigenständigen Hinführung kommt noch die Überleitung zur Thematik des Textes hinzu. Möglichkeiten für einen eigenen Einleitungsgedanken sind:

- aktuelle Ereignisse, z. B. Klimaschutzbewegung „Fridays for Future"
- historisches Ereignis, z. B. Mondlandung vor 50 Jahren
- kurze Aufzählung der ernstesten Probleme der Umweltverschmutzung
- kurze Auseinandersetzung mit den gefährlichsten Bedrohungen unseres Planeten durch uns Menschen

HAUPTTEIL

1. Inhaltszusammenfassung und Textaufbau

Eine Festlegung der **Sinnabschnitte** mit Überschriften, die den jeweiligen Inhalt knapp zusammenfassen, erleichtert deine Arbeit und die Umsetzung im Aufsatz. Es darf auch nicht vergessen werden, die **Funktion** der einzelnen Sinnabschnitte im Textaufbau zu ermitteln.

2. Nachweis der Textsorte Kommentar

Beim Nachweis der Textsorte konzentrierst du dich auf **wesentliche Merkmale** eines Kommentars und bringst sie mit **Textbelegen** in Zusammenhang, um sie zu veranschaulichen. Verlangt ist dabei auch, auf die **Absichten des Autors** einzugehen, etwa seine Kritik an Wissenschaft und Wirtschaftsmilliardären, seinen Appell zur radikalen Änderung des Verhaltens der Menschheit und den Anstoß zur Meinungsbildung.

3. Sprachliche Mittel und deren Wirkung

Ein wichtiger Bereich der Untersuchung ist hier zunächst die **Wortwahl**. Das betrifft Auffälligkeiten bei bestimmten Wortarten (Adjektive, Verben, Nomen). Zudem sind Wörter zu berücksichtigen, die auf die verwendete Sprachebene hinweisen, z. B. Fremdwörter, Fachbegriffe oder umgangssprachliche Ausdrücke. Schließlich ist auch auf rhetorische Mittel einzugehen, die der Autor verwendet.
Beim **Satzbau** kannst du zunächst nach verschiedenen Satzarten und Satzstrukturen suchen (z. B. Satzgefüge) und deren Eigenschaften beschreiben. Beachte auch Stilmittel des Satzbaus, wie z. B. Aufzählungen, Einschübe, rhetorische Fragen oder Ellipsen, die oft dem Zweck der Betonung oder Hervorhebung dienen.
Aussagen zum **Sprachstil** stellen eine zusammenfassende Wertung des Satzbaus und der Wortwahl dar bzw. sollen Eigenheiten des Stils benennen. Dabei musst du besonders auf die **Wirkung** achten und **Belegstellen aus dem Text** nennen.

4. Appell in der Schülerzeitung
Zunächst geht es, wie bei einer Erörterung, um eine genaue **Analyse der Aufgabenstellung**. Du sollst hier einen Appell schreiben, das heißt eine Aufforderung bzw. einen Aufruf, um deine Mitschüler*innen zu einer ökologisch verantwortungsbewussten Lebensweise aufzufordern. Dein Appell soll dabei möglichst überzeugend sein. Das bedeutet, dass du deine Handlungsaufforderung gut **begründen** und mit überzeugenden **Beispielen** versehen musst. Dazu ist eine gründliche **Ideen- und Stoffsammlung** erforderlich. Auch kannst du den vorliegenden Kommentar als Anregung für geeignete Inhalte verwenden.
Erscheinen soll der Appell in der Schülerzeitung. Das bedeutet, dass die Leser*innen in erster Linie Schüler*innen sind. Dieser **Adressatenbezug** ist wichtig für die **sprachliche Gestaltung**, bei der du auf eine altersgerechte Sprache achten solltest. Ein weiteres sprachliches Merkmal eines Appells ist außerdem die direkte Ansprache der Leser*innen. Darüber hinaus bist du in der sprachlichen Gestaltung recht frei.

5. Innerer Monolog
Bei dieser Aufgabe musst du darauf achten, dass du die **Merkmale eines inneren Monologs** berücksichtigst. Der innere Monolog ist eine Art Selbstgespräch, das eine Person in ihrem Inneren bzw. in Gedanken mit sich führt. Es geht dabei um die anschauliche Darstellung der **Gedanken, Stimmungen und Empfindungen** einer Person, in diesem Fall von dir selbst. Am besten orientierst du dich bei der **sprachlichen Gestaltung** an einem mündlichen Stil, z. B. mit unvollständigen Sätzen, kurzen Hauptsätzen, Ausrufen, Gedankensprüngen. Weitere allgemeine Hinweise zu dieser Textart findest du im vorderen Teil dieses Buchs.
Lege dich am besten vor dem Schreiben darauf fest, in welcher **Grundstimmung** du in der vorgegebenen Situation, d. h. vor dem Verlassen deines Heimatplaneten, bist. Diese kann positiv, zuversichtlich, sogar euphorisch sein, aber auch negativ, enttäuscht, traurig usw. Du findest inhaltliche Anregungen dazu im vorliegenden Kommentar.

SCHLUSS
Als Schlussgedanke bietet sich insbesondere eine abschließende **kritische Beurteilung der Thematik** an. Neben der im Aufsatzbeispiel ausgeführten Kritik an der Überbeanspruchung unseres Planeten gibt es dafür weitere Möglichkeiten:
- Undurchführbarkeit eines „Umzugs“ von Milliarden Menschen
- Fehlen geeigneter „Ersatzplaneten“
- Dauer und Länge der unkalkulierbaren Reise ins All
- näherliegender Ansatz, auf der Erde für gute Lebensbedingungen zu sorgen
- Zögerlichkeit und Versagen der Politik (Beispiel: Klimawandel)

Aufsatzbeispiel

TIPP **Hinweis zum Aufsatzbeispiel**

Die Angaben am Rand sind nicht Bestandteil des Aufsatzes, sondern dienen nur deiner Orientierung hinsichtlich Inhalt und Aufbau.
Es kann sein, dass sich die **Sprachanalyse** in der Prüfung auf einen bestimmten Textabschnitt bezieht. Das Aufsatzbeispiel stellt daher insbesondere bei der Sprachanalyse, aber auch bei anderen Teilaufgaben, sehr viele infrage kommende inhaltliche Aspekte dar. Für einen sehr guten Lösungsaufsatz reichen auch weniger Aspekte aus.

EINLEITUNG
Thematik des Textes, Basisinformationen zum Text

Der Kommentar „Bleiben“ von Karl-Markus Gauß, der am 2. Juni 2017 in der Süddeutschen Zeitung erschienen ist, kritisiert das Streben vieler Wissenschaftler*innen und auch Unternehmer*innen, andere Planeten zu finden und zu erschließen, um für die Menschheit eine „Ersatzerde“ zu schaffen. Vielmehr sollten nach Ansicht des Verfassers die immensen finanziellen Mittel, die dafür nötig wären, sowie die gesamte menschliche Intelligenz in das Bemühen investiert werden, die Erde als Lebensraum zu schützen und zu bewahren.

HAUPTTEIL
1. Inhaltszusammenfassung und Textaufbau
Sinnabschnitt 1 (Z. 1–17)

Im ersten Sinnabschnitt (bis Zeile 17) erinnert der Autor als Hinführung zum eigentlichen Thema an die erste Mondlandung vor 50 Jahren, die der ganzen Menschheit durch den Blick vom Mond die Schönheit und Einzigartigkeit der Erde vermittelt hatte.

Sinnabschnitt 2 (Z. 18–28)

Dennoch sei festzustellen, dass die umweltschädlichen und umweltzerstörenden Aktivitäten der Menschen in den letzten Jahrzehnten ungebremst fortgesetzt worden sind. Dies beschreibt der Verfasser anhand einer Reihe von Beispielen im zweiten Abschnitt (Z. 18–28), der als Überleitung dient.

Sinnabschnitt 3 (Z. 29–48)

Die nun folgenden Sinnabschnitte bilden den Hauptteil des Textes. In ihnen erfolgt die kritische Auseinandersetzung mit dem Thema. Zunächst stellt Gauß dazu im dritten Abschnitt (Z. 29–48) die Sichtweise des 2018 verstorbenen Astrophysikers Stephen Hawking dar. Dieser war der Meinung, dass ein Umzug der Menschheit ins All langfristig unvermeidbar sei, da Umweltverschmutzung, Kriege, Krankheiten und der Klimawandel die Erde in spätestens 100 Jahren unbewohnbar gemacht haben würden.

Sinnabschnitt 4 (Z. 49–67)

Im vierten Sinnabschnitt (Z. 49–67) äußert der Verfasser Kritik an dieser Ansicht und Zweifel an der Realisierbarkeit von Plänen,

Ersatzplaneten zu erschließen und Milliarden Menschen dorthin umzusiedeln.

Der Kommentar hebt im fünften Sinnabschnitt (Z. 68–88) zudem auf die Unsinnigkeit eines solchen Unterfangens ab und fordert stattdessen zum Naheliegenden auf, nämlich dazu, alles Menschenmögliche zu unternehmen, um den Lebensraum Erde zu bewahren.

Sinnabschnitt 5 (Z. 68–88)

In den Abschnitten sechs (Z. 89–112) und sieben (Z. 113–140) erweitert der Verfasser schließlich seinen Blick auf das Thema und kritisiert die Pläne sehr reicher Firmenchefs, zahlenden Kunden zu Unterhaltungszwecken Flüge ins All anzubieten und das Auskundschaften von Planeten mit dem Ziel des Weltraumtourismus zu betreiben. Der Kommentar endet mit einer Schlusspointe und Zuspitzung in Form der rhetorischen Frage, ob es der Menschheit wohl gelingen werde, auch diese neuen Lebensräume zu zerstören.

Sinnabschnitt 6 (Z. 89–112)

Sinnabschnitt 7 (Z. 113–140)

2. Nachweis der Textsorte Kommentar

Ein Kommentar ist eine Art Stellungnahme zu einem aktuellen Thema, bei der die persönliche Meinung der Verfasserin oder des Verfassers deutlich zum Ausdruck kommt. Dies ist im vorliegenden Text der Fall. Zum einen ist die Aktualität des Themas gegeben: Es geht um die Umweltzerstörung auf der Erde (vgl. Z. 18–28) und mögliche Gegenmaßnahmen, konkret eine „Auswanderung“ ins All. Dabei thematisiert der Autor aktuelle Vorschläge und Pläne vonseiten der Wissenschaft und der Wirtschaft (vgl. Z. 31–35, Z. 92–94, Z. 113–120). Seine persönliche Haltung dazu tritt klar hervor. Er kritisiert deutlich die Ansichten des Wissenschaftlers Hawking (vgl. z.B. Z. 63–67) und auch die kommerziellen Pläne der Wirtschaftsmilliardäre (vgl. Z. 94–98).

Aktualität des Themas

persönliche Meinung des Autors

Dass der Text eine Meinung wiedergibt, ist auch daran zu erkennen, dass der Name des Verfassers am Beginn erscheint. Ein weiteres typisches Merkmal des Kommentars ist die Anregung zur Meinungsbildung und gegebenenfalls auch zur Verhaltensänderung. Dies passt zur Absicht des Verfassers, der beispielsweise dafür wirbt, die Aussagen eines weltberühmten Naturwissenschaftlers anzuzweifeln („Ich empfehle, […] mit abwägender Skepsis zu bedenken […]“, Z. 49–63), und ausdrücklich zu alternativen Vorgehensweisen aufruft („Wäre es nicht wesentlich einfacher und sinnvoller […] einzusetzen?“, Z. 68–72; „die Erde nicht weiter wie bisher zu traktieren, sondern dafür zu sorgen, dass sie bewohnbar bleibe […] zu bieten hätte“, Z. 77–81).

namentliche Nennung

informierender und appellativer Charakter

Bei der Beschäftigung mit den sprachlichen Mitteln des Textes und deren Wirkung sind zunächst Auffälligkeiten in der Wortwahl zu beachten. Dabei sticht eine große Anzahl Fremdwörter heraus, z. B. „Trabant“ (Z. 8), „Utopie“ (Z. 29), „Apokalypse“ (Z. 30), „Exodus“ (Z. 60), „traktieren“ (Z. 78/79), „Obsession“ (Z. 89), „exilierte“ (Z. 132). Damit passt sich der Kommentar sprachlich an das Gewicht und die Ernsthaftigkeit des Themas an. Auch darüber hinaus fallen ein anspruchsvolles Vokabular und gehobene Wendungen auf, wie etwa „Gesegnet mit einer schier unglaublichen Vielfalt“ (Z. 10/11), „Erdenbürgern“ (Z. 13), „frei von Bedrängnis“ (Z. 14), „ließ verlauten“ (Z. 32), „jedwede“ (Z. 55), „aufzubieten vermögen“ (Z. 58/59), „denen der Kitzel nach solchen Reisen steht“ (Z. 118/119). Der Autor möchte durch diese Wortwahl nicht nur seine sprachliche Bildung, sondern auch seine Fachkompetenz zeigen, um von den Leserinnen und Lesern ernst genommen zu werden. Zahlreiche treffende Adjektive, die nicht alltäglich sind, steigern zusätzlich die Anschaulichkeit seiner Aussagen und stärken die Überzeugungskraft für die Leser*innen: „aberwitzige“ (Untertitel), „unwirtlicher“ (Z. 6/7), „gewohnheitsmäßige“ (Z. 40/41), „unermessliche“ (Z. 54), „triste“ (Z. 127) usw. Dies gilt auch für einige Stilmittel, die der Autor verwendet, etwa die Alliteration „Hirnschmalz und Herzblut“ (Z. 69/70), die die Dringlichkeit unterstreicht, alle Möglichkeiten und Fähigkeiten des Menschen für die Rettung des Planeten einzusetzen, oder die Personifikation „Mutter Erde“ (Z. 135), die auf die starke Bindung an unseren Heimatplaneten hinweist. Im Gegensatz zu diesem hohen Sprachniveau stehen einige umgangssprachliche Formulierungen, die der Autor einbaut, z. B. „in die Luft geblasen“ (Z. 21/22), „nicht mehr dazu taugt“ (Z. 47), „einen Haufen Geld“ (Z. 97). Auf diese Weise soll wohl der Gegensatz zwischen der hohen Wertigkeit und Bedeutung der Erde für die Menschheit einerseits und dem unvernünftigen und egoistischen Handeln der Menschen andererseits hervorgehoben werden.

Beim Satzbau bestätigt sich die hohe sprachliche Qualität des Kommentars, die den anspruchsvollen Sachverhalt widerspiegelt. Es herrschen lange und komplexe Satzgefüge vor (z. B. Z. 1–9, Z. 72–81, Z. 82–88). Vermehrt kommen Aufzählungen zum Einsatz, die das Beschriebene veranschaulichen und die Aussage besonders eindringlich wirken lassen (z. B. Z. 7, Z. 19–23,

3. Sprachliche Mittel und deren Wirkung

Wortwahl und Stilmittel:

Fremdwörter

gehobene Wortwahl und Wendungen

treffende Adjektive

Alliteration

Personifikation

umgangssprachliche Wendungen

Satzbau:

komplexe Satzgefüge

Aufzählungen

Z. 23–26, Z. 38–45, Z. 53–59). Das anspruchsvolle Sprachniveau zeigt sich auch in rhetorischen Mitteln, die Gauß nutzt, um bestimmte Inhalte und Aussagen besonders hervorzuheben. Zu nennen sind z. B. Inversionen (vgl. Z. 53–63, Z. 82–89), Parenthesen (vgl. Z. 15/16, Z. 83–85) und Ellipsen („Und erst all die Kriege […] Klimawandel.“, Z. 23–26; „Was für eine unvorstellbare Anstrengung […] begründen sollen.“, Z. 63–67). An zwei entscheidenden Stellen kommen außerdem Antithesen vor, die durch die jeweils parallel aufgebaute Gegenüberstellung die thematisierten Widersprüchlichkeiten betonen („Es gibt so vieles zu preisen […] und […] so vieles zu beklagen.“, Z. 26–28; „Das Allerschwierigste […], das Naheliegende […]“, Z. 82–88). Schließlich fallen rhetorische Fragen auf, die der Verfasser nutzt, um sich den Leserinnen und Lesern direkt zuzuwenden, und so versucht, sie zu überzeugen (Z. 68–72, Z. 135–137).

Inversionen, Parenthesen, Ellipsen

Antithesen (mit Parallelismus)

rhetorische Fragen

Bei der zusammenfassenden Beurteilung des Sprachstils des Kommentars ist, wie durch die Untersuchung von Wortwahl und Satzbau nachgewiesen, ein sehr hoher Anspruch zu erkennen. Dies hängt zunächst damit zusammen, dass das behandelte Thema gewichtig und kompliziert ist. Der Autor wählt diesen Stil aber nicht nur, um die Ernsthaftigkeit des Themas zu verdeutlichen, sondern auch, um für die Leser*innen möglichst seriös, kompetent und damit überzeugend zu wirken. Um die Leser*innen nicht zu überfordern und den Artikel aufzulockern, streut der Autor zum einen vereinzelt umgangssprachliche Elemente ein. Zum anderen versucht er auch, seine Kritik durch einen stellenweise ironischen Ton unterhaltsam zu gestalten (z. B. Z. 98–102, Z. 134/135).

Sprachstil:

anspruchsvoll → Kompetenz, Überzeugungskraft

Umgangssprache, Ironie → Auflockerung, Unterhaltung

4. Appell in der Schülerzeitung

SAVE THE PLANET NOW!

Situationsbeschreibung

Liebe Mitschüler*innen,
unsere Ozeane „ertrinken“ im Plastikmüll, der Regenwald schwindet besorgniserregend, Gifte verseuchen unsere Luft, unseren Boden, unser Essen. Die Erde „schwitzt“, die Gletscher schmelzen. Betrachtet man unsere Umwelt, ist es längst nicht mehr „nur“ fünf vor zwölf. Es ist bereits zwölf Uhr! Oder anders gesagt: Wir müssen handeln – nicht irgendwann, nicht in Zukunft, sondern jetzt!

Schreibanlass: Aufruf

Überleitung

Warum aber richte ich meinen Appell an euch? Warum nicht an die Erwachsenen, an Politiker*innen, Wissenschaftler*innen,

Firmenbosse? Sie sind doch schuld, dass unser Planet ruiniert wird, weil sie sich nicht oder zu wenig darum kümmern. Wir können nichts tun, denn die Erwachsenen spielen mit unserer Zukunft.

Das stimmt und es stimmt wiederum eben nicht. Ich sage euch: Wir können mehr, als für den Klimaschutz zu demonstrieren. Wir können zum Beispiel Ressourcen sparen, wenn wir ein wenig bewusster mit ihnen umgehen. Wir können bei Wasser, Strom und Heizung sparen, in der Schule und zu Hause. Wir können das Licht aus- und das Fenster zumachen, wenn wir einen Raum verlassen. Wir können den Computer ausschalten, wenn wir ihn nicht benutzen, und ebenso den Fernseher. Wir können anfangen, auf das viele Plastik in unserem Alltag zu verzichten, auf die Plastiktüte beim Shopping und auf den „To go"-Becher als Wegwerfmüll. Wir können mit dem Fahrrad zum Tanzkurs fahren, anstatt uns mit dem Auto bringen zu lassen. Und wir können auch fair produzierte und gehandelte Mode kaufen. Wir können auch darauf verzichten, dass unsere Eltern mit uns ein, zwei Mal im Jahr mit dem Flugzeug in den Urlaub reisen. Wir können vorschlagen, für Ausflüge oder Kurztrips die Bahn zu nehmen, und nicht das Auto. Und wir können unseren Fleischkonsum einschränken, denn wir wissen, dass die Fleischerzeugung viele Ressourcen verbraucht und CO_2 verursacht.

Maßnahmen für eine ökologisch verantwortungsbewusste Lebensweise

Zugegeben, das sind alles klitzekleine Schritte angesichts der bereits erheblichen Umweltzerstörung. Aber wenn viele, wenn wir alle diese kleinen Schritte gehen, wird ein großer daraus. Lasst uns nicht nur demonstrieren, sondern mit gutem Beispiel voranschreiten. Wir haben keine zweite Erde als Reserve. Übernehmen wir Verantwortung! Jetzt!

auffordernder Schluss

Nun ist es so weit, ein paar Minuten nur noch. Ich gehöre zu den Glücklichen, die ausgeflogen werden. Glücklich? Na ja, wenn Glück eine Reise ins Ungewisse ist. Klar, hier auf der Erde geht es nicht mehr lange weiter. Die haben wir alle zusammen gründlich ruiniert: ausgeplündert, Meere verdreckt, Wälder gerodet, Tiere verdrängt und aussterben lassen. Tolle Leistung, einen ganzen Planeten zu verwüsten.

5. Innerer Monolog

Wer hatte eigentlich den bescheuerten Plan mit dem neuen Heimatplaneten? Warum hat man vor 100 Jahren nicht an die viel näherliegende Lösung gedacht, an etwas Verzicht und etwas weniger Bequemlichkeit der Menschheit zugunsten unserer Erde?

Gedanken vor dem Abflug zum neuen Heimatplaneten

Nein, man hat einfach so weitergemacht und stattdessen Ersatzlebensräume gesucht. Ob die so reich, farbenfroh und lebenswert sein werden, wie die Erde es einst war? Da bin ich gespannt … Vielleicht ist ja mein Zielplanet E 13X nur eine öde Fläche und mein Leben findet hinter Glas statt?
Er macht mich sehr traurig, dieser Abschied für immer, ich wäre gerne hier geblieben. Ja, ich bin traurig und wütend über die verpassten Chancen, über das Versagen der Politiker*innen und der Wissenschaftler*innen, der ganzen Menschheit. Und ich habe Angst. Angst vor der Zukunft. Angst vor der langen Reise. Angst vor dem Neuen. Wenigstens eins ist mir geblieben. Immerhin reise ich mit Menschen, die mir vertraut sind. Wenigstens meine Liebsten sind mir geblieben. Und jetzt geht's gemeinsam los ins neue Leben. Tschüss, Erde!

SCHLUSS
Kritik an der Überbeanspruchung der Erde

Der Kommentar von Karl-Markus Gauß hat mir wieder deutlich gemacht, dass wir Menschen immer noch mit der Erde umgehen, als hätten wir eine zweite in Reserve. Auch wenn vielen von uns bewusst ist, dass wir die Natur und ihre Ressourcen mehr als überbeanspruchen und sich damit die Lebensbedingungen auf dem Planeten schon jetzt verschlechtern, sind alle Maßnahmen bisher trotzdem von einem grundsätzlichen Umdenken weit entfernt. Umso bedenklicher finde ich es, wenn Fähigkeiten und Finanzmittel nicht für den Erhalt unseres Planeten eingesetzt werden, sondern sich Verantwortliche den Kopf darüber zerbrechen, wo und wie die Menschheit auf einem anderen Planeten weiterleben könnte. Die Erde ist viel zu schön und wertvoll, als dass man überhaupt daran denken mag, sie zu verlassen, anstatt sie zu retten.

Text Juli Zeh: Über Menschen (Romanauszug)

Dora blieb erst einmal Single und legte sich einen Hundewelpen zu. Sie arbeitete wie besessen. Sagte zu keiner Nachtschicht nein. Genoss es, mit dem Kreativgeschäftsführer nachts um zwei Headlines abzustimmen und dann mit dem Taxi durch die menschenleere Stadt nach Hause zu fahren. Nicht, um sich etwas zu beweisen, sondern weil sie in Bewegung ruhiger war als im Leerlauf. Sie ging früh ins Büro und hatte nichts dagegen, wenn man sie um Mitternacht noch mal anrief. Ihre Mails beantwortete sie mit maximal fünf Minuten Verzögerung, egal ob sie in einem Meeting saß, in der U-Bahn oder auf dem Klo. Als sie für den Etat einer großen Versicherung eingeteilt wurde, landete sie mit einem Spot einen Riesentreffer. Danach zählte Dora für eine Weile zu den gefragtesten Texterinnen der Branche. Sie bekam ein gutes Angebot aus Berlin.

Es war eine schwere Ankunft in der Hauptstadt, und wenn Dora nicht so überarbeitet gewesen wäre, hätte sie sich eingestehen müssen, dass sie unglücklich war. Sie fühlte sich fremd und fehl am Platz. Berlin war ihr zu schrill. Manchmal kam es ihr vor, als wäre sie die einzige Person in der Stadt, die arbeiten ging, während alle anderen mit Durchdrehen beschäftigt waren. Es lag an ihrem anstrengenden Job, aber auch am inneren Widerstand, dass sie es wochenlang versäumte, sich in der Hauptstadt behördlich anzumelden.

An einem Herbstvormittag schaffte sie es endlich, sich zwei Stunden Zeit zu nehmen. Sie fuhr mit ihrem nagelneuen Fahrrad namens „Gustav“ zum Einwohnermeldeamt in Pankow. Schon als sie die überfüllten Fahrradständer sah, stieg ihr Blutdruck. Wenn es drinnen genauso voll war wie hier, würde der Vorgang Stunden dauern. Zwischen bunten Großstadt-Tretmühlen, umgestoßenen Bike-Sharing-Rädern und Kinderfahrradanhängern suchte sie nach einem Platz, um Gustav sicher anzuschließen. Gustav besaß Zahnriemenantrieb und einen Gepäckträger über dem Vorderrad. Mit seiner mintgrünen Lackierung bettelte er förmlich darum, gestohlen zu werden. Endlich fand Dora einen passenden Mast, sicherte Gustav mit dem Kryptonite-Kettenschloss und zog im Eingangsbereich des Meldeamts eine Nummer. Im Warteraum saßen die Menschen auf dem Boden und standen an den Wänden. Dora brach der Schweiß aus. Nach anderthalb Stunden schickte sie eine Nachricht an die Agentur, dass sie sich verspäten würde, aber zum 14-Uhr-Meeting auf alle Fälle zurück sein wollte. Sie wusste, dass sie eigentlich aufstehen und gehen sollte, um an einem anderen Tag wiederzukommen. Aber an welchem Tag? Würde es dann leerer sein? Und was war mit der Wartezeit, die sie bereits investiert hatte?

Das war *sunk cost fallacy*. Die Verlorene-Kosten-Falle. Das zwanghafte Gefühl, einen falschen Weg weitergehen zu müssen, nur weil man schon so weit gekommen war. Dora hatte Mitarbeiter-Coachings absolviert, um sich davor zu schützen. Seitdem las sie keine schlechten Bücher mehr zu Ende, nur weil sie damit angefangen hatte. Sie verfolgte auch keine aufwändigen Kampagnenansätze weiter, wenn sie ahnte, dass die Tonalität nicht zum Kunden passte. Dora beherrschte Fehlerkultur und Kosten-Nutzen-Rechnung.

Im Einwohnermeldeamt blieb sie trotzdem sitzen. Sie sträubte sich gegen die Kapitulation. Sie sträubte sich dagegen, immer so verdammt clever zu sein. Sie hatte keine Lust, vor Berlin zu kuschen. Als sie endlich aufgerufen wurde, hatte sie mehr als zwei Stunden mit Warten verbracht. Sie verließ das Bezirksamt mit einem Aggressionsniveau, das locker ausreichte, um den Nächstbesten niederzuschlagen, der ihr in die Quere kam. Es war Viertel vor zwei. Wenn sie jetzt wie ein Weltmeister in die Pedale trat, konnte sie es noch mit akzeptabler Verspätung zum Meeting schaffen. Im Laufschritt überquerte sie den Vorplatz in Richtung der Fahrradständer. Und sah einen Mann, der sich über Gustav beugte. Dora wusste sofort, dass sie sich nicht täuschte. Der Fahrradparkplatz hatte sich deutlich geleert. Gustav war neu, leuchtete mintgrün und hatte weit über 1 000 Euro gekostet. Der Mann fummelte an Doras Zahlenschloss herum. Ohne nachzudenken, erhöhte sie das Tempo. Schon im Laufen holte sie mit der Hand aus, in der sie ihre Beuteltasche aus genarbtem Rindsleder trug. Sie dachte nicht an den Schwung, den sie beim Rennen entwickelte. Auch nicht an den ziemlich dicken Roman, den sie dabeihatte. Sie erreichte den Mann und schlug ihm die Tasche auf den Kopf. Das Krachen war schauerlich. Sofort ließ der Mann von Gustav ab und presste beide Hände an die Schläfen. Er stand mit dem Rücken zu ihr und strauchelte so stark, dass Dora dachte, er würde umfallen. Genau genommen hoffte sie das sogar.

Während sie ihm beim Taumeln zusah, empfand sie ein Gefühl tiefer Befriedigung. Als hätte sich der verkorkste Ausflug nach Pankow nun doch noch gelohnt. Der Typ war fast 1,90 groß. Trotzdem hatte sie ihn erledigt. Sie hatte Gustav verteidigt. Sie hatte sich von Berlin und seinen ganzen Durchgedrehten nicht unterkriegen lassen.

Der Mann fiel nicht um. Als er sich umwandte, sah Dora, dass er kaum älter war als sie selbst. Er sah ganz normal aus. Nicht wie ein Junkie, nicht wie ein Durchgedrehter, nicht wie ein Fahrraddieb. Mit Absicht verwuschelte Haare, sauber ausrasierter Zehn-Tage-Bart, Chinos und Turnschuhe. Aber wer wusste schon, wie Fahrraddiebe aussahen. Drohend hob sie noch einmal die Tasche. Er sollte verschwinden. Wenn er jetzt abhaute, würde sie auf eine Anzeige verzichten. Sie hatte gewonnen, gegen den Typen, den Tag und die Stadt. Das reichte.

Aber der Kerl lief nicht weg. Stattdessen trat er zwei Schritte auf Dora zu und schrie: „Bist du total bescheuert?“ Sie war so verblüfft, dass sie im ersten Moment nicht wusste, wie sie sich verhalten sollte. Vielleicht war der Mann doch verrückt. Vielleicht sogar gefährlich. Vielleicht war sie diejenige, die weglaufen sollte. Aber das kam nicht in Frage. Sie war noch aggressiv genug für eine Antwort. „Das ist mein Fahrrad!“, brüllte sie. „Eben!“, brüllte der Typ. „Verpiss dich endlich!“ Das schien den Mann zu verwirren. Er musterte sie von oben bis unten. Checkte ihre Kleidung, ordnete sie ein. Genau wie er trug sie die Großstadtuniform, wenn auch in gehobener Form. Teure Jeans, dazu einen kleinen Business-Blazer und Merino-Runners in Knallgelb. Ohne Socken. Lockerer Pferdeschwanz, dezent geschminkt. „Du hast mir fast den Schädel eingeschlagen“, sagte der Mann etwas ruhiger. „Du hast fast mein Fahrrad geklaut“, erwiderte Dora ohne Zögern.

Plötzlich fing er an zu lachen. Er lachte so heftig, dass er sich buchstäblich die Seiten hielt. „Du bist …“, stieß der Typ lachend hervor, „du bist so eine dumme Nuss!“ Schon lange hatte niemand mehr „dumme Nuss“ zu ihr gesagt. Es klang nach Kindheit, Kleinstadt und Westdeutschland. Nach den späten Achtzigern. Wider Willen lachte Dora mit. Der Typ sah auf die Uhr. „Ich habe einen echt wichtigen Termin in der Redaktion. Um zwei. Das schaffe ich jetzt nicht mehr.“ „Ich habe auch einen Termin“, sagte Dora. „Um zwei.“ Das klang in ihren eigenen Ohren, als wäre sie die Durchgedrehte. Dabei war das definitiv er. Auch wenn er eigentlich ganz sympathisch aussah. „Ich warte seit einer Stunde auf dich“, erklärte er. „Ich hab sogar drinnen rumgefragt. Aber das Gebäude ist einfach zu groß … Du checkst es immer noch nicht, oder?“, fragte der Typ. Er zeigte auf Gustav. „Du hast mein verdammtes Fahrrad mit angeschlossen.“

Die Erkenntnis funktionierte wie ein Schleudersitz in Zeitlupe. Sie katapultierte Dora von einer Galaxie in die andere. Mit zögernden Schritten ging sie auf Gustav zu. Die Stimme des Mannes hörte sie wie aus großer Entfernung. „Ich habe versucht, die Zahlenkombination rauszufinden. Manche Leute verdrehen ja nur ein Rädchen.“ Die Kette umschloss Gustavs Rahmen, den Mast sowie den Rahmen eines ziemlich gebraucht aussehenden Herrenrads. Dora spürte, wie ihr das Blut in die Wangen schoss.

„Okay“, sagte sie. „Mittagessen?“

Quelle: Juli Zeh: Über Menschen, München 2021, S. 56–62 (Text zu Prüfungszwecken gekürzt)

Informationen zum Roman

Dora, die Hauptfigur in Juli Zehs Roman „Über Menschen“, arbeitet als Werbetexterin bei einer Werbeagentur. Während dieser Zeit ist ihre erste Beziehung gescheitert.

Aufgabenstellung

Lesen Sie den Auszug aus dem Roman „Über Menschen“ sorgfältig durch und bearbeiten Sie dann die folgenden Aufgaben.

1. Fassen Sie den Inhalt des Textes zusammen.
2. Untersuchen Sie auffällige sprachliche Mittel und beschreiben Sie deren Wirkung.
3. Welche Gefühle und Gedanken kann der Text beim Leser hervorrufen?
4. Erörtern Sie, was Sie tun können, um sich leichter an einem neuen Wohnort einzugewöhnen.
5. Nach dem Vorfall essen Dora und der Mann gemeinsam zu Mittag. Verfassen Sie einen Dialog, der sich zwischen den beiden entwickeln könnte.

Die Aufgaben stammen aus der Original-Abschlussprüfung 2022.

TIPP **Bearbeitungshinweise**

EINLEITUNG

Neben der Darstellung der Thematik des Textes bietet sich hier auch ein **eigenständiger Einleitungsgedanke** an, den du mit einer **Überleitung zum Thema** des Textes abschließt. In jedem Fall musst du in einem **Basissatz** die grundlegenden Informationen zum Text (Titel, Autorin, Textsorte, Quelle, Thema) nennen. Möglichkeiten für einen eigenen Einleitungsgedanken sind z. B.:

- eigene Erfahrungen mit einem Umzug an einen neuen Wohnort
- peinliche Situationen, die du selbst ausgelöst oder in die du durch andere gebracht wurdest

HAUPTTEIL

1. Zusammenfassung des Inhalts

Hier wird die kurze Wiedergabe des Inhalts des vorliegenden Romanauszugs verlangt. Auch wenn keine Darstellung des Textaufbaus von dir erwartet wird, ist es dennoch hilfreich, den Romanauszug in Sinnabschnitte zu untergliedern. Die Absätze bieten dir eine erste Orientierung, wo neue Sinnabschnitte beginnen können. Formuliere für jeden dieser Abschnitte eine **inhaltlich passende Überschrift**, mit der du erfasst, was im jeweiligen Textabschnitt geschieht. Die Zusammenfassung sollte sich auf das Wesentlichste beschränken sowie in eigenen Worten und in zwei bis drei Sätzen pro Abschnitt erfolgen.

2. Sprachliche Mittel und deren Wirkung

Ein wichtiger Bereich der Untersuchung ist hier zunächst die **Wortwahl**, also z. B. ob bestimmte Wortarten auffällig oft vorkommen (z. B. Adjektive, Adverbien, Partizipien) oder eine besonders starke Wirkung zeigen. Auch Wörter, die auf die verwendete Sprachebene hinweisen, sind hierbei zu berücksichtigen (z. B. Anglizismen oder umgangssprachliche Ausdrücke).

Zudem solltest du auf die verschiedenen **rhetorischen Mittel**, die die Autorin verwendet, achten. Diese müssen nicht gehäuft vorkommen, sollten aber eine wichtige Rolle für den Text spielen (z. B. Alliterationen, Vergleiche, Personifikationen).

Beim **Satzbau** kannst du zunächst nach verschiedenen Satzarten (z. B. Fragesätzen) und Satzstrukturen (z. B. Satzreihen, Satzgefügen) suchen und deren Wirkung beschreiben. Berücksichtige darüber hinaus auch Stilmittel, die den Satzbau betreffen (z. B. Ellipsen, Parallelismen).

Bei allen sprachlichen Mitteln musst du auf ihre jeweilige **Wirkung** vor dem Hintergrund des Textes eingehen und entsprechende Textbelege nennen.

3. Mögliche Gefühle und Gedanken bei den Leserinnen und Lesern
Hierzu kannst du dich zunächst an dem orientieren, was man über die Hauptfigur erfährt (z. B. ist karriereorientiert, hat sich in Berlin noch nicht eingelebt, urteilt und handelt vorschnell). Je nach **Eigenschaft** wird diese beispielsweise Mitleid oder Abneigung gegenüber der Figur hervorrufen. Auch das **Geschehen** selbst kann bei den Leserinnen und Lesern verschiedene Gefühle und Gedanken auslösen, z. B. Sympathie für den anderen Fahrradbesitzer oder Neugier, wie sich die Geschichte weiterentwickeln wird.

4. Erörterung: Möglichkeiten, sich leichter am neuen Wohnort einzuleben
Zunächst musst du den **Themabegriff** (neuer Wohnort) bestimmen und auf die **Präzisierung** des Erörterungsauftrags (sich leichter einzuleben) achten. Gefragt wird nach Möglichkeiten, sich leichter an einem neuen Wohnort einzuleben. Für eine kurze **Stoffsammlung** kannst du dich fragen, was einem helfen kann, sich an dem neuen Wohnort schnell wohlzufühlen. Dabei geht es vor allem darum, möglichst schnell soziale Kontakte und Freundschaften aufzubauen, mit deren Hilfe man auch die neue Stadt kennenlernen kann. Sinnvolle Möglichkeiten dafür können z. B. sein, über das Internet neue Leute kennenzulernen, die Beziehung zu Mitschülerinnen und Mitschülern oder Arbeitskolleginnen und -kollegen zu intensivieren, Vereinen beizutreten, ein Ehrenamt auszuüben oder Kontakt zur Nachbarschaft zu pflegen. Denke auch daran, am Anfang kurz zu deiner Erörterung hinzuführen und sie am Ende mit einem knappen Schluss abzurunden. Schreibe sachlich und verknüpfe deine Argumente sprachlich miteinander.

5. Dialog: Dora und der Mann beim gemeinsamen Mittagessen
Ein Dialog ist ein Gespräch zwischen zwei Menschen. In diesem Fall geht es um das Gespräch, das sich zwischen Dora und dem Mann beim Mittagessen entwickeln könnte. Zunächst solltest du die **Ausgangssituation** klären und dir überlegen, in welcher **Stimmung** sich die beiden befinden und wie das **Gespräch verlaufen** könnte. Beide könnten sich beispielsweise sympathisch finden und sich näherkommen.
Die **sprachliche Gestaltung** orientiert sich am mündlichen Sprachgebrauch (z. B. Fragen, Ausrufe, unvollständige oder verkürzte Sätze, Unterbrechungen). Achte darauf, dass der sprachliche Stil zu den Personen, der Situation und Gefühlslage passt. Bei einem Dialog kannst du auch an wichtigen Stellen Regieanweisungen in Klammern nach dem Namen der sprechenden Person angeben. Als Zeitstufe verwendest du in der Regel das Präsens.

SCHLUSS
Neben den erwähnten Einleitungsvarianten bietet es sich vor dem Hintergrund des Textes im Schlussteil auch an, darüber nachzudenken, inwiefern Eigenschaften wie Ungeduld, vorschnelles Urteilen und Handeln, Vorurteile usw. das Zusammenleben der Menschen erschweren und Missverständnisse aufkommen lassen können. Schließlich kannst du auch darstellen, was dir aus welchen Gründen am Romanauszug gefallen hat.

Aufsatzbeispiel

TIPP **Hinweis zum Aufsatz**

Die **Angaben am Rand** sind nicht Bestandteil des Aufsatzes, sondern dienen nur deiner Orientierung hinsichtlich Inhalt und Aufbau.
Das Aufsatzbeispiel stellt insbesondere bei der **Sprachanalyse**, aber auch bei anderen Teilaufgaben viele infrage kommende inhaltliche Aspekte dar. Für einen sehr guten Lösungsaufsatz reichen aber auch weniger Aspekte aus.

EINLEITUNG
eigene Erfahrungen als Hinführung zur Thematik des Textes

Ein Umzug an einen anderen Wohnort bringt immer eine Menge Veränderungen mit sich, denn anfangs ist vieles fremd und ungewohnt. Man muss sich neu zurechtfinden, Geschäfte oder Restaurants suchen, sich an einer neuen Schule eingewöhnen und vor allem neue Leute kennenlernen. Diese Erfahrungen habe ich gemacht, als meine Familie wegen einer beruflichen Veränderung meines Vaters in eine Stadt, die weit von meiner ehemaligen Heimat entfernt ist, umziehen musste.

Basisinformationen zum Text

Mit einer ähnlichen Thematik befasst sich auch der Auszug aus dem Roman „Über Menschen" von Juli Zeh, der 2021 in München erschienen ist. Dora, die Hauptfigur, ist berufsbedingt nach Berlin umgezogen und es fällt ihr schwer, sich an die Stadt zu gewöhnen.

HAUPTTEIL
1. Zusammenfassung des Inhalts
(Z. 1–11)

Dora ist Werbetexterin und versucht das Scheitern ihrer ersten Beziehung zu kompensieren, indem sie sich in die Arbeit stürzt. Nach einer besonders erfolgreichen Werbeidee erhält sie ein Jobangebot in Berlin.

(Z. 12–18)

Nach ihrem Umzug stellt sich aber heraus, dass ihr das Leben in der Großstadt nicht zusagt und sie sich dort nicht wohlfühlt, geschweige denn eingewöhnen kann.

(Z. 19–50)

Erst nach einigen arbeitsreichen Wochen schafft sie es, die längst überfällige Anmeldung beim Einwohnermeldeamt in Angriff zu nehmen. Mit ihrem neuen Fahrrad fährt sie dorthin, schließt es mit einem Kettenschloss ab und muss dann feststellen, dass sehr viele Menschen im Amt warten. Obwohl sie an dem Tag noch ein Meeting hat und weiß, dass sie besser gehen sollte, bricht sie das Vorhaben nicht ab. Als sie nach mehr als zwei Stunden das Amt verlässt, ist sie ziemlich genervt und wütend und versucht, noch rechtzeitig zu ihrem Meeting, das in 15 Minuten stattfindet, zu kommen.

(Z. 50–73)

Sie hat es eilig, zu ihrem Fahrrad zu gelangen, und sieht dabei, dass sich ein Mann an ihrem Kettenschloss zu schaffen macht. In ihren Augen handelt es sich eindeutig um einen Fahrraddieb.

Dora rennt auf ihn zu und schlägt ihm ihre Tasche, in der sich ein dickes Buch befindet, auf den Kopf. Auch wenn der Mann nicht so aussieht, ist er für sie immer noch ein Dieb.

Der folgende heftige Wortwechsel öffnet ihr dann schlagartig die Augen. Sie muss erkennen, dass sie mit Gustav, so heißt ihr Fahrrad, ungewollt auch das Fahrrad des Mannes angekettet hat. Weil ihr die Situation offenbar peinlich ist, lädt sie den mutmaßlichen Dieb als Wiedergutmachung zum Essen ein. (Z. 74–105)

2. Sprachliche Mittel und deren Wirkung

Wortwahl und Stilmittel: anschauliche Adjektive und Partizipien

Bei den sprachlichen Mitteln lassen sich zunächst einige Auffälligkeiten in der Wortwahl sowie eine Reihe von Stilmitteln beobachten. So verwendet die Autorin oft anschauliche Adjektive und Partizipien, wie „schrill" (Z. 14), „nagelneuen" (Z. 20), „mintgrünen" (Z. 26), „verwuschelte" (Z. 69) und „ausrasierter" (Z. 69/70). Dadurch werden vor allem Gegenstände (das Fahrrad), Menschen (der Mann) oder auch die Stadt (Berlin) ausdrucksstark beschrieben.

Metaphern

Hinzu kommen noch Metaphern (z. B. „im Leerlauf", Z. 5; „katapultierte Dora von einer Galaxie in die andere", Z. 98/99), durch die die Leser*innen eine genaue und anschauliche Vorstellung von Gegenständen, Situationen oder Gefühlen erhalten.

Personifikationen

Darüber hinaus verwendet die Autorin Personifikationen, womit sie vermutlich die Einsamkeit der Romanfigur in der fremden Stadt hervorheben will. Dora fühlt sich dort nicht wohl, was auch an zwei Stellen, an denen Berlin personifiziert wird („vor Berlin zu kuschen", Z. 45; „Sie hatte sich von Berlin […] nicht unterkriegen lassen", Z. 65/66), erkennbar ist. Zudem scheint Dora die fehlenden sozialen Kontakte in der neuen Stadt dadurch zu kompensieren, dass sie eine persönliche Beziehung zu ihrem Fahrrad aufbaut, weshalb sie ihm auch einen Namen gibt („Gustav", Z. 20). In ihren Augen scheint sich das Fahrrad wie ein Lebewesen zu verhalten und sogar „förmlich darum [zu betteln], gestohlen zu werden" (Z. 26/27).

Anglizismen aus der Werbebranche und der Arbeitswelt

Außerdem benutzt die Autorin Anglizismen aus der Werbebranche und der Arbeitswelt, die zum Beruf der Hauptfigur passen, wodurch der Romanauszug authentisch wirkt. Als Beispiele sind unter anderem die Begriffe „Headlines" (Z. 3), „Meeting" (Z. 8), „Spot" (Z. 9) und „Mitarbeiter-Coachings" (Z. 38) zu nennen.

umgangssprachliche Ausdrücke

Eine Reihe umgangssprachlicher Ausdrücke, die während der Auseinandersetzung zwischen Dora und dem Mann fallen, vermitteln ebenfalls Authentizität. Derartige Ausdrücke sind in einer solchen Situation realistisch und spiegeln zudem Doras

Aggressivität wider. Als Belege hierfür dienen beispielsweise die Formulierungen „Bist du total bescheuert?“ (Z. 75), „Verpiss dich endlich!“ (Z. 79), „Du bist […] so eine dumme Nuss!“ (Z. 87/88) und „Du checkst es immer noch nicht, oder?“ (Z. 96).

Alliterationen

Durch die Verwendung von Alliterationen wird das Augenmerk der Leser*innen zudem auf Doras Gefühle gelenkt. Während sie sich an ihrem neuen Wohnort Berlin „fremd und fehl am Platz“ (Z. 14) fühlt, scheint sie mit dem Ort, an dem sie aufgewachsen ist, positive Empfindungen zu verbinden. Die Erinnerung an ihre offenbar glückliche Kindheit in der Kleinstadt („Kindheit, Kleinstadt“, Z. 89) sorgt anscheinend auch dafür, dass ihr Ärger verfliegt, sie „wider Willen“ (Z. 89/90) lachen muss und sich die angespannte Situation auflöst.

Übertreibungen

Um Doras Gefühlslage besonders eindringlich darzustellen, verwendet die Autorin auch einzelne Übertreibungen („während alle anderen mit Durchdrehen beschäftigt waren“, Z. 15/16; „Aggressionsniveau, das locker ausreichte, um den Nächstbesten niederzuschlagen“, Z. 47/48).

bildhafte Vergleiche

Mit einigen bildhaften Vergleichen („wie ein Schleudersitz in Zeitlupe“, Z. 98; „wie aus großer Entfernung“, Z. 100) veranschaulicht die Autorin schließlich, wie peinlich Dora ihr Verhalten ist, sodass die Leser*innen Doras Gefühle gut nachvollziehen können.

Satzbau: Fragesätze

Auch beim Satzbau sind einige Auffälligkeiten erkennbar. Zunächst sind hier die Fragesätze zu erwähnen, mit denen die Zweifel, die Dora plagen, als sie in der Meldebehörde warten muss und diese eigentlich wieder verlassen möchte (Z. 33–35), verdeutlicht werden.

erlebte Rede und Dialoge

Die Fragen sind in erlebter Rede formuliert, wodurch die Gedanken und Gefühle der Figur direkt nachvollziehbar sind. Denselben Effekt haben auch die Abschnitte mit Dialogen in den Zeilen 78/79, 84–97 und 100–105.

Parallelismen und Anaphern

An einigen Stellen gibt es auch Parallelismen und Anaphern, zum Beispiel „Sie sträubte sich […]. Sie sträubte sich […]. Sie hatte keine Lust […] zu kuschen.“ (Z. 43–45) und „Sie hatte […]. Sie hatte […] unterkriegen lassen.“ (Z. 64–66) Diese gleich aufgebauten Sätze mit meist gleichen Satzanfängen verdeutlichen zum einen Doras Abneigung gegenüber der Stadt und andererseits das Gefühl der Befriedigung, sich erfolgreich gegen diese und den vermeintlichen Fahrraddieb zur Wehr gesetzt zu haben.

Zudem benutzt die Autorin auch häufig Parataxen, reiht also Hauptsätze aneinander. Beispielhaft dafür sind die Zeilen 1 bis 5, in denen dargestellt wird, wie sich Dora in die Arbeit stürzt, um über das Ende der Beziehung hinwegzukommen, oder die Zeilen 41 bis 44, in denen hervorgehoben wird, dass Dora trotz der langen Wartezeit im Amt nicht aufgibt.

Parataxen

Beim Lesen dieses Romanauszuges können eine Reihe von Gefühlen und Gedanken bei den Leserinnen und Lesern hervorgerufen werden. Eines davon ist Mitgefühl mit der Hauptfigur, da sie mit einer gescheiterten Beziehung zurechtkommen muss und sich wohl auch deswegen in die Arbeit stürzt. Außerdem fühlt sie sich an ihrem neuen Wohnort Berlin unwohl. Deshalb könnte man auch ein schlechtes Bild vom Leben in der Großstadt bekommen. Es ist aber auch möglich, dass die Leser*innen Dora unsympathisch finden, weil sie ein Workaholic ist sowie vorschnell und ohne nachzudenken handelt, als sie dem vermeintlichen Fahrraddieb die Tasche auf den Kopf schlägt. Als sich herausstellt, dass eigentlich Doras Unaufmerksamkeit beim Abschließen des Fahrrades der Auslöser für den peinlichen Zwischenfall ist, könnten die Leser*innen darüber schmunzeln oder sogar Schadenfreude empfinden. Vielleicht reift in den Leserinnen und Lesern auch die Erkenntnis, dass es besser ist, zuerst über eine Situation nachzudenken und erst dann zu handeln. Das Verhalten des Mannes, der den Vorfall aufklärt und nach der ersten Aufregung sachlich bleibt, kann Sympathien auslösen. Schließlich werden sich die Leser*innen fragen, wie die Geschichte weitergeht, also ob der Mann die Essenseinladung annimmt und wie das Mittagessen dann verläuft. Außerdem sind die Leser*innen wahrscheinlich gespannt, ob sich daraus sogar eine Freundschaft oder Beziehung entwickelt.

3. Mögliche Gefühle und Gedanken bei den Leserinnen und Lesern

Mitgefühl mit der Hauptfigur

schlechtes Bild vom Leben in der Großstadt

Antipathie gegen Dora

schmunzeln, Schadenfreude

Erkenntnis: erst denken, dann handeln

Sympathie für den Mann

Gedanken zum Fortgang der Geschichte

Dora fühlt sich offensichtlich nicht wohl in Berlin und hat sich dort noch nicht eingewöhnt. Daher stellt sich die Frage, welche Möglichkeiten es gibt, um sich leichter an einem neuen Wohnort einzuleben. Dabei geht es wohl vor allem darum, möglichst schnell soziale Kontakte und Freundschaften aufzubauen, mit deren Hilfe man auch die neue Stadt kennenlernen und entdecken kann.

4. Erörterung: Möglichkeiten, sich leichter am neuen Wohnort einzuleben

Einleitung

Überleitung

Eine Möglichkeit ist, das Internet zu nutzen, um neue Kontakte zu knüpfen. Denn dadurch kann man sich bequem von zu Hause mit anderen Menschen vernetzen. Es gibt sogar soziale Netz-

Argument 1: Kennenlernen von neuen Leuten über das Internet

werke, die sich speziell an Neuzugezogene richten, wie beispielsweise „UNBLND“. Basierend auf den eigenen Interessen und Hobbys wird man dort mit Gleichgesinnten in Kontakt gebracht. Man lernt so Leute kennen und kann gemeinsam Pläne für die Freizeit machen oder sich verabreden, um die Stadt und ihr Nachtleben kennenzulernen.

Argument 2: Intensivierung der Beziehung zu Mitschülerinnen und Mitschülern oder Arbeitskolleginnen und -kollegen

Einen weiteren Ansatzpunkt, um sich ein soziales Umfeld in der neuen Stadt aufzubauen und sich damit dort einzugewöhnen, stellen die Mitschülerinnen und Mitschüler oder Arbeitskolleginnen und -kollegen dar. Wenn man offen dafür ist, können sich aus der gemeinsamen Schulzeit oder der Zusammenarbeit mit den Kolleginnen und Kollegen neue Kontakte, die die Grundlage für Freundschaften und die Erweiterung des eigenen Netzwerkes sein können, ergeben. Um den Kontakt zu ihnen zu intensivieren, kann man beispielsweise zu einer Einweihungsparty einladen, um sich dabei näher kennenzulernen und privat auszutauschen.

Argument 3: Knüpfen von Kontakten zur Nachbarschaft

Auch die Nachbarschaft ist ein guter Ansatzpunkt, um neue soziale Kontakte zu knüpfen. Denn die Wohnungs- oder Hausnachbarn sind ohnehin die Menschen, die einem räumlich am nächsten sind. Es gibt einige Möglichkeiten, mit seinen Nachbarn in Kontakt zu kommen, z. B. kann man sich mit einem kleinen Geschenk als neue Nachbarin oder neuer Nachbar vorstellen und so ins Gespräch kommen. Man kann aber auch zu einer Willkommensparty einladen oder mithilfe der Plattform und App „nebenan.de“ mit ihnen in Kontakt treten. Es kann zudem nützlich sein, wenn man sich kennt, weil man beispielsweise hilfreiche Tipps für das Leben im neuen Stadtviertel, die die Eingewöhnung erleichtern, bekommen kann.

kurzer Schluss

Wenn man Mut und Offenheit zeigt, gibt es also eine Reihe von Möglichkeiten, um sich ein soziales Umfeld aufzubauen und damit an einem neuen Wohnort einzugewöhnen.

5. Dialog

DORA *(ein wenig unsicher)*: Mir ist das ja so was von peinlich.

DER MANN *(schmunzelnd)*: Wenn man so schlagfertig ist wie du, sollte man schon vorher den Kopf einschalten.

Bezug zum Romanauszug

DORA: Hmm, ja. Apropos, Kopf … Ich hoffe, es tut nicht mehr weh?

DER MANN *(kopfschüttelnd)*: Ich habe einen ziemlich harten Schädel.

DORA *(entschuldigend)*: Ach, Mensch, wir haben uns ja noch gar nicht vorgestellt, peinlich. Ich bin die Dora.

DER MANN *(nickend)*: Schöner Name, so geheimnisvoll. Ich heiße Niklas, aber alle nennen mich Nick.

DORA *(überrascht)*: Oh, so ein Zufall, so hieß mein Ex auch.

NIKLAS *(vorsichtig)*: Ich hoffe, das ist jetzt kein schlechtes Omen für unsere Begegnung.

DORA *(entschieden)*: Ach wo, außerdem kenne ich dich doch noch gar nicht.

NIKLAS: Sag mal, du hattest um 14 Uhr auch ein Meeting?

DORA: Ja, hatte ich. Eigentlich … Und jetzt schwänze ich es.

NIKLAS: Und was machst du so beruflich, wenn du nicht gerade im Meeting sitzt?

DORA *(ironisch vorwurfsvoll)*: Wird das jetzt ein Verhör? Ich bin Werbetexterin bei der Agentur „A & B". Und du?

NIKLAS *(verblüfft)*: So ein Zufall! Dann arbeiten wir im gleichen Bürogebäude! Ich bin Fotograf bei der Agentur „Wort und Bild".

DORA *(freudig)*: Echt jetzt? Das ist ja der Hammer!

NIKLAS: Da könnten wir dieses Essen doch morgen in der Mittagspause gleich wiederholen.

DORA *(zustimmend)*: Ja, könnten wir … Nein, ich meine, so machen wir es!

NIKLAS *(lachend)*: Super, abgemacht! Morgen um zwölf am Eingang, aber bitte ohne Tasche und Fahrrad!

gegenseitige Vorstellung: Namensnennung

Feststellen erster Gemeinsamkeiten

Nennung der Berufe und Arbeitsorte

Verabredung für den nächsten Tag

Der Romanauszug zeigt auf witzige und anschauliche Weise, dass bestimmte menschliche Eigenschaften wie Ungeduld, vorschnelles Urteilen und Handeln durchaus ihre Tücken haben. Auch wenn solche Eigenschaften allzu menschlich sind, können sie zu peinlichen Ereignissen führen oder uns in Schwierigkeiten bringen. Ungeduld und ähnliche Eigenschaften können aber auch generell das Zusammenleben und das Verhältnis untereinander erschweren und zu Konflikten in Freundschaften oder Beziehungen führen. Wir sollten also lieber einmal tief durchatmen und uns in Ruhe Gedanken über eine Situation machen, bevor wir etwas unternehmen oder sagen. Das kann uns und unseren Mitmenschen viele Unannehmlichkeiten ersparen – offenbar sogar einen Schlag mit einem Buch auf den Kopf.

SCHLUSS

negative Auswirkungen von Eigenschaften wie Ungeduld auf das menschliche Zusammenleben

Erschließen eines literarischen Textes

Übungsaufgabe 2

Text **Jonas Jonasson: „Der Hundertjährige, der aus dem Fenster stieg und verschwand“ (Romanauszug)**

Montag, 2. Mai 2005

Allan Karlsson stand zögernd in dem Stiefmütterchenbeet, das an der Längsseite des Altersheims verlief. Zu einer braunen Hose trug er ein braunes Jackett und ein Paar braune Pantoffeln. Mit der Mode hatte er es nicht so, aber das ist ja auch eher selten in diesem Alter. Er war vor seiner eigenen Geburtstagsfeier ausgebüxt, was ja auch eher selten ist in diesem Alter – nicht zuletzt deswegen, weil der Mensch generell selten in dieses Alter kommt. Allan überlegte, ob er sich die Mühe machen sollte, noch einmal durchs Fenster in sein Zimmer zurückzuklettern, um Hut und Schuhe zu holen, aber als er feststellte, dass immerhin die Brieftasche in der Innentasche seines Jacketts steckte, ließ er es dabei bewenden. Außerdem hatte Schwester Alice schon mehrfach bewiesen, dass sie einen siebten Sinn besaß (egal, wo er seinen Schnaps versteckte, sie fand ihn grundsätzlich), und vielleicht lief sie ja gerade durch den Flur und witterte, dass hier etwas faul war. Lieber abhauen, solange noch Zeit ist, dachte Allan und kletterte mit knacksenden Kniegelenken aus der Rabatte. Soweit er sich erinnern konnte, steckten in seiner Brieftasche ein paar Hunderter, die er sich zusammengespart hatte, und das war auch ganz gut so, denn kostenlos würde er sich sicher nicht verstecken können. Also wandte er noch einmal den Kopf und warf einen Blick auf das Altersheim, von dem er bis vor Kurzem noch geglaubt hatte, dass er bis zu seinem Lebensende darin wohnen würde. Und dann sagte er sich, dass er ja auch ein andermal und anderswo sterben konnte.

Der Hundertjährige schlich sich also davon mit seinen Pantoffeln. Nach ein paar hundert Metern bog Allan hinter der stolz aufragenden mittelalterlichen Kirche ab und setzte sich auf eine Bank neben den Grabsteinen, um seinen Knien eine kleine Pause zu gönnen. Mit der Gottesfurcht war es in der Gemeinde nicht so weit her, dass Allan befürchten musste, von seinem Sitzplatz aufgescheucht zu werden. Stattdessen dachte er sich, dass er sich wohl ganz schön verschätzt hatte, als er da so im Heim herumgehockt und zu dem Schluss gekommen war, im Grunde könnte er einfach wegsterben und alles hinter sich lassen. Denn so sehr es einen auch überall zwickte und zwackte – es war doch viel interessanter und lehrreicher, auf der Flucht vor Schwester Alice zu sein, als reglos zwei Meter unter der Erde zu liegen.

Daraufhin stand das Geburtstagskind auf, trotzte seinen schmerzenden Knien und setzte seine schlecht geplante Flucht fort. Allan überquerte den Friedhof in südlicher Richtung, bis ihm eine Steinmauer den Weg versperrte. Diese war kaum über einen Meter hoch, aber Allan war ein Hundertjähriger, kein Hochspringer. Auf der anderen Seite wartete jedoch das Reisezentrum von Malmköping, und der Alte begriff soeben, dass seine wackligen Beine ihn genau dorthin tragen wollten. Vor vielen, vielen Jahren hatte Allan einmal den Himalaya überquert. Das war wirklich mühsam gewesen. Daran musste er jetzt denken, als er vor dem letzten Hindernis zwischen sich und dem Reisezentrum stand. Er dachte so intensiv daran, dass das Mäuerchen vor seinen Augen fast zu einem Nichts zusammenschrumpfte. Und als es kaum mehr kleiner hätte werden können, kroch Allan hinüber, seinem Alter und seinen Knien zum Trotz.

In Malmköping herrschte selten Gedränge, und dieser sonnige Frühlingstag machte keine Ausnahme. Allan war noch keiner Menschenseele begegnet, seit er mir nichts, dir nichts beschlossen hatte, seine eigene Geburtstagsfeier zu schwänzen. Der Wartesaal des Reisezentrums war ebenfalls fast leer, als Allan in seinen Pantoffeln hereingeschlurft kam. Aber nur fast. Mitten im Saal standen zwei Bankreihen mit den Rücken zueinander. Alle Plätze frei. Rechts befanden sich zwei Schalter, von denen der eine geschlossen war, während hinter dem anderen ein mageres Männchen mit einer kleinen, runden Brille saß, mit seitlich gescheiteltem, schütterem Haar und einer Uniformweste. Es blickte gequält von seinem Computerbildschirm auf, als Allan die Halle betrat. Vielleicht fand es ja, dass heute Nachmittag einfach viel zu viel los war – wie Allan gerade bemerkt hatte, war er nämlich doch nicht der einzige Reisende im Saal. Tatsächlich stand in einer Ecke ein schmächtiger junger Mann mit langen, fettigen blonden Haaren, struppigem Bart und einer Jeansjacke mit der Aufschrift *Never Again* auf dem Rücken. Offensichtlich war der junge Mann des Lesens unkundig, denn er stand vor der Behindertentoilette und zerrte an der Klinke, als würde ihm das knallgelbe Schild mit der schwarzen Aufschrift „Gesperrt" nichts sagen. Wenig später wechselte er jedenfalls zur Toilettentür nebenan, aber dort stand er vor dem nächsten Problem. Anscheinend wollte sich der junge Mann nicht von seinem großen grauen Koffer auf Rollen trennen, doch für beide auf einmal war die Toilette zu klein. Doch Allan konnte keine größere Anteilnahme an den Sorgen des jungen Mannes aufbringen. Stattdessen bemühte er sich, die Füße zu heben, so gut es ging, während er an den geöffneten Schalter trippelte und sich bei dem kleinen Beamten erkundigte, ob es wohl irgendein Verkehrsmittel gäbe, das in den nächsten Minuten in irgendeine beliebige Richtung abfuhr, und was es in dem Fall wohl kosten mochte. Der Schalterbeamte sah müde aus. Und er musste irgendwann mitten in Allans Ausführungen den Faden verloren haben, denn nach kurzer Bedenkzeit erkundigte er sich: „Und welches Reiseziel hatten Sie dabei im Sinn?"

Allan setzte neu an und erinnerte das Männchen daran, dass er das Reiseziel und somit auch die Streckenführung als untergeordnet betrachtete und größeren Wert auf a) Abfahrtszeit und b) Kostenpunkt legte. Der kleine Mann schwieg wieder ein paar Sekunden, während er in seine Tabellen glotzte und Allans Worte verdaute. „Bus 202 fährt in drei Minuten nach Strängnäs. Passt Ihnen das?" Ja, befand Allan, das sei durchaus passend, woraufhin man ihn informierte, dass besagter Bus von der Haltestelle gleich vor der Eingangstür abfuhr und dass es wohl am geschicktesten wäre, die Fahrkarte direkt beim Busfahrer zu lösen. Allan fragte sich im Stillen, was der kleine Mann wohl hinter diesem Schalter zu suchen hatte, wenn er keine Fahrkarten verkaufte, sprach die Frage aber nicht aus. Vielleicht fragte sich der kleine Mann hinter seinem Schalter ja genau dasselbe. Also bedankte Allan sich einfach für die Hilfe und versuchte, zum Gruß noch den Hut zu lüften, den er in der Eile des Aufbruchs nicht mitgenommen hatte. Der Hundertjährige setzte sich auf eine der zwei leeren Bankreihen, mit seinen Gedanken allein. Die verdammte Jubiläumsfeier im Heim sollte um drei Uhr beginnen, bis dahin waren es noch zwölf Minuten. Demnächst würden sie also an Allans Zimmertür klopfen, und dann war die Hölle los, so viel stand fest.

Quelle: Jonas Jonasson: Der Hundertjährige, der aus dem Fenster stieg und verschwand. Übers. Wibke Kuhn, Random House, München 2011 (deutschsprachige Erstveröffentlichung), Auszug aus Kapitel 1 (Text zu Prüfungszwecken gekürzt)

Informationen zum Autor

Jonas Jonasson wurde 1961 in Schweden geboren. Sein erster Roman „Der Hundertjährige, der aus dem Fenster stieg und verschwand", ein weltweiter Bestseller, wurde mittlerweile verfilmt.

Aufgabenstellung

Lesen Sie den Auszug aus dem Roman „Der Hundertjährige, der aus dem Fenster stieg und verschwand“ sorgfältig durch und bearbeiten Sie dann die folgenden Aufgaben.

1. Fassen Sie den Inhalt des Textes zusammen.
2. Untersuchen Sie auffällige sprachliche Mittel und beschreiben Sie deren Wirkung.
3. Charakterisieren Sie Allan Karlsson.
4. Erörtern Sie, was getan werden kann, um Senioren in einem Altenheim ein respektables, würdevolles Dasein zu ermöglichen.
5. Erzählen Sie, was geschehen könnte, als im Altenheim Allans Verschwinden entdeckt wird.

Die Aufgaben stammen aus der Original-Abschlussprüfung 2020.

Lösungsvorschlag

TIPP **Bearbeitungshinweise**

EINLEITUNG
Neben der Darstellung der Thematik des Textes und der Nennung der Angaben zum Autor bietet sich hier auch ein **eigenständiger Einleitungsgedanke** an. In jedem Fall musst du die **Basisinformationen** zum Text nennen (Titel, Autor und Quelle). Möglichkeiten für einen eigenen Einleitungsgedanken sind z. B.:

- kurzer Bericht, wie der Geburtstag der eigenen Großeltern in der Familie gefeiert wird
- knappe Schilderung der Lebenssituation vieler Menschen in den Altenheimen
- Darstellung möglicher Ursachen, warum viele alte Menschen in einem Heim leben müssen
- aktueller Bezug zur COVID-19-Pandemie: erhebliche Zunahme der Einsamkeit alter Menschen im Heim

HAUPTTEIL
1. Zusammenfassung des Inhalts
Eine Darstellung des Textaufbaus wird nicht verlangt. Für die Zusammenfassung des Inhalts ist dennoch eine Gliederung des Textes in Sinnabschnitte hilfreich. Es ist sinnvoll, für diese jeweils eine **Überschrift zu formulieren**, die erfasst, was in dem jeweiligen Absatz geschieht. Die Zusammenfassung sollte dann in eigenen Worten in zwei bis drei Sätzen pro Abschnitt geschehen.

2. Sprachliche Mittel und deren Wirkung
Ein wichtiger Bereich der Untersuchung ist hier zunächst die **Wortwahl**, also z. B. Auffälligkeiten bei bestimmten Wortarten (Adjektiven, Verben, Nomen) oder die Verwendung von Wörtern, die auf die **Sprachebene** hinweisen (Fremdwörter, umgangssprachliche oder veraltete Ausdrücke). Schließlich ist auch auf die **rhetorischen Mittel** einzugehen, die der Autor verwendet hat.
Beim **Satzbau** kannst du nach verschiedenen **Satzarten** oder **Satzstrukturen** suchen (z. B. Satzgefüge) und deren Eigenschaften beschreiben. Beachte auch die **Stilmittel des Satzbaus** wie die Auslassung von Satzteilen (= Ellipse).
Aussagen zum **Sprachstil** stellen immer eine zusammenfassende Wertung des Satzbaus und der Wortwahl dar bzw. sollen Eigenheiten des Stils benennen. Dabei musst du besonders auf die **Wirkung** achten und **Textbelege** nennen.

3. Charakterisierung Allan Karlssons
Für die Charakterisierung von Allan Karlsson suchst du zunächst im Romanauszug nach Hinweisen, die z. B. Rückschlüsse auf sein Alter, seine Wohnverhältnisse, seine geistige und körperliche Fitness, seine Persönlichkeit und seine Vergangenheit zulassen. Auch hier müssen wieder entsprechende **Textbelege** angeführt werden.

4. Erörterung
Zunächst bestimmst du den **Themabegriff** (Senioren), dann mögliche **Einschränkungen** (im Altenheim, respektables, würdevolles Dasein) und schließlich achtest du auf die **Präzisierung des Erörterungsauftrags**. Gefragt wird nach Möglichkeiten, mit denen Seniorinnen und Senioren im Altenheim ein würdevolles Leben geboten werden kann. Deine Stoffsammlung sollte von der Frage, was ein respektables und würdevolles Leben ist, ausgehen. Darunter versteht man, dass man die Menschen, ihre Bedürfnisse sowie ihre Menschenwürde achtet, sodass sie ein selbstbestimmtes Leben führen können. Dazu gehören Aspekte wie soziale Kontakte (z. B. Besuche), verantwortungsvolle Pflege, ausgewogene Ernährung, Wahrung der Privatsphäre, Kultur- und Freizeitangebote sowie geistige Anregungen. Es sollten zwei bis drei aussagekräftige und vollständig ausformulierte Argumente mit Begründung, Beispiel(en) und eventuell Folge/Wirkung genügen. Die Sprache ist sachlich zu halten. Verknüpfe deine Argumente auch sprachlich miteinander.

5. Erzählung
Bevor du mit deiner Erzählung beginnen kannst, musst du zunächst im Romanauszug nach **Anknüpfungspunkten** suchen. Man weiß nur, dass Schwester Alice wohl für Herrn Karlsson zuständig ist und dass dessen Geburtstagsfeier in Kürze beginnen soll und dann im Altenheim „die Hölle" los sein wird. Es wird dann wahrscheinlich zu umfangreichen Suchaktionen kommen.
Erzählungen bestehen in der Regel aus Einleitung, Hauptteil und Schluss. In der **Einleitung** bestimmst du die Erzählperspektive (Wer erzählt?). Hier bietet sich Schwester Alice an. Da sie und Allan offenbar eine nicht ganz spannungsfreie Beziehung (versteckter Schnaps) verbindet, ergibt sich daraus ein gewisser Grundton in der Erzählung. Zu Beginn der Erzählung solltest du zunächst die notwendigen Angaben zur Ausgangssituation nennen (Wer? Wo? Wann?). Im **Hauptteil** wird dann das Geschehen in Handlungsschritten wiedergegeben. Einige Erzählungen haben ein offenes Ende. Du kannst aber auch deiner Kreativität freien Lauf lassen und dir selbst ein Ende überlegen.
Die **Sprache** ist durch ausdrucksstarke Adjektive und Verben sowie die Verwendung der direkten Rede gekennzeichnet. Die Zeitform ist in der Regel das Präteritum und in der direkten Rede das Präsens.

SCHLUSS
Eine naheliegende Möglichkeit, deinen Aufsatz sinnvoll abzuschließen, besteht darin, dich mit der **Absicht des Autors** auseinanderzusetzen. Außerdem kannst du die Idee, vor der Geburtstagsfeier zu fliehen, aus deiner Sicht **bewerten**. Es ist auch denkbar, zu beschreiben, wie deine Großeltern leben oder wie sie sich das Leben im Alter vorstellen. Eine mögliche **Ausweitung des Themas** wäre, darauf hinzuweisen, welche wichtige Bedeutung die Großeltern für Kinder und Jugendliche besitzen.

Aufsatzbeispiel

> **TIPP** **Hinweis zum Aufsatzbeispiel**
>
> Die **Angaben am Rand** sind nicht Bestandteil des Aufsatzes, sondern dienen nur deiner Orientierung hinsichtlich Inhalt und Aufbau.
> Es kann sein, dass sich die **Sprachanalyse** in der Prüfung auf einen bestimmten Textabschnitt bezieht. Das Aufsatzbeispiel stellt daher insbesondere bei der Sprachanalyse, aber auch bei anderen Teilaufgaben, sehr viele infrage kommende inhaltliche Aspekte dar. Für einen sehr guten Lösungsaufsatz reichen auch weniger Aspekte aus.

EINLEITUNG
Thematik des Textes, Basisinformationen zum Text

Der vorliegende Text ist ein Auszug aus dem ersten Kapitel des Romans „Der Hundertjährige, der aus dem Fenster stieg und verschwand". Darin schleicht sich ein alter Mann an seinem 100. Geburtstag heimlich aus seinem Zimmer in einem schwedischen Seniorenheim. Er flieht spontan und zunächst ohne konkretes Ziel. Der Roman ist das Erstlingswerk des schwedischen Autors Jonas Jonasson, der 1961 geboren wurde. Das Buch wurde zum internationalen Beststeller, der mittlerweile auch verfilmt wurde. Die deutschsprachige Erstveröffentlichung erschien 2011 in München.

HAUPTTEIL
1. Zusammenfassung des Inhalts
(Z. 1–20)

Am Montag, den 2. Mai 2005, steigt Allan Karlsson aus dem Fenster seines Zimmers im Altenheim. Er will der Feier zu seinem 100. Geburtstag entgehen. Aus Angst, dass seine Flucht von Schwester Alice entdeckt wird, verzichtet er darauf, Hut und Schuhe zu holen, die er bei seinem spontanen Aufbruch vergessen hat. Erleichtert, dass er zumindest die Brieftasche dabeihat, beginnt er seine Flucht nur in Pantoffeln.

(Z. 21–31)

Seine Flucht führt ihn zunächst zum Friedhof, wo er sich auf einer Bank ausruht und darüber nachdenkt, dass die Flucht vor Schwester Alice viel interessanter ist, als hier auf dem Friedhof begraben zu sein.

(Z. 32–43)

Nach kurzer Zeit setzt er seine Flucht fort und durchquert den Friedhof. Nur eine niedrige Mauer trennt ihn vom Reisezentrum der kleinen Stadt Malmköping, das ihm auf einmal als ideales Ziel erscheint. Mit Mühe schafft es Allan, das Mäuerchen zu überwinden.

(Z. 44–71)

Im Wartesaal des fast leeren Reisezentrums befindet sich nur ein weiterer Reisender, ein junger Mann, der etwas ungepflegt wirkt und sich merkwürdig verhält. Allan kümmert sich aber nicht weiter um diesen, sondern erkundigt sich am einzigen besetzten

Schalter nach einem Verkehrsmittel, das den Ort in den nächsten Minuten mit einem beliebigen Ziel verlassen wird.

(Z. 72–88)

Allan erfährt, dass in drei Minuten ein Bus nach Strängnäs abfahren wird, und setzt sich auf eine Wartebank vor dem Reisezentrum. Er denkt wieder an das Altenheim und daran, dass seine Geburtstagsfeier in zwölf Minuten beginnen soll und es im Heim chaotisch zugehen wird, sobald seine Flucht entdeckt wird.

2. Sprachliche Mittel und deren Wirkung

Wortwahl: Anhäufung von Adjektiven

Bei der Beschäftigung mit den sprachlichen Mitteln und deren Wirkung sind zunächst Besonderheiten in der Wortwahl zu beachten. So fällt bei der Beschreibung der Personen, denen Allan Karlsson begegnet, eine Anhäufung von Adjektiven auf (beim Mann hinter dem Schalter: z. B. „mageres“, Z. 51; „kleinen, runden“, Z. 51; „schütterem“, Z. 52; beim jungen Mann in der Wartehalle: z. B. „schmächtiger“, Z. 56; „langen, fettigen“, Z. 56; „struppigem“, Z. 56), die von den beiden Personen einen negativen Eindruck erzeugen.

eher veraltete Wörter

Eher veraltet klingende Wörter und Wendungen, die über den ganzen Text verteilt sind, veranschaulichen, dass die Welt aus der Perspektive eines alten Menschen wiedergegeben wird („Pantoffeln“, Z. 4; „Rabatte“, Z. 15; „zum Gruß noch den Hut [...] lüften“, Z. 83).

weitere Auffälligkeiten

Darüber hinaus lassen sich noch einige Auffälligkeiten entdecken, die nur ein oder zwei Mal vorkommen, aber herausstechen. So erzeugen die beiden umgangssprachlichen Verben „ausgebüxt“ (Z. 5) und „abhauen“ (Z. 13) Alltagsnähe und lassen den Text dadurch noch glaubwürdiger erscheinen. Die Verkleinerungsform „Männchen“ (Z. 51) zeigt, wie mager und klein der Mann hinter dem Schalter wirkt, und reduziert ihn zudem auf seine unbedeutende Funktion. „Mäuerchen“ (Z. 41) veranschaulicht hingegen die Energie, die Allan Karlsson aus seinen Erinnerungen an den Himalaya zieht und zur Überwindung des Hindernisses benötigt.

Stilmittel: Wiederholungen

Die Wiederholung der Formulierung „selten in diesem Alter“ (Z. 5, 6, 7) betont das ungewöhnlich hohe Alter des Flüchtenden. Mit der dreimaligen Verwendung des Adjektivs „braun“ in den Zeilen 2/3 veranschaulicht der Autor das typisch eintönige Erscheinungsbild vieler älterer Menschen, die keinen Wert auf modische Kleidung legen.

Alliterationen

Die drei Alliterationen „knacksend[e] Kniegelenk[e]“ (Z. 14), „zwickte und zwackte“ (Z. 29) und „ein Hundertjähriger, kein Hochspringer“ (Z. 35) verdeutlichen die Einschränkungen in der Beweglichkeit, unter denen Karlsson leidet und die seine Flucht beschwerlich erscheinen lassen.

Personifikationen

Durch zwei Personifikationen

(„wartete jedoch das Reisezentrum“, Z. 36; „seine […] Beine […] tragen wollten“, Z. 37) verstärkt sich der Eindruck, dass der Hundertjährige seine Flucht ungeplant antritt und sich seines Ziels nicht bewusst ist, sondern zunächst einfach nur weg will. Aufzählungen beherrschen die Stellen, an denen die beiden Nebenfiguren knapp, aber präzise beschrieben werden (vgl. Z. 51/52, Z. 56/57).

Aufzählungen

Auch beim Satzbau zeigen sich einige Besonderheiten, die zwar nur vereinzelt vorkommen, jedoch besonders auffällig sind. Die Parenthese, also der Einschub, „(egal, wo er seinen Schnaps versteckte, sie fand ihn grundsätzlich)“ in den Zeilen 11/12 verdeutlicht Karlssons Vorliebe für Schnaps und das daraus resultierende angespannte Verhältnis zu Schwester Alice. Die zwei Ellipsen „Aber nur fast.“ (Z. 48) und „Alle Plätze frei.“ (Z. 49) verweisen darauf, dass Allan seine Umgebung genau beobachtet und über die Menschenleere erleichtert ist. Allans ausführliche und höfliche indirekt wiedergegebene Worte (vgl. Z. 66–68, Z. 72–74) stehen in einem Gegensatz zur knappen, amtlich klingenden direkten Rede des Mannes hinter dem Schalter (vgl. Z. 71, Z. 76). Hierdurch wirkt der zwar körperlich eingeschränkte Allan Karlsson dem Mann hinter dem Schalter beinahe geistig überlegen.

Satzbau:
Parenthese

Ellipsen

indirekte vs. direkte Rede

Insgesamt ist ein gehobener sprachlicher Anspruch festzustellen, wie Wortwahl, Stilmittel und Satzbau zeigen. Der Romanauszug wird überwiegend von längeren Satzgefügen bestimmt, die recht abwechslungsreich sind und auch als Merkmal des anspruchsvollen Stils gewertet werden können (vgl. z. B. Z. 7–10, Z. 15–17, Z. 65–68). Der Text weist an vielen Stellen einen ironischen Unterton auf, der ihn amüsant und humorvoll macht. Erkennbar ist dies zum Beispiel im Abschnitt von Zeile 4 bis 7 („Mit der Mode […] selten in dieses Alter kommt“) oder auch an Ausdrücken wie „Geburtstagskind“ (Z. 32) als Bezeichnung für einen Hundertjährigen oder „einfach viel zu viel los“ (Z. 54) bei nur einem weiteren Reisenden. Nicht zuletzt weisen auch bildhafte Ausdrücke auf einen gehoben Sprachstil und einen heiteren und humorvollen Ton hin, z. B. „siebten Sinn“ (Z. 11), „zu einem Nichts zusammenschrumpfte“ (Z. 41), „keiner Menschenseele begegnet“ (Z. 45), „den Faden verloren haben“ (Z. 70) und „war die Hölle los“ (Z. 88).

Sprachstil:
anspruchsvoll
Satzgefüge

ironischer Unterton

bildhafte Ausdrücke

Aus dem Romanauszug lassen sich einige Merkmale zur Charakterisierung Allan Karlssons herauslesen oder ableiten. Er wird am 2. Mai 2005 hundert Jahre alt (vgl. Überschrift und Z. 1), wohnt in einem Altenheim der schwedischen Kleinstadt Malmköping (vgl. Z. 3, Z. 18, Z. 36, Z. 44) und legt wenig Wert auf eine modische äußere Erscheinung (vgl. Z. 3–5). Außerdem trinkt er offenbar gerne Schnaps (vgl. Z. 10–12), da er sich immer wieder neuen besorgt, den Schwester Alice dann ebenfalls findet. Deswegen scheint sein Verhältnis zu ihr auch angespannt zu sein, was vielleicht auch der Grund dafür sein könnte, dass er vor ihr flieht (vgl. Z. 29/30). Allan Karlsson ist in einem für sein Alter guten Gesundheitszustand (vgl. z. B. Z. 6–8, Z. 41–43), auch wenn er Probleme mit seinen Knien hat (vgl. z. B. Z. 14, Z. 32, Z. 43). Geistig ist er ebenfalls fit, was am Gespräch mit dem Mann hinter dem Schalter zu erkennen ist (vgl. Z. 65–68, Z. 72–74). Die Überquerung des Himalayas in jungen Jahren (vgl. Z. 37/38) und seine Flucht vor dem Geburtstag und vor Schwester Alice zeichnen ihn als abenteuerlustigen und ungewöhnlichen Menschen aus. Der Hundertjährige besitzt außerdem eine gelassen-ironische Grundhaltung zum Leben und zum Tod, denn er sagt sich, dass er auch „ein andermal“ (Z. 20) sterben könne und die Flucht interessanter und lehrreicher sei, „als reglos zwei Meter unter der Erde zu liegen“ (Z. 30/31).

3. Charakterisierung Allan Karlssons
Eckdaten
Verhältnis zu Schwester Alice
Gesundheits- und Geisteszustand
abenteuerlustig
gelassen-ironische Grundhaltung zum Tod

Im Folgenden werden einige Möglichkeiten erörtert, wie man Seniorinnen und Senioren im Altenheim ein respektables und würdevolles Dasein bieten kann.

4. Erörterung
Überleitung

Dabei spielen zunächst die Aufrechterhaltung und Förderung sozialer Kontakte eine große Rolle. Soziale Kontakte sorgen dafür, dass sich die Menschen nicht einsam fühlen und dass sie am gesellschaftlichen Leben teilhaben und geistig angeregt werden. Somit sind soziale Kontakte für die Lebensqualität von alten Menschen von entscheidender Bedeutung. Zur Aufrechterhaltung und Förderung sozialer Kontakte im Altenheim gehört neben einer offenen und flexiblen Regelung der Besuchszeiten auch, dass die Angehörigen und Freunde diese nutzen und möglichst häufig und regelmäßig zu Besuch kommen. Zudem sind auch angenehm gestaltete Orte, wo sich die Heimbewohner*innen untereinander treffen können, von Bedeutung.

Argument 1: Aufrechterhaltung und Förderung sozialer Kontakte

Verknüpfung

Argument 2: Angebot an Freizeitmöglichkeiten

Nicht nur die Förderung sozialer Kontakte ist für die Heimbewohner*innen wichtig, sondern auch ein umfangreiches Angebot an Freizeitmöglichkeiten. Denn wenn sie diese wahrnehmen, haben sie Kontakt zu anderen Menschen, können sich sinnvoll beschäftigen und bleiben dadurch im besten Fall länger geistig und körperlich fit. Daher ist es unabdingbar, dass es in Seniorenheimen Aktivitäten wie Leseclubs, Spielegruppen, kreative und sportliche Angebote, ein Café und Kulturangebote gibt.

Argument 3: Ermöglichen eines selbstbestimmten Lebens

Gerade wenn es um ein Leben im Altenheim geht, ist die Möglichkeit, weiterhin ein selbstbestimmtes Leben führen zu können, von großer Bedeutung. Denn es gibt Heime, in denen die Selbstbestimmung der Bewohner*innen eingeschränkt wird, sodass ein Leben in Würde verhindert wird. Keine erwachsene Person möchte vorgeschrieben bekommen, wann sie zu essen oder ins Bett zu gehen hat. Selbstbestimmung beginnt schon damit, dass man das Zimmer mit den eigenen Möbeln und liebgewonnenen Dingen einrichten und dekorieren kann. Auch sollte man den Tagesablauf an den eigenen Bedürfnissen ausrichten können und nicht nur am Zeitplan des Altenheims. Nicht zuletzt gehört auch zu einem selbstbestimmten Leben, dass die Privatsphäre der Heimbewohner*innen respektiert wird.

5. Erzählung

Anknüpfung an den Romanauszug

An jenem Montag, einem unschuldigen und sonnigen Frühlingstag, machte ich mich kurz vor drei Uhr auf den Weg zu Zimmer 105. Herr Karlsson sollte heute besonders gefeiert werden. Schließlich wird man nicht alle Tage 100.

Entdeckung, dass Herr Karlsson fehlt

Auf mein energisches Klopfen hin rührte sich nichts. Es blieb mucksmäuschenstill im Zimmer. Schlief er etwa oder war er im Bad? Oder hatte sich die alte Schnapsdrossel zu viel Geburtstagsschnaps gegönnt? Mit diesen Gedanken im Kopf öffnete ich lautlos die Tür. Das Bett war leer, das Zimmer auch. Blieb noch das Bad. Ich stürzte auf die Tür zu, rief laut nach ihm und klopfte. Wieder nichts. Er wird doch wohl nicht an seinem Geburtstag …, dachte ich mir. Vorsichtig und auf alles gefasst, öffnete ich die Badezimmertür. Leer.

Beginn der Suche nach Herrn Karlsson

Vielleicht war er schon vor mir losgezogen, um in den Aufenthaltsraum zu seinen paar Besuchern zu schlurfen? Aber dort saßen nur zwei Heimbewohner beim Kartenspiel und an einem anderen Tisch Karlssons Sohn und Schwiegertochter, die mich erwartungsvoll anschauten. Mist! Vielleicht war er im Garten, überlegte ich, als ich durch die Gänge hetzte. Draußen auf den Bänken saß niemand, schon gar nicht Herr Karlsson. Jetzt musste ich wohl die Heimleitung informieren und mir mehr Leute für die Suche organisieren. „Der wird sich doch wohl keinen Scherz erlaubt haben und an seinem Hundertsten ausgebüxt sein? Zuzutrauen wäre es ihm ja, bei seinem schrägen Humor", murmelte ich auf dem Weg zur Heimleitung vor mich hin. Plötzlich stellte sich mir sein Sohn in den Weg. „Ich möchte jetzt meinen Vater sehen und ihm gratulieren." „Den haben wir verloren", rutschte es mir atemlos heraus, „helfen Sie uns lieber suchen!" Ich ließ den zunächst verwirrten und dann aufgebrachten Mann einfach stehen und stürzte, ohne anzuklopfen, ins Büro der Heimleiterin: „Der alte Karlsson ist verschwunden! Ich brauche einen Suchtrupp! Und lassen Sie ihn bitte über die Lautsprecheranlage ausrufen. Machen Sie schnell, sein Sohn ist schon stinksauer!"

Ausweitung der Suche nach Herrn Karlsson

Die mehrfach wiederholten Lautsprecherdurchsagen machten den peinlichen Vorfall im ganzen Heim publik. Bald hatten wir alle Zimmer durchsucht, vom Geburtstagskind fehlte aber jede Spur. Gerade, als ich noch einmal draußen weitersuchen wollte, trat der alte Jonasson durch die Eingangstür. „Wo kommen Sie denn her?", schnauzte ich ihn an.

offener Schluss

Er grinste zurück: „Ich war in der Stadt, Allan ist vor einer halben Stunde mit dem Bus 202 an mir vorbeigefahren und hat mir freundlich zugewinkt."

SCHLUSS

Ausweitung des Themas

Alte Menschen sind ein wichtiger Bestandteil unserer Gesellschaft und nehmen auch in den Familien eine bedeutende Rolle ein. Großeltern übernehmen zum Beispiel in vielen jungen Familien unersetzliche Betreuungsaufgaben. Dies ist aber nicht ihre einzige bedeutsame Aufgabe, denn die Großeltern sind neben den Eltern zusätzliche stabile Bezugspersonen für die Kinder. So können sie eine wichtige Stütze sein, wenn es in der Familie eine Krise gibt. Außerdem können sie bei Themen, über die sich Eltern und Kinder immer wieder streiten, vermitteln und den notwendigen Ausgleich zur elterlichen Haltung darstellen. Nicht nur weil Großeltern eine bedeutsame Rolle in den Familien spielen, sondern auch weil jeder Mensch ein Recht auf ein respektables und würdevolles Leben hat, ist es wichtig, dass alten Menschen ein solches Leben ermöglicht wird – unabhängig davon, ob sie nun im häuslichen Umfeld oder wie Allan Karlsson in einem Altenheim betreut werden.

Erschließen eines literarischen Textes
Übungsaufgabe 3

Text **Bertolt Brecht: „Die unwürdige Greisin“ (1939)**

Meine Großmutter war zweiundsiebzig Jahre alt, als mein Großvater starb. Er hatte eine kleine Lithografenanstalt[1] in einem badischen Städtchen und arbeitete darin mit zwei, drei Gehilfen bis zu seinem Tod. Meine Großmutter besorgte ohne Magd den Haushalt, betreute das alte, wacklige Haus und kochte für die Mannsleute und Kinder.

Sie war eine kleine magere Frau mit lebhaften Eidechsenaugen, aber langsamer Sprechweise. Mit recht kärglichen Mitteln hatte sie fünf Kinder großgezogen – von den sieben, die sie geboren hatte. Davon war sie mit den Jahren kleiner geworden. Von den Kindern gingen die zwei Mädchen nach Amerika, und zwei der Söhne zogen ebenfalls weg. Nur der Jüngste, der eine schwache Gesundheit hatte, blieb im Städtchen. Er wurde Buchdrucker und legte sich eine viel zu große Familie zu.

So war sie allein im Haus, als mein Großvater gestorben war. Die Kinder schrieben sich Briefe über das Problem, was mit ihr zu geschehen hätte. Einer konnte ihr bei sich ein Heim anbieten, und der Buchdrucker wollte mit den Seinen zu ihr ins Haus ziehen. Aber die Greisin verhielt sich abweisend zu den Vorschlägen und wollte nur […] eine kleine geldliche Unterstützung annehmen. […] Die Kinder schrieben ihr, sie könne doch nicht ganz allein leben, aber als sie darauf überhaupt nicht einging, gaben sie nach und schickten ihr monatlich ein bisschen Geld. Schließlich, dachten sie, war ja der Buchdrucker im Städtchen geblieben. Der Buchdrucker übernahm es auch, seinen Geschwistern mitunter über die Mutter zu berichten. […]

Auf eine schriftliche Anfrage meines Vaters, was die alte Frau denn jetzt so mache, antwortete er ziemlich kurz, sie besuche das Kino. Man muss verstehen, dass das nichts Gewöhnliches war, jedenfalls nicht in den Augen ihrer Kinder. Das Kino war vor dreißig Jahren noch nicht, was es heute ist. Es handelte sich um elende, schlecht gelüftete Lokale, oft in alten Kegelbahnen eingerichtet, mit schreienden Plakaten vor dem Eingang, auf denen Morde und Tragödien der Leidenschaft angezeigt waren, eigentlich gingen nur Halbwüchsige hin oder, des Dunkels wegen, Liebespaare. Eine einzelne alte Frau musste dort sicher auffallen.

Und so war noch eine andere Seite dieses Kinobesuchs zu bedenken. Der Eintritt war gewiss billig, da aber das Vergnügen ungefähr unter den Schleckereien rangierte, bedeutete es „hinausgeworfenes Geld“. Und Geld hinauszuwerfen, war nicht respektabel.

Dazu kam, dass meine Großmutter nicht nur mit ihrem Sohn am Ort keinen regelmäßigen Verkehr pflegte, sondern auch sonst niemanden von ihren Bekannten besuchte oder einlud. Sie ging niemals zu den Kaffeegesellschaften des Städtchens. Dafür besuchte sie häufig die Werkstatt eines Flickschusters[2] in einem armen und sogar etwas verrufenen Gässchen, in der, besonders nachmittags, allerlei nicht besonders respektable Existenzen herumsaßen, stellungslose Kellnerinnen und Handwerksburschen. Der Flickschuster war ein Mann in mittleren Jahren, der in der ganzen Welt herumgekommen war, ohne es zu etwas gebracht zu haben. Es hieß auch, dass er trank. Er war jedenfalls kein Verkehr für meine Großmutter. [...]

Etwa ein halbes Jahr nach dem Tod des Großvaters schrieb der Buchdrucker meinem Vater, dass die Mutter jetzt jeden zweiten Tag im Gasthof esse. Was für eine Nachricht! Großmutter, die Zeit ihres Lebens für ein Dutzend Menschen gekocht und immer nur die Reste aufgegessen hatte, aß jetzt im Gasthof! Was war in sie gefahren?

Bald darauf führte meinen Vater eine Geschäftsreise in die Nähe, und er besuchte seine Mutter.

Er traf sie im Begriffe, auszugehen. Sie nahm den Hut wieder ab und setzte ihm ein Glas Rotwein mit Zwieback vor. [...] Das Einzige, was auf ihr neues Leben hindeutete, war, dass sie nicht mit meinem Vater auf den Gottesacker[3] gehen wollte, das Grab ihres Mannes zu besuchen. „Du kannst allein hingehen“, sagte sie beiläufig, „es ist das dritte von links in der elften Reihe. Ich muss noch wohin.“ Der Buchdrucker erklärte nachher, dass sie wahrscheinlich zu ihrem Flickschuster musste. [...]

Aber sie schien mit ihrem Familienleben abgeschlossen zu haben und neue Wege zu gehen, jetzt, wo ihr Leben sich neigte. Mein Vater, der eine gute Portion Humor besaß, fand sie „ganz munter“ und sagte meinem Onkel, er solle die alte Frau machen lassen, was sie wolle. Aber was wollte sie?

Das Nächste, was berichtet wurde, war, dass sie eine Bregg[4] bestellt hatte und nach einem Ausflugsort gefahren war, an einem gewöhnlichen Donnerstag. [...] Einige wenige Male, wenn wir Enkelkinder zu Besuch gekommen waren, hatte Großvater die Bregg gemietet. Großmutter war immer zu Hause geblieben. Sie hatte es mit einer wegwerfenden Handbewegung abgelehnt, mitzukommen.

Und nach der Bregg kam die Reise nach K., einer größeren Stadt, etwa zwei Eisenbahnstunden entfernt. Dort war ein Pferderennen, und zu dem Pferderennen fuhr meine Großmutter.

Der Buchdrucker war jetzt durch und durch alarmiert. Er wollte einen Arzt hinzugezogen haben. Mein Vater schüttelte den Kopf, als er den Brief las, lehnte aber die Hinzuziehung eines Arztes ab.

Nach K. war meine Großmutter nicht allein gefahren. Sie hatte ein junges Mädchen mitgenommen, eine halb Schwachsinnige, wie der Buchdrucker schrieb, das Küchenmädchen des Gasthofs, in dem die Greisin jeden zweiten Tag speiste. Dieser „Krüppel“ spielte von jetzt an eine Rolle.

Meine Großmutter schien einen Narren an ihr gefressen zu haben. Sie nahm sie mit ins Kino und zum Flickschuster, der sich übrigens als Sozialdemokrat herausgestellt hatte, und es ging das Gerücht, dass die beiden Frauen bei einem Glas Rotwein in der Küche Karten spielten. „Sie hat dem Krüppel jetzt einen Hut gekauft mit Rosen drauf“, schrieb der Buchdrucker verzweifelt. „Und unsere Anna hat kein Kommunionskleid!“

Die Briefe meines Onkels wurden ganz hysterisch, handelten nur von der „unwürdigen Aufführung unserer lieben Mutter“ und gaben sonst nichts mehr her. Das Weitere habe ich von meinem Vater.

Der Gastwirt hatte ihm mit Augenzwinkern zugeraunt: „Frau B. amüsiert sich ja jetzt, wie man hört.“

In Wirklichkeit lebte meine Großmutter auch diese letzten Jahre keinesfalls üppig. Wenn sie nicht im Gasthof aß, nahm sie meist nur ein wenig Eierspeise zu sich, etwas Kaffee und vor allem ihren geliebten Zwieback. [...] Genau betrachtet, lebte sie hintereinander zwei Leben. Das eine, erste, als Tochter, als Frau und als Mutter und das zweite einfach als Frau B., eine alleinstehende Person ohne Verpflichtungen und mit bescheidenen, aber ausreichenden Mitteln. Das erste Leben dauerte etwa sechs Jahrzehnte, das zweite nicht mehr als zwei Jahre. [...] Sie starb ganz unvermittelt, an einem Herbstnachmittag in ihrem Schlafzimmer, aber nicht im Bett, sondern auf dem Holzstuhl am Fenster. Sie hatte den „Krüppel“ für den Abend ins Kino eingeladen, und so war das Mädchen bei ihr, als sie starb. Sie war vierundsiebzig Jahre alt.

Ich habe eine Fotografie von ihr gesehen, die sie auf dem Totenbett zeigt und die für die Kinder angefertigt worden war. Man sieht ein winziges Gesichtchen mit vielen Falten und einem schmallippigen, aber breiten Mund. Viel Kleines, aber nichts Kleinliches. Sie hatte die langen Jahre der Knechtschaft und die kurzen Jahre der Freiheit ausgekostet und das Brot des Lebens aufgezehrt bis auf die letzten Brosamen[5].

Quelle: Bertolt Brecht: Kalendergeschichten. Gebrüder Weiss Verlag, Berlin 1949.
Der Originaltext wurde zu Prüfungszwecken gekürzt und an die neue Rechtschreibung angepasst.

Anmerkungen

1 Lithografenanstalt: Druckerei
2 Flickschuster: repariert und bessert Schuhe aus
3 Gottesacker: Friedhof
4 Bregg: großes, hochrädriges Pferdegefährt
5 Brosamen: Brotkrümel

Aufgabenstellung

Lesen Sie den Text sorgfältig durch und bearbeiten Sie dann die folgenden Aufgaben.

1. Fassen Sie den Inhalt des Textes mit eigenen Worten zusammen.
2. Charakterisieren Sie die Großmutter und gehen Sie dabei auf deren „zwei Leben" ein.
3. Untersuchen Sie die sprachliche Gestaltung des Textes.
4. 2012 ist das „Europäische Jahr des aktiven Alterns und der Solidarität zwischen den Generationen". Wie können Sie dazu beitragen, das Verhältnis zwischen Jung und Alt zu verbessern?
5. „Mein Vater, der eine gute Portion Humor besaß, fand sie ‚ganz munter' und sagte meinem Onkel, er solle die alte Frau machen lassen, was sie wolle." (Z. 59–61) Verfassen Sie einen Dialog zwischen den Brüdern.

Die Aufgaben stammen aus der Original-Abschlussprüfung 2012.

Lösungsvorschlag

TIPP **Bearbeitungshinweise**

EINLEITUNG

Neben der Darstellung der **Thematik des Textes** bietet sich hier auch ein **eigenständiger Einleitungsgedanke** an. In jedem Fall musst du die **Basisinformationen** zum Text nennen (Titel, Autor, Quelle, Thema). Möglichkeiten für einen eigenen Einleitungsgedanken sind z. B.:

- Beschreibung, wie du dir die Gestaltung des Lebens im Alter vorstellst
- Darstellung, dass man sein Leben im Alter aktiv gestalten kann (z. B. Reisen)
- Hinweis, dass die Menschen in Deutschland immer älter werden und so als „junge Alte" diesen Lebensabschnitt nach eigenen Vorstellungen gestalten können, sofern sie durch ihre Rente finanziell gut abgesichert sind
- Aussagen zum Zusammenleben von Jung und Alt (gegenseitiges Profitieren)

HAUPTTEIL

1. Zusammenfassung des Inhalts

Eine Darstellung des Textaufbaus wird nicht verlangt. Für die Zusammenfassung des Inhalts ist dennoch eine Gliederung des Textes in Sinnabschnitte hilfreich. Es ist sinnvoll, für diese jeweils eine **Überschrift zu formulieren**, die erfasst, was in dem jeweiligen Absatz geschieht. Die Zusammenfassung sollte dann in eigenen Worten in zwei bis drei Sätzen pro Abschnitt geschehen.

2. Charakterisierung der Großmutter

Für die Beschreibung des Charakters der Großmutter während ihrer „zwei Leben" musst du sowohl die Textstellen auswerten, die direkt etwas über ihre Persönlichkeitsmerkmale aussagen, als auch die, aus denen du entsprechende Eigenschaften ableiten kannst. Dabei soll vor allem die Gegensätzlichkeit der Charakterzüge der alten Frau in ihren zwei Leben herausgearbeitet werden. Die beiden Leben werden am Ende der Erzählung in den Zeilen 102/103 konkret benannt, nämlich die „Jahre der Knechtschaft" und die „Jahre der Freiheit".

3. Sprachliche Gestaltung des Textes

Ein wichtiger Bereich der Untersuchung ist die **Wortwahl**, also z. B. Auffälligkeiten bei bestimmten Wortarten oder die Verwendung von Wörtern, die auf die **Sprachebene** hinweisen (Fremdwörter, umgangssprachliche oder veraltete Ausdrücke). Schließlich ist auch auf **rhetorische Mittel** (z. B. Metapher) einzugehen.
Beim **Satzbau** kannst du nach verschiedenen **Satzarten** oder **Satzstrukturen** suchen (z. B. Satzgefüge) und deren Eigenschaften beschreiben. Beachte dabei auch die **Stilmittel des Satzbaus** (z. B. Ellipse).
Aussagen zum **Sprachstil** stellen immer eine zusammenfassende Wertung des Satzbaus und der Wortwahl dar bzw. sollen Eigenheiten des Stils benennen. Dabei musst du besonders auf die **Wirkung** achten und **Textbelege** nennen.

4. Erörterung

Nach einer genauen **Themaanalyse** machst du eine **kurze Stoffsammlung**. In der Regel genügen zwei bis drei ausführlich veranschaulichte **Argumente** (mit Begründung, Beispiel(en) und evtl. Folge/Wirkung). Halte die Sprache sachlich und verknüpfe deine Argumente sprachlich miteinander.
Mögliche Stichworte für die Stoffsammlung:

- Hilfe im Alltag
- Kontaktpflege durch Besuche
- Bereitschaft, ihnen zuzuhören
- Betreuung im Krankheitsfall
- Verständnis für die Probleme alter Menschen
- gemeinsame Freizeitaktivitäten

5. Dialog

Ein Dialog ist ein **Gespräch** zwischen zwei Menschen, in diesem Fall zwischen dem Buchdrucker und seinem Bruder. Zunächst solltest du die **Ausgangssituation** beider Personen klären und dir überlegen, in welcher Stimmung sie sich befinden und was sie erreichen möchten. Beide können sich z. B. über ihre Situation unterhalten oder nach Lösungen suchen. Als Zeitstufe verwendest du in der Regel das Präsens.
Bei der **sprachlichen Gestaltung** der Dialogbeiträge solltest du den Stil aufgreifen, der im Ursprungstext verwendet wird, und die Aussagen so formulieren, dass sie zur Sprache der Gesprächspartner passen (z. B. zu Alter, Beruf, Bildung, Gefühlslage der Figuren; zur Zeit, in der die Geschichte spielt). Die Aussagen orientieren sich am mündlichen Sprachgebrauch. Dazu gehören Fragen, Ausrufe, unvollständige oder verkürzte Sätze, Unterbrechungen usw. Bei einem Dialog kannst du an wichtigen Stellen Regieanweisungen (wie jemand spricht, wie sich jemand bewegt, was jemand in dem Augenblick tut) in Klammern nach dem Namen des Sprechenden angeben.
In einer Art **Stoffsammlung** solltest du den Ursprungstext auswerten und festhalten, wo etwas Grundlegendes über die beiden Brüder und ihre unterschiedlichen Positionen und Einstellungen zu ihrer Mutter zu finden ist. Dies ist dann die Ausgangsbasis für deinen Dialog.

SCHLUSS

Neben deiner **begründeten Meinung** zur vorliegenden Erzählung könnte dein Schlussteil auch auf **folgenden Gedanken** aufbauen:

- Beschreibung der Lebensgestaltung deiner Großeltern
- Möglichkeit, dass Jung und Alt viel voneinander lernen
- begründete Beurteilung des Verhaltens der Großmutter in der Erzählung
- bestehende Vorurteile gegenüber alten Menschen
- Kritik an gesellschaftlichen Konventionen, die die Freiheit der Einzelnen beschneiden

Aufsatzbeispiel

TIPP **Hinweis zum Aufsatzbeispiel**

Die **Angaben am Rand** sind nicht Bestandteil des Aufsatzes, sondern dienen nur deiner Orientierung hinsichtlich Inhalt und Aufbau.
Es kann sein, dass sich die **Sprachanalyse** in der Prüfung auf einen bestimmten Textabschnitt bezieht. Das Aufsatzbeispiel stellt daher insbesondere bei der Sprachanalyse, aber auch bei anderen Teilaufgaben, sehr viele infrage kommende inhaltliche Aspekte dar. Für einen sehr guten Lösungsaufsatz reichen aber auch weniger Aspekte aus.

EINLEITUNG
Thematik des Textes, Basisinformationen zum Text

Eine alte Frau nimmt sich die Freiheit, nach dem Tod ihres Mannes ihr Leben nach ihren Wünschen zu gestalten. Viele Jahrzehnte lebte sie nur für die Familie und den Haushalt, nun nimmt sie sich die Freiheit, ihr neues Leben etwas zu genießen. Sie erlaubt sich kleine Vergnügungen wie Kinobesuche oder in den Gasthof essen zu gehen und kümmert sich nicht um die Vorstellungen anderer. Die Erzählung „Die unwürdige Greisin“ stammt von Bertolt Brecht und ist den „Kalendergeschichten“ entnommen, die 1949 erschienen sind.

HAUPTTEIL
1. Zusammenfassung des Inhalts

Die Großmutter des Erzählers ist 72 Jahre alt, als der Großvater stirbt. Sie hat sich ihr ganzes Leben für Haushalt und Familie aufgeopfert. Mit dem Tod ihres Mannes bleibt sie allein zurück, da vier der Kinder aus der Heimatstadt weggezogen sind und auch der jüngste Sohn nicht im Elternhaus wohnt. Die Kinder wollen sich auf unterschiedliche Weise um sie kümmern, doch die alte Frau lehnt alle Vorschläge ab, will allein bleiben und nur eine finanzielle Unterstützung annehmen. Die Großmutter leistet sich bescheidene Vergnügungen und baut Kontakte zu eher „zweifelhaften“ Menschen auf. Die Kinder, besonders der jüngste Sohn, der die Geschwister über das Verhalten der Mutter in Briefen informiert, sind empört oder zumindest beunruhigt. Sie kommen nicht damit zurecht, dass sich ihre Mutter nun auch etwas gönnt. Ein Besuch des Vaters des Ich-Erzählers bei ihr vermittelt den Eindruck, dass sie mit dem Familienleben völlig abgeschlossen habe. Die Großmutter ist weiterhin aktiv und unternehmungslustig und kümmert sich um ein vom Sohn als „schwachsinnig“ bezeichnetes Küchenmädchen. Als sie diesem auch noch Geschenke macht, ist die Familie endgültig aufgebracht. Überraschend stirbt die Großmutter nach zwei Jahren. Keines ihrer Kinder ist bei ihr, nur das Küchenmädchen. Auf einem Foto, das die Frau auf dem Totenbett zeigt, kann der Erzähler aus ihrem Gesicht die vielfältigen und harten Erfahrungen ihres Lebens ablesen.

2. Charakterisierung der Großmutter
Überleitung

Die beiden Leben der Großmutter werden am Ende der Erzählung in den Zeile 102/103 benannt, nämlich als „Jahre der Knechtschaft“ und als „Jahre der Freiheit“. Im Folgenden soll vor allem die Gegensätzlichkeit der Charakterzüge der alten Frau in ihren Lebensabschnitten herausgearbeitet werden.

erstes Leben: „Jahre der Knechtschaft“

Ihr erstes Leben dreht sich ausschließlich um die Familie. Sie besorgt allein ohne eine Magd den Haushalt (vgl. Z. 3–5). Darüber hinaus muss sie viel erdulden, beispielsweise den Tod zweier Kinder (vgl. Z. 7/8) und die Auswanderung bzw. den Wegzug von vier der fünf verbliebenen (vgl. Z. 9/10). Sie ist genügsam und sparsam, klagt nicht über die knappen Mittel (vgl. Z. 7) und isst immer nur die Reste, die von der Familie und den Druckereiangestellten übrig gelassen werden (vgl. Z. 46/47). Vergnügungen lehnt sie ab und bleibt immer zu Hause (vgl. Z. 65/66).

zweites Leben: „Jahre der Freiheit“

In ihrem zweiten Leben nach dem Tod ihres Ehemannes wird sie eigenwilliger und entscheidet frei nach ihren Bedürfnissen. Sie baut soziale Kontakte zu nicht standesgemäßen Menschen auf und nimmt nicht an Veranstaltungen teil, die sich für sie gehören würden. Sie widersetzt sich einer weiteren Vereinnahmung durch die Familie und scheint den Kontakt ganz zu meiden (vgl. Z. 16–19). Ihren Sohn schickt sie allein auf den Friedhof zum Grab seines Vaters (vgl. Z. 54). Gesellschaftliche Erwartungen ignoriert sie: „Sie ging niemals zu den Kaffeegesellschaften des Städtchens.“ (Z. 37) Sie achtet nicht auf Äußerliches und gesellschaftliche Übereinkünfte. Weder ist der Flickschuster, mit dem sie sich regelmäßig trifft, ein gesellschaftlich akzeptierter Umgang für sie (vgl. Z. 43), noch ist das Kino, das sie nun gerne besucht, ein Ort, an dem sich eine Frau wie sie aufhalten sollte (vgl. Z. 25–30). Sie setzt sich auch darüber hinweg, bestimmte verrufene Stadtviertel zu meiden (vgl. Z. 38–41). Die Seniorin ist unternehmungslustig und genießt ihre Freiheit, indem sie ins Kino geht (vgl. Z. 23/24), jeden zweiten Tag im Gasthof isst (vgl. Z. 44/45), eine Kutschfahrt organisiert (vgl. Z. 62/63) oder zum Pferderennen fährt (vgl. Z. 67–69). Auch zeigt sie sich hilfsbereit und sozial engagiert, indem sie sich um ein benachteiligtes Küchenmädchen kümmert und dieses unter anderem ins

Kino mitnimmt (vgl. Z. 77/78). In diesem zweiten Lebensabschnitt stellt die alte Frau ihre Bedürfnisse in den Mittelpunkt, ohne verschwenderisch zu sein (vgl. Z. 88).

3. Sprachliche Gestaltung des Textes

Wortwahl: veraltete, umgangssprachliche Ausdrücke

Mit der Beschreibung von Auffälligkeiten in der Wortwahl beginnt nun die sprachliche Analyse der Erzählung. Mit veralteten und zum Teil umgangssprachlichen Ausdrücken (z. B. „Lithografenanstalt", Z. 2; „Mannsleute", Z. 4/5; „Schleckereien", Z. 32; „Flickschuster", Z. 38, Z. 41; „Gottesacker", Z. 53) wird eine lebensnahe und authentische Darstellung der kleinstädtischen Situation am Beginn des letzten Jahrhunderts erreicht.

Verkleinerungen

Ähnlich wirken auch einige Verkleinerungen (Diminutive), wie zum Beispiel „Städtchen" (Z. 2, Z. 37), „Gässchen" (Z. 39), „Gesichtchen" (Z. 100).

anschauliche Adjektive und Partizipien

Anschauliche Adjektive und Partizipien verstärken die genaue und lebendige Beschreibung der Lebensumstände der alten Frau. Belege hierfür sind Bezeichnungen wie „wacklige[s] Haus" (Z. 4), „magere Frau" (Z. 6), „elende, schlecht gelüftete Lokale" (Z. 26/27), „schreienden Plakaten" (Z. 27/28), „hinausgeworfenes Geld" (Z. 33).

Fremdwörter

Fremdwörter treten vor allem bei der Beurteilung des Verhaltens der Großmutter auf. Sie besitzen eine ironische Wirkung im Gegensatz zum ansonsten einfachen Erzählstil und könnten als Kritik an der spießigen Einstellung der Menschen interpretiert werden, indem sie Formulierungen der Gesellschaft aufgreifen („rangierte", Z. 32/33; „respektabel", Z. 34, Z. 40; „Existenzen", Z. 40; „hysterisch", Z. 83; „amüsiert", Z. 86).

Berufs- und Verwandtschaftsbezeichnungen statt Namen

Namen kommen in der Erzählung nicht vor. An ihre Stelle treten Berufs- und Verwandtschaftsbezeichnungen wie „Buchdrucker" (Z. 15, Z. 20, Z. 21), „Flickschuster" (Z. 38, Z. 41, Z. 56), „Großmutter", „Großvater", „Kinder", „Mutter" (unter anderem Z. 1, Z. 13, Z. 21). Dadurch werden die Personen recht oberflächlich beschrieben, indem sie auf ein Rollenmerkmal reduziert werden. Das Gleiche gilt für die abwertenden Bezeichnungen „Krüppel" (Z. 76, Z. 80, Z. 96) und „halb Schwachsinnige" (Z. 74), die zusätzlich noch als Beleg einer menschenverachtenden Haltung dienen und auch als Kritik daran zu verstehen sind.

Redewendung

Die Redewendung „einen Narren an ihr gefressen" (Z. 77) verstärkt den volkstümlichen Charakter der Erzählung.

Metapher

Diese wird mit einer Metapher abgeschlossen („Brot des Lebens aufgezehrt", Z. 103), die ein starkes und anschauliches Bild der Lebenseinstellung der alten Frau entwirft.

Beim Satzbau fallen an mehreren Stellen (z. B. Z. 26–30, Z. 38–41) lange verschachtelte Sätze auf, die zur Darstellung der vielschichtigen gesellschaftlichen Vorgaben dienen, etwa der Bewertung von Kinobesuchen oder des Besuchs „verrufene[r] Gässchen“ (Z. 39). Die Einleitung von Sätzen mit den Konjunktionen „aber“ (z. B. Z. 16, Z. 18) oder „dafür“ (Z. 38) und die häufige Verwendung von „und“ sind typisch für einen mündlichen Erzählstil. Dies ist erst recht der Fall, wenn die Konjunktion „und“ am Satzanfang steht, wie in den Zeilen 31, 33, 67 und 81. Einige Ausrufe („Was für eine Nachricht!“, Z. 45/46; „Und unsere Anna hat kein Kommunionskleid!“, Z. 81/82) sollen die Empörung der Verwandtschaft darstellen. Vor dem Hintergrund des Geschehens wirken sie ironisch. Fragesätze und rhetorische Fragen, zum Beispiel in den Zeilen 47/48 und 61, beziehen die Leser*innen mit ein und wirken wie eine scheinbare Übernahme dieser Empörung durch den Erzähler. An einigen Stellen kommt schließlich wörtliche Rede zum Einsatz, wenn es darum geht, einen direkten Bezug zu den Personen herzustellen und ihren Charakter zu beschreiben. Dies geschieht bei der trockenen und distanzierten Schilderung der Lage der Grabstätte durch die alte Frau (vgl. Z. 54/55) oder im verzweifelten Brief des Buchdruckers an seine Geschwister (vgl. Z. 80–82).

Satzbau: lange, verschachtelte Sätze

häufige Verwendung von Konjunktionen, auch zur Einleitung von Sätzen

Ausrufe

Fragesätze und rhetorische Fragen

wörtliche Rede

Zusammenfassend ist festzustellen, dass der Text weitgehend von einem mündlichen Erzählstil geprägt und in einfacher, aber anschaulicher Sprache verfasst ist. Bei den handelnden Personen wird auf genaue Angaben, z. B. Namen, verzichtet. An einigen Stellen werden wertende Aussagen getroffen, etwa wenn es heißt, dass sich der jüngste Sohn eine viel zu große Familie zugelegt habe (Z. 11/12).

Erzählstil:

mündlicher Stil

einfache, aber anschauliche Sprache

wertende Aussagen

2012 war das „Europäische Jahr des aktiven Alterns und der Solidarität zwischen den Generationen“. Angesichts der immer älter werdenden Gesellschaft sollte man sich heute noch mehr als damals die Frage stellen, wie man das Verhältnis zwischen Jung und Alt verbessern kann.

4. Erörterung

Einleitung mit Themafrage

Eine sehr naheliegende Möglichkeit, das Verhältnis zwischen Jung und Alt zu verbessern, ist es, Hilfe im Alltag anzubieten. Für nicht wenige ältere Menschen sind verschiedene Tätigkeiten im Haushalt nur mit Mühe zu erledigen. So könnte man beispielsweise den Großeltern oder bekannten Seniorinnen und Se-

Argument 1: Hilfe im Alltag

nioren beim Einkaufen helfen oder bei schwereren Haushaltstätigkeiten, z. B. beim Wäsche aufhängen. Auch Hilfe bei der Gartenarbeit ist sicherlich gern gesehen. Zudem könnte die junge Generation dazu beitragen, dass alte Menschen mit den technischen Neuerungen besser zurechtkommen und zum Beispiel lernen, mit einem Mobiltelefon umzugehen, das im Notfall wichtig sein kann, um Hilfe holen zu können. Ein bedeutender Nebeneffekt einer solchen Hilfe ist auch, dass man wieder mehr zueinander in Kontakt kommt, mehr miteinander spricht und so auch als junger Mensch von den Erfahrungen der älteren Generation profitieren kann.

Argument 2: Gemeinsame Freizeitaktivitäten

Der Kontakt zwischen den Generationen sollte aber nicht nur aus Hilfeleistungen, sondern auch aus gemeinsamen Freizeitaktivitäten bestehen. Dies ist eine besonders gute Möglichkeit, das Verhältnis zueinander zu verbessern, da die positiven Erlebnisse und die gemeinsamen Erinnerungen daran Nähe zwischen allen Beteiligten schaffen. Wenn die Großeltern noch gesund genug dafür sind, könnte man sie beispielsweise in den Familienurlaub oder auf eine Wanderung mitnehmen. Es gibt aber auch zahlreiche Freizeitaktivitäten, die körperlich nicht so anstrengend sind. Ein Besuch im Kino, Tierpark oder Botanischen Garten ist meistens sogar mit einem Rollstuhl möglich.

Schluss

Allein an diesen beiden Beispielen sieht man, dass es viele unterschiedliche Möglichkeiten gibt, das Verhältnis zwischen Jung und Alt zu verbessern. Wenn man also etwas zur Verbesserung beitragen will, muss man sich nur eine davon aussuchen und sie entsprechend umsetzen.

5. Dialog

Buchdrucker lehnt das Verhalten der Mutter schärfstens ab

BUCHDRUCKER *(verächtlich)*: Na, erzähl, wie war dein Besuch bei unserer lieben Mutter? Wofür müssen wir uns neuerdings schämen?

BRUDER *(gelassen)*: Ich fand sie ganz munter und zufrieden vor. Soll sie doch ihr Leben jetzt so gestalten, wie sie es will.

hat kein Verständnis dafür, dass die alte Frau Geld ausgibt

BUCHDRUCKER *(aufgebracht)*: Ja, ja, mit unserem Geld!

BRUDER: Meinst du nicht, dass sie sich das verdient hat? Schließlich hat sie ihr Leben lang geschuftet und auf alles verzichtet, nur um uns und die Lithografenanstalt durchzubringen.

schämt sich für das Verhalten der Mutter

BUCHDRUCKER *(lauter werdend)*: Nein, meine ich nicht … solange sie sich und uns zum Gespött der Leute macht, solange sie ungehörige Dinge tut … pah, eine alte Frau im Kino! Und dann dieses Gesindel, mit dem sie sich abgibt! Jetzt sag schon, was sie wieder alles getrieben hat!

BRUDER *(beschwichtigend)*: Du übertreibst, sie schadet doch niemandem. Als ich sie besuchte, wollte sie gerade ausgehen …

BUCHDRUCKER: Was, ausgehen? Wenn ein Sohn sie besucht?! Siehst du, völlig unmöglich, respektlos!

BRUDER *(ruhig)*: Jetzt beruhige dich doch, sonst erzähle ich dir gar nichts mehr. Ich war schließlich nicht angemeldet und du kannst von niemandem verlangen, dass er zu Hause sitzt und wartet, bis mal jemand zu Besuch kommt. Du wohnst nur ein paar Gassen weiter und warst schon ewig nicht mehr dort!

BUCHDRUCKER *(trotzig)*: Weil ich mich schäme, bei ihr gesehen zu werden. Weil die Leute über sie reden.

BRUDER *(zunehmend gereizt)*: Jetzt hör mal auf mit deinem Gejammere und nimm es mit mehr Humor. Wir haben Rotwein getrunken und …

Bruder nimmt es mit Humor

BUCHDRUCKER *(triumphierend)*: Na bitte, sag ich es doch, Rotwein am helllichten Tag! Wie ihr guter Bekannter, der nichtsnutzige Flickschuster!

BRUDER *(lauter werdend)*: Unterbrich mich nicht mehr, mit keinem Wort, sonst erzähl ich nichts mehr. Vielleicht wäre das sogar besser, dann musst du dich nicht mehr so künstlich aufregen … Mutter und ich haben ihren geliebten Zwieback gegessen und sie erzählte mir, wie sehr sie es genieße, nicht mehr kochen zu müssen und sich stattdessen im Gasthof bedienen lassen zu können.

BUCHDRUCKER *(empört)*: Sich bedienen lassen! Gehört sich das für eine alte Frau? Was meinst du, was ich mir alles anhören muss in der Stadt!

BRUDER *(resignierend)*: Du musst dir gar nichts anhören. Gönn' unserer Mutter diese kleinen Freiheiten und sei ein bisschen gelassener, es ist ihr Leben.

BUCHDRUCKER *(schimpfend)*: Aber ich muss mich dafür schämen! Du wirst es schon noch sehen, sie bringt noch alles durch! Sie amüsiert sich doch auf unsere Kosten! Ich werde nicht tatenlos zusehen, vielleicht muss ich doch den Arzt zu ihr schicken.

BRUDER: Tu, was du für richtig hältst …

Bruder gibt resigniert nach

Jung und Alt können viel voneinander lernen und dadurch gegenseitig voneinander profitieren. Die Lebenserfahrung alter Menschen kann für die junge Generation ein großer Schatz sein. Ältere Menschen haben sich ein Leben lang erfolgreich im Beruf bewährt und können hieraus wichtige Erfahrungswerte und Erfolgsvoraussetzungen an die Jungen weitergeben. Außerdem haben die „Alten" in ihrem Leben verschiedenste Krisen bewältigt, sei es im zwischenmenschlichen Bereich oder bei Krankheiten. Diese Erfahrungen können eine große Hilfe bei der Bewältigung eigener Probleme sein. Die Jungen können ihrerseits einen wertvollen Beitrag dazu leisten, dass die ältere Generation „jung" bleibt und sich nicht aufs Abstellgleis abgeschoben fühlt. So können wir ältere Menschen an unserem Leben teilhaben lassen oder ihnen zum Beispiel die Möglichkeiten neuer elektronischer Kommunikationsformen näherbringen.

SCHLUSS

Möglichkeit, dass Jung und Alt viel voneinander lernen

Informationen des ISB Bayern

Weiterentwicklung der schriftlichen Abschlussprüfung im Fach Deutsch ab dem Schuljahr 2022/23

Ab dem Schuljahr 2022/23 wird den Schülerinnen und Schülern in der schriftlichen Abschlussprüfung aus den folgenden **drei Aufgabenbereichen** jeweils ein Thema zur Auswahl gestellt:

I. Materialgestütztes Argumentieren
II. Erschließen eines pragmatischen Textes
III. Erschließen eines literarischen Textes

Die Schülerinnen und Schüler bearbeiten das ausgewählte Thema in der zur Verfügung stehenden Arbeitszeit von 240 Minuten. Als Hilfsmittel ist ein Rechtschreibwörterbuch zugelassen.

Das Prüfungsbeispiel soll die weiterentwickelte Konzeption lediglich exemplarisch veranschaulichen. Es versteht sich von selbst, dass die konkrete Ausgestaltung der Aufgabenbereiche sowie Aufgabenstellungen und -formulierungen variabel sind.

Zu I. Materialgestütztes Argumentieren

In diesem Aufgabenbereich erörtern die Schülerinnen und Schüler sachlich fundiert und überzeugend ein Thema mithilfe unterschiedlicher vorgegebener Materialien (z. B. umfangreichere Auszüge aus journalistischen Texten, Büchern, Internetseiten, Schaubilder, Diagramme), die auf drei Seiten dargeboten werden, und beziehen dabei auch ihr eigenes Wissen sowie eigene Erfahrungen mit ein.
Die Anfertigung einer gesonderten Gliederung ist erforderlich.

Zu II. Erschließen eines pragmatischen Textes

In diesem Aufgabenbereich setzen sich die Schülerinnen und Schüler mit einem pragmatischen Text (z. B. Bericht, Reportage, Kommentar, Glosse) auseinander, den sie anhand von fünf Aufgabenstellungen erschließen:

1. **Inhaltszusammenfassung unter Berücksichtigung des Aufbaus des Textes**
2. **Untersuchen und Reflektieren der Sprache des Textes**
   Dies kann mit Blick auf den gesamten Text, einen bestimmten Textabschnitt, eine vorgegebene Anzahl sprachlicher Mittel/Auffälligkeiten oder ausgehend von einer vorgegebenen These (z. B.: „Jemand behauptet, der Verfasser schreibe in einer sehr anspruchsvollen Sprache. Welche Textbelege lassen sich für und welche gegen diese Behauptung anführen? Gehen Sie dabei auch auf die Wirkung der jeweiligen sprachlichen Mittel ein.“) erfolgen.

3. **Erschließen einer weiteren Besonderheit des Textes (z. B. Textsorte, mögliche Verfasserabsichten, Zielgruppen)**
   Um dem Besonderen des jeweiligen Textes gerecht zu werden, können Aufgabenstellungen dabei einen entsprechend textspezifischen Zuschnitt erhalten oder auch verschiedene Aspekte kombinieren (z. B.: „Weisen Sie nach, dass es sich um einen subjektiven, meinungsbetonten Text handelt. Berücksichtigen Sie dabei auch die möglichen Absichten des Verfassers.“ / „Was spricht dafür, den Text als Reportage einzuordnen, was dagegen? Begründen Sie.“).
4. **Begründete Stellungnahme (ca. 250 Wörter) zu einer Aussage des Textes oder einer Frage- bzw. Problemstellung, die der Text aufwirft**
5. **„Offenerer“ Schreibauftrag zum Text bzw. dessen Thematik**
   Zu den entsprechenden Schreibformen zählen insbesondere: erzählen, schildern, einen inneren Monolog verfassen, einen Tagebucheintrag verfassen, einen persönlichen Brief schreiben, einen Dialog schreiben.

Zu III. Erschließen eines literarischen Textes

In diesem Aufgabenbereich setzen sich die Schülerinnen und Schüler mit einem literarischen Text (z. B. Kurzgeschichte, Auszug aus einem Roman, einer Novelle, einer Erzählung, satirischer Text) auseinander, den sie anhand von fünf Aufgabenstellungen erschließen:

1. **Inhaltszusammenfassung**
2. **Untersuchen und Reflektieren der Sprache des Textes**
   Dies kann mit Blick auf den gesamten Text, einen bestimmten Textabschnitt, eine vorgegebene Anzahl sprachlicher Mittel/Auffälligkeiten oder ausgehend von einer vorgegebenen These (z. B.: „Der Autor schreibt in einem auffällig schildernden Stil. Beschreiben Sie die entsprechenden sprachlichen Mittel und deren Wirkung.“) erfolgen.
3. **Erschließen einer weiteren Besonderheit des Textes (z. B. Figurencharakterisierung, Textsorte, Zusammenhang zwischen Text, Entstehungszeit und Autorenbiografie)**
   Um dem Besonderen des jeweiligen Textes gerecht zu werden, können Aufgabenstellungen auch einen entsprechend textspezifischen Zuschnitt erhalten oder verschiedene Aspekte kombinieren (z. B.: „Der Romanauszug spielt in der Nachkriegszeit. Überprüfen Sie diese Aussage und erläutern Sie Ihr Ergebnis anhand entsprechender Textstellen.“ / „Der Autor erhielt für seine Romanreihe verschiedene Preise, unter anderem einen Schülerliteraturpreis. Erläutern Sie anhand dieses Auszugs, weshalb seine Romane so beliebt sind.“).
4. **Begründete Stellungnahme (ca. 250 Wörter) zu einer Aussage des Textes oder einer Frage- bzw. Problemstellung, die der Text aufwirft**

5. „Offenerer" Schreibauftrag zum Text bzw. dessen Thematik

Zu den entsprechenden Schreibformen zählen insbesondere: erzählen (z. B. eine Leerstelle füllen, einen Text fortsetzen, aus einer anderen Perspektive erzählen), schildern, einen inneren Monolog verfassen, einen Tagebucheintrag verfassen, einen persönlichen Brief schreiben, einen Dialog schreiben.

In den Aufgabenbereichen II und III ist die Anfertigung einer gesonderten Gliederung **nicht** erforderlich.

In allen drei Aufgabenbereichen gehören selbstverständlich auch eine **Einleitung und ein Schluss** zum Textganzen.

Thema 1
Materialgestütztes Argumentieren

Erörtern Sie mögliche Ursachen für mangelnde Zivilcourage in unserer Gesellschaft und zeigen Sie auf, wie Zivilcourage bei jungen Menschen gefördert werden kann.

Beziehen Sie die beigefügten Materialien sowie eigenes Wissen und eigene Erfahrungen sinnvoll in Ihre Argumentation ein. Wenn Sie Informationen aus den Materialien wörtlich oder sinngemäß übernehmen, müssen Sie dies in Ihrem Aufsatz angeben.

Material 1 **Medienmeldung vom 11. 04. 2018**

Hohe Auszeichnung für Nicklas Neubauer

Bad Kötzting. Ministerpräsident Markus Söder hat am Mittwoch die Bayerische Rettungsmedaille und Christophorus-Medaille in München verliehen. Er sagte: „Bayern dankt seinen Rettern für ihren selbstlosen Einsatz in größter Not, ihre Mitmenschlichkeit ist Vorbild für uns alle." Die Bayerische Rettungsmedaille wurde an 45 Lebensretter vergeben. Außerdem überreichte Söder an 54 Personen die Christophorus-Medaille. Einer davon war der 20-jährige Nicklas Neubauer. Er wurde Zeuge einer handgreiflichen Auseinandersetzung zweier Gruppen bei einer Diskothek in Bad Kötzting, wobei ein Mann zu Boden fiel und von einem anderen attackiert wurde. Neubauer forderte den Angreifer auf, damit aufzuhören, und wurde selbst von einem anderen Mann bewusstlos geschlagen.

Lob gab es auch von Landrat Franz Löffler: „Ihr selbstloser Einsatz ist ein herausragendes Beispiel für Zivilcourage und Verantwortungsbewusstsein", heißt es in einer Pressemitteilung des Landratsamtes.

Quelle: Hohe Auszeichnung für Nicklas Neubauer, Mittelbayerische Zeitung vom 11. 04. 2018, Bayerische Staatskanzlei, www.mittelbayerische.de/region/cham-nachrichten/hohe-auszeichnung-fuer-nicklas-neubauer-20909-art1636127.html

Material 2 aus einem Handbuch zur Gewaltprävention

Wie reagiere ich selbst eigentlich, wenn ...

- negative Vorurteile über andere verbreitet werden?
- eine Schülerin/ein Schüler bloßgestellt wird?
- ausländerfeindliche Witze erzählt werden?
- ein Erwachsener ein Kind schlägt?
- in einer Gruppe über Abwesende herabsetzend geredet wird?
- rechtsextreme Parolen verbreitet werden?
- ein Tier gequält wird?
- Andersdenkende beleidigt werden?

Quelle: Günther Gugel: Handbuch Gewaltprävention I, Tübingen 2010

Material 3 aus der Ankündigung einer Radiosendung vom 18. 09. 2017 zum Thema Zivilcourage

Warum aber geschieht es immer wieder, dass „Hilfeleistung unterlassen“ wird, dass Passanten nichts sehen oder nichts sehen wollen? Über diese Fragen hat die Autorin Jeannette Hagen ein Buch geschrieben: „Die leblose Gesellschaft“ – Untertitel: „Warum wir nicht mehr fühlen können“.

„Ich glaube, dass ein Hauptgrund ist, dass unsere Aufmerksamkeitsschwelle mittlerweile so weit verschoben ist, dass wir viele Dinge überhaupt nicht mehr an uns ranlassen – vieles ist völlig normal geworden, es ist ‚normal‘, dass Obdachlose auf der Straße liegen; es ist ‚normal‘, dass Flüchtlinge im Mittelmeer ertrinken. Das löst bei vielen überhaupt keine Emotionen mehr aus. Anderen sind die Gefühle regelrecht abtrainiert worden – wir kennen das aus der Erziehung, wir haben alle Sätze gehört wie: ‚Hab dich nicht so!‘ Es ist in unserer Gesellschaft nicht cool, Gefühle zu zeigen.“ (Jeannette Hagen)

Quelle: Jeannette Hagen: Zivilcourage, BR vom 18. 09. 2017

Material 4 aus einem Interview mit dem Münchener Sozialpsychologen Dieter Frey

ZDF: Worin unterscheidet sich Zivilcourage von einer Hilfeleistung?
Frey: Bei einer Hilfeleistung krieg ich positives Feedback von der ganzen Umgebung. Ich helfe einem Nachbarn oder einem Kranken, unterstütze mit Geld und alle sagen „prima". Bei der Zivilcourage ist das anders: Da gibt es einen Täter, der Unrecht tut, und es gibt ein Opfer und viele Menschen, die wegschauen. In einem solchen Fall ist es notwendig, dass ich aktiv werde, indem ich das Opfer schütze, den Täter möglicherweise neutralisiere und es der Polizei melde. Und das ist auch gefährlich. Oft bin ich in einer Minderheitsposition und bekomme nicht unbedingt Beifall für meinen Einsatz. Die Kunst ist nun, den Mut aufzubringen, da einzuschreiten.

ZDF: Wie kann man eine solche Bereitschaft stärken?
Frey: Indem man Menschen vermittelt, jeder ist dazu fähig und jeder sollte es auch machen. Dazu muss man Wissen transportieren und dieses auch in Rollenspielen veranschaulichen, beispielsweise wie geht man mit ausländerfeindlichen Äußerungen oder Mobbing am Arbeitsplatz um.

ZDF: Ist Zivilcourage also lernbar?
Frey: Aufgrund unserer Forschung eindeutig. Man braucht ein Grundwissen, was man tun könnte, was man tun sollte und was man auf keinen Fall tun sollte. Zum zweiten, wenn man dieses Wissen hat, muss man dieses üben, um Handlungskompetenzen zu erwerben. Solche Automatismen kann jeder lernen. Natürlich werden es eher Menschen lernen, die gleichzeitig ein Verantwortungsgefühl haben. Aber das Hochinteressante ist, wenn man Wissen und Handlungskompetenzen vermittelt, erhöht sich auch das Verantwortungsgefühl, bei Verletzung der Menschenwürde tatsächlich einzuschreiten.

ZDF: Warum sind wir auf Zivilcourage im Alltag angewiesen?
Frey: Ob vor Gericht, in Betrieben oder in der Familie: Es ist wichtig, dass engagierte Bürger ein wachsames Auge haben, wo Menschenwürde verletzt wird, und die dann einschreiten. Eine Demokratie ist auf Dauer nicht aufrechtzuerhalten, wenn wir nicht einen gewissen Prozentsatz solcher Menschen haben.

Quelle: Dieter Frey: Zivilcourage, ZDF.de

Material 5 **Gedicht**

Gründe

„Weil das alles nicht hilft
Sie tun ja doch was sie wollen
Weil ich mir nicht nochmals
die Finger verbrennen will
Weil man nur lachen wird:
Auf dich haben sie gewartet
Und warum immer ich?
Keiner wird es mir danken
Weil da niemand mehr durchsieht
sondern höchstens noch mehr kaputtgeht
Weil jedes Schlechte
vielleicht auch sein Gutes hat
Weil es Sache des Standpunktes ist
und überhaupt wem soll man glauben?
Weil auch bei den anderen nur
mit Wasser gekocht wird
Weil ich das lieber
Berufeneren überlasse
Weil man nie weiß
wie einem das schaden kann
Weil sich die Mühe nicht lohnt
weil sie alle das gar nicht wert sind"
Das sind Todesursachen
zu schreiben auf unsere Gräber
die nicht mehr gegraben werden
wenn das die Ursachen sind

Erich Fried (1921–1988)

Material 6 Zeichnung

Quelle: © Jan Reiser

Material 7 aus dem Strafgesetzbuch

§ 323c – Unterlassene Hilfeleistung
Wer bei Unglücksfällen oder gemeiner Gefahr oder Not nicht Hilfe leistet, obwohl dies erforderlich und ihm den Umständen nach zuzumuten, insbesondere ohne erhebliche eigene Gefahr und ohne Verletzung anderer wichtiger Pflichten möglich ist, wird mit Freiheitsstrafe bis zu einem Jahr oder mit Geldstrafe bestraft.

Material 8 **Ergebnisse psychologischer Forschung**

Helfen oder nicht?

Am 27. März 1964 druckte die New York Times einen der erschreckendsten Artikel in ihrer 155-jährigen Geschichte. Er begann mit dem Satz: „Mehr als eine halbe Stunde lang schauten 38 achtbare, gesetzestreue Bürger in Queens zu, wie ein Mörder eine Frau in Kew Gardens belästigte und auf sie einstach." Die Frau hieß Kitty Genovese. Sie war 28 Jahre alt und starb in dieser Nacht. Nach den Gründen für die Passivität befragt, gab einer später zu Protokoll: „Ich wollte da nicht hineingezogen werden."

Die beiden Psychologen John Darley und Bibb Latané wollten es genauer wissen: Waren diese Zuschauer alle schlechte Menschen, Monster? Was ist die Ursache für die Untätigkeit? Sie untersuchten Ende der 60er-Jahre die Prozesse, die ablaufen, wenn Menschen mit Notsituationen konfrontiert werden:

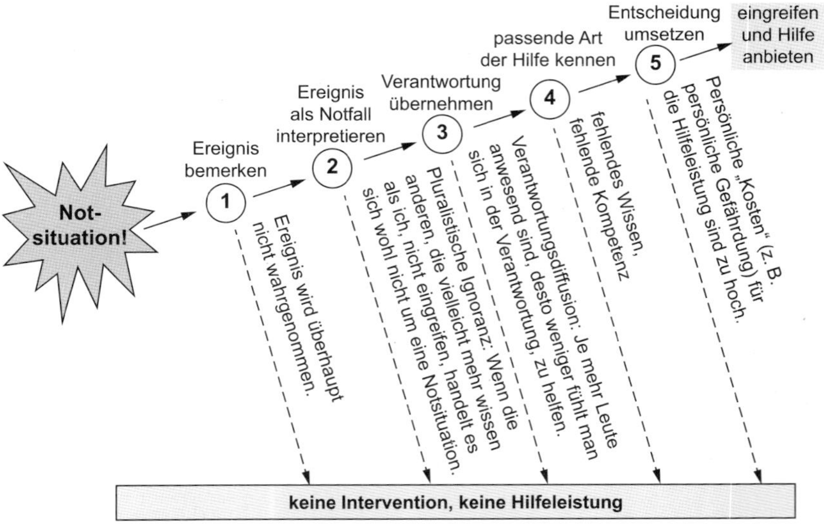

Quelle: hda: Wenn Forscher Crash-Test-Dummy spielen, SPIEGEL vom 10. 06. 2009, www.spiegel.de/wissenschaft/mensch/verrueckte-experimente-wenn-forscher-crash-test-dummy-spielen-a-627702.html
Grafik: eigene Darstellung nach: www.hasen.esslingen.de

Material 9 aus einer Linksammlung zum Thema Zivilcourage

step21
Initiative für Toleranz und Verantwortung

Mit seinem medienpädagogischen Programm bestärkt step21 seit mehr als zehn Jahren Kinder und Jugendliche darin, Selbstbewusstsein und Rückgrat zu entwickeln, um gegen Unrecht, Diskriminierung und Gewalt aufzustehen und als Vorbild in unserer Gesellschaft zu wirken. Kernelement sind Medienboxen sowie regionale, bundesweite und internationale Projekte, Aktionen und Begegnungen.

Schule ohne Rassismus – Schule mit Courage

ist ein Projekt des Vereins Aktion Courage e.V. Mindestens 70 Prozent aller Personen, die an einer solchen Schule lernen und arbeiten, erklären sich bereit, dass sie eingreifen, wenn an ihrer Schule Gewalt, diskriminierende Äußerungen oder Handlungen ausgeübt werden, und dass sie sich dafür einsetzen, in einer offenen Auseinandersetzung mit diesem Problem gemeinsam Wege zu finden, sich respektvoll zu begegnen.

Quelle: nach: step21 – Initiative für Toleranz und Verantwortung Jugend fordert! gGmbH; Logo: © Stiftung Jugend fordert! step21; nach: Schule-ohne-Rassismus.org; Logo: Schule ohne Rassismus – Schule mit Courage

Lösungsvorschlag

TIPP **Bearbeitungshinweise**

Erschließung des Themas
Bei dieser Aufgabe steht der Themabegriff „Zivilcourage" im Mittelpunkt. Eingeschränkt wird er durch das Attribut „mangelnd" und durch „in unserer Gesellschaft", wobei dies eigentlich eine starke Ausweitung darstellt, da die Gesellschaft etwas sehr Vielschichtiges ist. Der erste Erörterungsauftrag fragt nach den Ursachen mangelnder Zivilcourage in der Gesellschaft. Im zweiten Teil sollst du Möglichkeiten aufzeigen, wie Zivilcourage bei jungen Menschen gefördert werden kann.

Themabegriff	Zivilcourage
Einschränkung	mangelnde, in unserer Gesellschaft
Präzisierung	mögliche Ursachen dafür; Maßnahmen der Förderung bei jungen Menschen
Erörterungsauftrag zweigliedrig	1. Worin liegen mögliche Ursachen für mangelnde Zivilcourage in unserer Gesellschaft? 2. Mit welchen Maßnahmen kann sie bei jungen Menschen gefördert werden?

Eine genaue Auseinandersetzung mit dem vorgegebenen Material ist wesentlicher Teil der Stoffsammlung. Dabei ist es wichtig, zu überlegen, welche Informationen du für welchen Bereich deines Aufsatzes verwenden kannst.

Überlegungen zur Einleitung und zum Schluss
Überprüfe das Material auf seine Verwendbarkeit für einen sinnvollen Einleitungs- oder Schlussgedanken oder greife auf **eigene Erfahrungen** zurück, die du z. B. in der Schule gemacht hast. Es ist auch eine Kombination aus mehreren Materialaussagen möglich. Achte darauf, dass du in der Einleitung **keine Gründe vorwegnimmst**. Vielleicht besitzt du eigene Erfahrungen zum Thema aus dem Schulleben, dann nenne die Maßnahmen, die euch helfen sollen, Zivilcourage zu lernen. Auch eigene Erlebnisse mit fehlender, erlebter oder angewendeter Zivilcourage verhelfen dir zu einem überzeugenden Anfang oder Ende deines Aufsatzes.

Vorarbeiten für den Hauptteil
Neben einer genauen Materialauswertung unter der Vorgabe, daraus **Argumente für beide Themafragen** zu formulieren, solltest du die vorliegenden Texte gleichzeitig auf ihre **Verwendbarkeit für Begründungen und Beispiele** überprüfen und dies entsprechend markieren. Textstellen, Daten oder Aussagen, die du zitierst oder benutzt, müssen als **Zitate** gekennzeichnet werden. Überlege in einem letzten Schritt jeweils, ob du aus deinem **eigenen Wissen weitere Argumente** formulieren kannst. Eine Untergliederung der Argumente in einzelne Bereiche erscheint nicht notwendig.
Grundsätzlich wird erwartet, dass dem Aufsatz deutlich anzumerken ist, dass das Material gelesen, ausgewertet und sinnvoll verarbeitet wurde.

So könnte die **Auswertung der Materialien** aussehen:

Einleitung	Materialien 1, 2, 6, 8	• Situationen, in denen mutiges Handeln notwendig ist
	Material 4	• Worterklärung
	Materialien 5, 6	• aktueller Anlass
	Materialien 5, 8	• Zitate, mit denen du zum Thema hinführst
	Material 7	• Paragraf aus dem Strafgesetzbuch passend zum Themabegriff
Hauptteil 1. Themafrage	Material 3	• Abstumpfung durch Gewalt in den Medien • mangelndes Einfühlungsvermögen
	Materialien 4, 5, 8, 9	• Unsicherheit und mangelndes Selbstbewusstsein
	Material 5	• Gleichgültigkeit und Bequemlichkeit
	Materialien 5, 8	• Abschieben von Verantwortung • Angst, selbst zum Opfer zu werden
2. Themafrage	Material 1	• Preise und Ehrungen für vorbildliches Verhalten • Herausstellung von Vorbildern
	Materialien 1, 3	• Thematisierung in den Medien
	Material 2	• Überdenken des eigenen Verhaltens
	Materialien 3, 4	• Ziel der elterlichen Erziehung
	Material 9	• Projekte und Angebote an Schulen
Schluss	Materialien 1, 2, 6, 8	• Situationen, in denen mutiges Handeln notwendig ist
	Materialien 7, 9	• Notwendigkeit, Zivilcourage zu fördern

Gliederungsvorschlag

TIPP **Hinweis zur Gliederung**

Die **Gliederungspunkte** für Einleitung, Hauptteil und Schluss können je nach Vorgabe deiner Lehrkraft einheitlich in ganzen Sätzen oder im Nominalstil formuliert sein.

A. Fehlende Selbstverständlichkeit in der Gesellschaft, bei Bloßstellungen, Beleidigungen oder Angriffen einzugreifen

B. Erörterung von möglichen Ursachen für mangelnde Zivilcourage in unserer Gesellschaft und von Maßnahmen zur Förderung von Zivilcourage bei jungen Menschen

1 Mögliche Ursachen für mangelnde Zivilcourage in unserer Gesellschaft

1.1 Abschieben von Verantwortung
1.2 Unsicherheit und mangelndes Selbstbewusstsein
1.3 Gleichgültigkeit und Bequemlichkeit
1.4 Angst, selbst zum Opfer zu werden
1.5 Abstumpfung durch Gewalt in den Medien
1.6 Mangelndes Einfühlungsvermögen

2 Maßnahmen zur Förderung von Zivilcourage bei jungen Menschen

2.1 Projekte und Angebote an Schulen
2.2 Ziel der elterlichen Erziehung
2.3 Thematisierung in den Medien
2.4 Preise und Ehrungen für vorbildliches Verhalten
2.5 Herausstellung von Vorbildern
2.6 Überdenken des eigenen Verhaltens

C. Drohende Freiheitsstrafe bis zu einem Jahr bei unterlassener Hilfeleistung

Aufsatzbeispiel

> **TIPP** **Hinweis zur Randspalte**
>
> Die **Angaben am Rand** sind nicht Bestandteil des Aufsatzes, sondern dienen nur deiner Orientierung hinsichtlich Inhalt und Aufbau.

A. Einleitung

Unerschrocken und entschlossen einzugreifen, wenn jemand bloßgestellt, beleidigt oder angegriffen wird, ist in unserer Gesellschaft leider nicht selbstverständlich. Dabei gibt es viele Bereiche oder Situationen, in denen Zivilcourage angebracht wäre, sei es in der Schule, wenn jemand gemobbt wird, oder in der Öffentlichkeit, wenn jemand bedroht wird. Ebenso sollte man nicht den Blick abwenden, sondern reagieren, wenn Vorurteile verbreitet werden, ausländerfeindliche Witze erzählt werden oder eine erwachsene Person ein Kind schlägt – um nur einige Beispiele zu nennen (vgl. Material 2). Da viel zu viele Menschen in solchen Situationen wegschauen, muss man sich die Frage stellen, worin mögliche Ursachen für mangelnde Zivilcourage in unserer Gesellschaft liegen und mit welchen Maßnahmen sie bei jungen Menschen gefördert werden kann.

Überleitung

Themafrage als Aussagesatz

B. 1

1.1 Behauptung

Begründung

Beispiele

Die Ursachen können sehr vielschichtig sein. Viele Menschen schieben ihre Verantwortung, Schwächeren oder Bedrängten zu helfen, gerne ab. Denn es ist sicherlich unbequemer und mit einem gewissen Aufwand verbunden, sich seiner Verantwortung zu stellen und sich einzumischen. Gerade wenn mehr Menschen in einer Notsituation anwesend sind, fühlen sich die einzelnen weniger in der Verantwortung, zu helfen (vgl. Material 8). Im Gedicht „Gründe" von Erich Fried (Material 5) fallen einige Aussagen, die diesen Menschen als Ausreden dienen könnten, z. B. „Weil ich das lieber / Berufeneren überlasse" oder „Weil sich die Mühe nicht lohnt".

1.2 Behauptung

Begründung

Ein weiterer Aspekt, warum es in unserer Gesellschaft an Entschlossenheit und Mut mangelt, einzugreifen, liegt in der Unsicherheit zahlreicher Menschen und in ihrem mangelnden Selbstbewusstsein begründet. Einige wissen nicht, wie sie eingreifen sollen, bei ihnen sind also „fehlendes Wissen [und] fehlende Kompetenz" (Material 8) Grund für die unterlassene Hilfeleistung. Andere haben wiederum gar nicht die Selbstsicherheit, einen fremden Menschen auf sein Fehlverhalten anzusprechen. Oft befürchten sie auch, sich lächerlich zu machen („Weil man

nur lachen wird", Material 5), wenn sie ihren Unmut zum Ausdruck bringen. So könnte es z. B. sein, dass ein schüchternes Beispiel
Kind zwar gerne eingreifen würde, aber es sich einfach nicht traut, andere Kinder zurechtzuweisen, wenn diese schlecht über einen abwesenden Freund sprechen.
Daneben kommen Gleichgültigkeit und Bequemlichkeit als Ur- 1.3 Behauptung
sachen infrage. Offenbar ist es vielen Menschen egal, wie es Begründung
ihren Mitmenschen ergeht, und sicherlich ist es einfacher, sich
wegzuducken, als mutig Stellung zu beziehen, wenn z. B. eine Beispiel
Frau in der Öffentlichkeit von einem Mann belästigt wird. Bequemer ist es, sich zu sagen, dass „das alles nicht hilft" und „sich die Mühe nicht lohnt" (vgl. Material 5). Sich in einer solchen Situation schützend vor die Frau zu stellen, erfordert natürlich eine gewisse Entschlossenheit und vor allem Mut.
Neben all diesen Gründen für mangelnde Beherztheit spielt in- 1.4
dessen die Angst eine ganz wesentliche Rolle. Entweder ist es Behauptung
die Angst, in eine körperliche Auseinandersetzung hineingezo- Begründung
gen und verletzt zu werden (vgl. Material 8), oder die Sorge, sich anderweitig durch sein Eingreifen Ärger einzuhandeln („Weil ich mir nicht nochmals / die Finger verbrennen will", Material 5).
Ein Beispiel wäre das Mobbing in der Schule: Häufig greifen die Beispiel
Mitschüler*innen nicht ein, wenn ein Kind oder Jugendlicher von einigen Personen aus der Klasse gemobbt wird, weil sie Angst haben, dadurch selbst zum Mobbingopfer zu werden.
Die Ankündigung einer Radiosendung bringt eine weitere mög- 1.5
liche Ursache für mangelnde Zivilcourage ins Spiel. Die darin Behauptung
erwähnte Buchautorin Jeannette Hagen glaubt, „dass ein Hauptgrund [für die fehlende Zivilcourage] ist, dass unsere Aufmerksamkeitsschwelle mittlerweile so weit verschoben ist, dass wir viele Dinge überhaupt nicht mehr an uns ranlassen" (Material 3). Sie meint damit, dass wir abgestumpft und gleichgültig gegen-
über Leid und Gewalt geworden sind. Die Medien haben dabei Begründung
sicherlich eine Mitschuld, da dort Leid und Gewalt an der
Tagesordnung sind. Man braucht nur an die Bilder von im Mit- Beispiele
telmeer ertrinkenden Flüchtlingen in den Nachrichten oder an die vielen Krimis im Fernsehen denken. Sogar in Vorabendserien sind Gewaltszenen die Regel. Wenn man dann noch die vielen gewaltverherrlichenden Computerspiele dazunimmt, ist gut nachvollziehbar, dass die Gesellschaft abgestumpft ist und Notsituationen, in denen Zivilcourage erforderlich wäre, gar nicht mehr als solche wahrnimmt.

Schließlich ist auch mangelndes Einfühlungsvermögen als	1.6 Behauptung
Grund zu sehen – in der bereits erwähnten Ankündigung zu einer	
Radiosendung deutet Jeannette Hagen etwas Derartiges an.	
Denn wenn eine Situation bei einer Person „überhaupt keine	Begründung
Emotionen mehr aus[löst]“ und ihr „Gefühle regelrecht ab-	
trainiert worden“ sind (Material 3), liegt es auch nahe, dass sie	
nicht die Bereitschaft und Fähigkeit besitzt, sich in einen ande-	
ren Menschen einzufühlen. Diese Person wird auch viel eher	Beispiel
sagen, dass etwas „doch gar nicht schlimm“ war. Sie wird nicht	
auf die Idee kommen, dass sich jemand, der beleidigt oder	
herabgesetzt wird, verletzt fühlen könnte. Auch deswegen hören	
viele in unserer Gesellschaft beispielsweise bei verbaler Gewalt	
oder Diskriminierung einfach weg.	
Fragt man nach den Ursachen mangelnder Zivilcourage in unse-	Überleitung
rer Gesellschaft, muss auch die Frage beantwortet werden, mit	**B. 2**
welchen Maßnahmen sie bei jungen Menschen gefördert werden	
kann.	
Projekte an Schulen spielen dabei sicherlich eine zentrale Rolle,	2.1 Behauptung
da damit nicht nur viele Jugendliche erreicht werden können,	Begründung
sondern diese mit ihren erworbenen Fähigkeiten aktiv dafür ein-	
treten können, dass zum Beispiel das Schulklima verbessert wird	
oder gleich auf Mobbing oder Beleidigungen reagiert wird. Schü-	
lerinnen und Schüler können so direkt den Sinn und die Wirkung	
mutigen Handelns erkennen. In Material 9 werden zwei bekannte	Beispiel
Projekte vorgestellt. Im einen geht es darum, die eigene Schule	
zu einem Ort ohne Rassismus und mit Courage zu machen, das	
andere Projekt, „step21“, fördert das Selbstbewusstsein und	
Rückgrat von Kindern und Jugendlichen, damit sie sich trauen,	
Zivilcourage zu zeigen.	
Der wichtigste Lernort für Zivilcourage wurde bisher noch nicht	2.2
genannt: das Elternhaus. Den Eltern kommt bei der Erziehung	Behauptung
ihrer Kinder im Hinblick darauf eine entscheidende Rolle zu.	
Einerseits erfüllen sie eine wichtige Vorbildfunktion, wenn sie	Begründung
selbst durch mutiges Verhalten anderen Menschen in schwieri-	Beispiele
gen Situationen in der Öffentlichkeit helfen. Andererseits kön-	
nen sie ihre Kinder für Ungerechtigkeiten sensibilisieren und	
entsprechende Werte wie Toleranz, Offenheit und Gewaltlosig-	
keit einüben und festigen. Zudem hat die Erziehung Einfluss auf	
den Umgang mit Emotionen (vgl. Material 3) und damit auch	
auf die Entwicklung von Einfühlungsvermögen, was für Zivil-	

courage notwendig ist. Material 4 weist darauf hin, dass man Zivilcourage lernen kann. Die eigene Familie ist dafür sicher ein geeigneter Lernort.

Bei der Frage nach den Maßnahmen zur Förderung von Zivilcourage kommt auch den Medien eine zentrale Bedeutung zu. Die Thematisierung in Zeitungen und im Fernsehen ist dabei besonders wichtig, weil sie viele Menschen erreicht. Auch das Internet mit den sozialen Netzwerken und den zahllosen Blogs spielt eine große Rolle, indem es Berichte über couragiertes Handeln verbreitet, durch das Menschen vor verbalen oder gewalttätigen Übergriffen bewahrt werden konnten. Solche Berichte erzeugen nicht nur Mitgefühl, sondern auch Unverständnis und Wut über die Gewalt oder Scham, sodass die oder der Einzelne ihr oder sein Verhalten vielleicht ändert und in entsprechenden Situationen selbst Verantwortung übernimmt. Beispiele wie der Fall von Nicklas Neubauer (vgl. Material 1) und der Mord an der 28-jährigen Kitty Genovese (vgl. Material 8) können bei vielen Menschen die Notwendigkeit von Zivilcourage wieder ins Bewusstsein rücken.

2.3 Behauptung
Begründung
Beispiele

Auch durch Preise und Ehrungen für vorbildliches Verhalten kann man die Bereitschaft zur Zivilcourage bei jungen Menschen erhöhen. Zum einen wird dann davon in den Medien berichtet, zum anderen sehen die Menschen, dass Mut in der Gesellschaft ein positives Ziel ist, das entsprechend belohnt wird. Dabei muss es gar nicht um solch exklusive Ehrungen wie die Bayerische Rettungsmedaille (vgl. Material 1) gehen. Couragiertes Verhalten wird z. B. auch mit steigendem gesellschaftlichem Ansehen belohnt, welches wir alle gerne genießen.

2.4 Behauptung
Begründung
Beispiel

In engem Zusammenhang damit steht die Herausstellung von Vorbildern. Es ist gar nicht so wichtig, ob sie einen großen Namen besitzen, sondern ob sie in der jeweiligen Situation das Richtige getan haben, wo man selbst vielleicht gezögert hätte. Es müssen keine berühmten Vorbilder wie Mutter Theresa oder Sophie Scholl sein. Auch ganz normale Menschen wie Nicklas Neubauer (vgl. Material 1) können durch ihr mutiges und selbstloses Handeln zum Vorbild für andere junge Menschen werden.

2.5 Behauptung
Begründung
Beispiel

Nicht nur Vorbilder oder Berichte in den Medien oder Ehrungen und Preise führen dazu, dass die Zivilcourage wächst, man kann auch selbst etwas dazu beitragen. Im Alltagsleben sollte man sein eigenes Verhalten immer wieder überdenken. Es ist durchaus sinnvoll, sich Fragen zu stellen, wie sie z. B. in Material 2

2.6
Behauptung
Begründung
Beispiele

zu lesen sind und zum Nachdenken darüber anregen, wie man selbst reagieren würde, wenn eine Schülerin/ein Schüler bloßgestellt wird oder wenn ausländerfeindliche Witze erzählt werden. Dies stellt nicht nur eine Vorbereitung auf solche Situationen dar, sodass man dann nicht hilflos zusehen muss, sondern macht uns auch klar, in welchen Situationen unsere Zivilcourage gefragt ist.

C. Schluss

Laut Strafgesetzbuch droht bei unterlassener Hilfeleistung eine Freiheitsstrafe bis zu einem Jahr. Der entsprechende Paragraf umreißt auch genau die Bedingungen, wann unterlassene Hilfeleistung vorliegt, nämlich dann, wenn jemand bei einem Unglücksfall oder bei allgemeiner Gefahr oder Not nicht Hilfe leistet, obwohl es erforderlich und zumutbar ist (vgl. Material 7). Dies trifft genau auf jene Fälle zu, in denen wir uns über mangelnde Zivilcourage in unserer Gesellschaft beklagen. Unser Handeln sollte daher zum Wohle eines friedlichen und respektvollen Umgangs miteinander so funktionieren, dass der entsprechende Paragraf gar nicht benötigt wird.

Thema 2
Erschließen eines pragmatischen Textes

Text

Invasion der Luftquirle

Nirgendwo starten so viele Profi-Drohnen wie in Hamburg. Doch das dürfte erst der Anfang sein. Denn die Einsatzmöglichkeiten der fliegenden Augen sind für viele Branchen interessant. Nur Hobbypiloten machen immer mal wieder Ärger.

Von STEVE PRZYBILLA

Ein eisiger Wind pfeift in der Hamburger Hafencity. Timm Korth (41) knöpft die Jacke bis ganz oben zu. „Windstärke fünf ist für unseren *Oktopus* fast schon zu stark", sagt der Filmproduzent und blickt sorgenvoll in den Himmel. *Oktopus* ist ein selbst gebauter Multikopter mit acht Rotoren, 4,9 kg Gewicht und einer 20-Megapixel-Kamera. Ein Außenstehender würde das Gerät einfach als Drohne bezeichnen. Korth sagt: „Er ist eine ganz treue Seele." *Oktopus* hat schon viel erlebt. Er hat die Elbe überquert, Turbulenzen überstanden und sogar einen stehenden *Airbus A380* umrundet. Alles ganz legal, versteht sich, denn *Oktopus* ist mehr als ein Spielzeug. Er ist ein Arbeitsgerät. Ein fliegendes Auge. Seine Aufgabe: möglichst schöne und gleichzeitig präzise Luftbilder erstellen.

„Unsere Auftraggeber haben ganz genaue Vorstellungen davon, was sie wollen", sagt Korth. Zusammen mit seinem Geschäftspartner Marc Asmussen (42), einem gelernten Bauingenieur, Elektrotechniker und Modellflieger, hat

er vor drei Jahren ein Kleinunternehmen für professionelle Luftaufnahmen gegründet. Seither fotografieren sie aus der Luft – für Immobilienmakler, Projektentwickler und Konzerne, die ihre Produkte in Szene setzen wollen. Dabei überlassen sie nichts dem Zufall: Auf einem Bildschirm sieht Korth, was *Oktopus* sieht. Daneben ein Laptop, der alle Vitaldaten anzeigt: Höhe, Position, Beschleunigung, Stromverbrauch. Und natürlich die Fernsteuerung. Als kürzlich ein Vogel mit *Oktopus'* Rotoren kollidierte, geriet die Drohne kurz ins Schlingern. Doch Asmussen brachte den Flieger heil runter. Er kennt jede Schraube, jede Lötstelle. Er hat das Gerät selbst konstruiert.

Am Hamburger Himmel ist *Oktopus* längst nicht mehr allein. Im vergangenen Jahr erteilte die Luftverkehrsbehörde 618 Aufstiegsgenehmigungen. Das macht die Hansestadt zum Spitzenreiter in Deutschland. Wobei die Behörde nur die gewerblichen Starts erfasst. Wer die Geräte zum Privatvergnügen nutzt, eine Höhe von 30 Metern nicht überschreitet und sich von Flughäfen sowie anderen Sperrzonen fernhält, braucht keine Erlaubnis. Und genau da fangen die Probleme an.

„Ich finde diese Regelung ungerecht“, sagt Drohnen-Profi Korth. Zwar habe er mit den Behörden nur gute Erfahrungen gemacht. Doch ihn stört das Prinzip: „Letztens hat direkt neben mir ein Privatmann seine Drohne gesteuert. Ich musste meinen Start mit zehn Ämtern abklären, er mit keinem einzigen. Und am Ende hatte er genauso schöne Bilder.“ Korth ist überzeugt, dass auch Hobbypiloten ihre Bilder ins Internet stellen – auch wenn das aus Datenschutzgründen verboten ist. „Unter solchen schwarzen Schafen leiden wir alle“, klagt der Drohnen-Pilot. „Neulich ist sogar die Polizei angerückt, weil ein Anwohner dachte, wir filmen heimlich sein Wohnzimmer. Dabei hatten wir eine Genehmigung.“ Das konnte der Anwohner freilich nicht wissen, zumal sich Beschwerden häufen, seit Drohnen für weniger als 100 Euro im Baumarkt erhältlich sind. Heimliche Luftbilder der Nachbarin, die sich im Garten sonnt? Technisch längst möglich.

Die Hamburger Wirtschaftsbehörde hat noch andere Sorgen. Es gibt dort eine eigene Abteilung, die sich nur mit Drohnen beschäftigt. Harry Denz, der zuständige „Aerodrome Inspector“, sagt: „Die meisten halten sich an die Vorschriften. Aber es gibt eben diejenigen, die gerne mal das Cockpit eines landenden Flugzeugs filmen möchten.“ Auch solche Fälle hat es in Hamburg gegeben. Schon mehrmals haben Piloten den Tower vor Drohnen in der Einflugschneise gewarnt. Das Landeskriminalamt hat im Anschluss wegen gefährlichen Eingriffs in den Luftverkehr ermittelt, eine Straftat, die mit bis zu zehn Jahren Haft geahndet werden kann. Doch wenn die Polizei kommt, suchen die Hobbypiloten schnell das Weite.

Auf Bundes- und EU-Ebene wird bereits eine Gesetzesverschärfung diskutiert. In Zukunft müssten dann alle Drohnen – auch private – registriert werden, damit ihre Besitzer im Falle eines Verstoßes oder Unfalls auffindbar sind. Denz hält das für einen guten Weg, gerade auch, weil er die neue Technologie nicht verteufeln möchte. In Hamburg müssen Drohnen-Piloten schon heute beweisen, dass sie ihre Geräte im Griff haben. Wer zum ersten Mal eine Aufstiegserlaubnis beantragt, wird zum „Vorfliegen“ in die Wirtschaftsbehörde gebeten. Ein einheitlicher Drohnenführerschein, der auch staatlich anerkannt wird, existiert bisher nicht. Daher die Flugshow im Amt.

Auch der Handel spürt den Trend zum unbemannten Flugobjekt. Ein alteingesessenes Hamburger Modellflug-Geschäft hat eine eigene Abteilung nur für Drohnen eingerichtet. „Seit drei Jahren hat der Markt deutlich angezogen“, berichtet Inhaber Dirk Marquard. „Wir machen inzwischen 30 Prozent unseres Umsatzes mit Drohnen, wobei 80 Prozent die Geräte gewerblich nutzen.“ Die Technik, die früher nur Fachleuten und Bastlern vorbehalten war, ist nun für verschiedenste Branchen interessant – vom Landwirt, der seine Felder überprüft, bis hin zum Dachdecker, der nach Schäden sucht. Die gute Nachricht: Laut Marquard fliegt die neueste Generation von Profi-Drohnen nicht mehr einfach so in einen gesperrten Bereich. „Da sind alle Flugverbotszonen eingespeichert. Keines dieser Geräte wird sich einem Flughafen mehr als fünf Kilometer nähern."

Reinhard Gedack (64), ein ehemaliger Airbus-Ingenieur, denkt schon einen Schritt weiter. Auf dem Laptop zeigt er den Entwurf einer unbemannten Rettungsdrohne, die er möglichst bald auf den Markt bringen möchte. „Wir könnten sie einsetzen, um Personen aus brennenden Hochhäusern zu retten", sagt Gedack. Überhaupt sei der Bedarf groß und das Potenzial riesig. Schon heute könne man Windräder, Schornsteine und Hochwassergebiete per Drohne kontrollieren. „Was in Zukunft noch alles hinzukommt? Das werden wir sehen. Auf jeden Fall fängt die Entwicklung gerade erst an."

Quelle: Steve Przybilla: Invasion der Luftquirle, Süddeutsche Zeitung vom 27. 05. 2016 (Text zu Prüfungszwecken gekürzt und verändert)
Foto: Tyler Olson. Shutterstock (Das verwendete Foto entspricht nicht der Original-Aufgabenstellung, zeigt aber ein sehr ähnliches Motiv.)

Aufgabenstellung

Lesen Sie den Text „Invasion der Luftquirle" sorgfältig durch und bearbeiten Sie dann die folgenden Aufgaben.

1. Fassen Sie den Inhalt des Textes so zusammen, dass der Aufbau erkennbar wird.

2. Beschreiben Sie auffällige sprachliche Mittel und deren Wirkung in den Zeilen 9 bis 53.

3. Um welche Textsorte handelt es sich? Begründen Sie Ihre Entscheidung.

4. Manche fordern aufgrund der im Text erwähnten Probleme ein Verbot von privaten Drohnenflügen. Nehmen Sie dazu ausführlich (etwa 250 Wörter) Stellung.

5. „Was in Zukunft noch alles hinzukommt? Das werden wir sehen. Auf jeden Fall fängt die Entwicklung gerade erst an." (Z. 164–167) Erzählen Sie anschaulich, wie Sie in der Zukunft Transport- und/oder Personendrohnen in Ihrem Alltag benutzen.

Lösungsvorschlag

TIPP **Bearbeitungshinweise**

EINLEITUNG

Neben der Darstellung der Thematik des Textes bietet sich hier auch ein **eigenständiger Einleitungsgedanke** an, den du mit einer **Überleitung zum Thema** des Textes abschließt. In jedem Fall musst du in einem **Basissatz** die grundlegenden Informationen zum Text (Titel, Autor, Textsorte, Quelle, Thema) nennen. Möglichkeiten für einen eigenen Einleitungsgedanken sind z. B.:

- eigene Erfahrungen zum Thema Drohnen (Es gibt an manchen Schulen Multikopter-Arbeitsgemeinschaften.)
- persönliche Einstellung zum Thema Drohnen bezogen auf sinnvolle Verwendungsmöglichkeiten
- aktueller Bezug zu Berichten in den Medien über die Erprobung des Einsatzes von Drohnen zur Auslieferung von Paketen

HAUPTTEIL

1. Inhaltszusammenfassung und Textaufbau

Bei dieser Aufgabe wird eine Gliederung des Textes in **Sinnabschnitte**, die kurze Wiedergabe des Inhalts und die Darstellung des Textaufbaus, bei der du auch die jeweilige **Funktion** der Sinnabschnitte nennen musst, verlangt. Die Absätze können dir einen ersten Anhaltspunkt geben, wo neue Sinnabschnitte beginnen. Es kann aber auch sein, dass ein Sinnabschnitt mitten in einem Absatz anfängt, z. B. wenn ein neues Thema angesprochen wird oder eine neue Person auftritt (z. B. andere Interviewpartner*innen). Formuliere für jeden dieser Abschnitte eine inhaltlich passende Überschrift, mit der du erfasst, was im jeweiligen Textabschnitt geschieht. Die Zusammenfassung sollte in eigenen Worten und in zwei bis drei Sätzen pro Abschnitt erfolgen.

2. Sprachliche Mittel und deren Wirkung (Z. 9–53)

Ein wichtiger Bereich der Untersuchung ist hier zunächst die **Wortwahl**, also z. B. Auffälligkeiten bei bestimmten Wortarten (Adjektiven, Verben, Nomen) oder die Verwendung von Wörtern, die auf die Sprachebene hinweisen (Fremdwörter, umgangssprachliche Ausdrücke).
Beim **Satzbau** kannst du zunächst nach verschiedenen Satzarten oder -strukturen suchen (z. B. Satzgefüge) und deren Eigenschaften beschreiben. Beachte auch die Stilmittel des Satzbaus wie die Auslassung von Satzteilen (= Ellipse). Schließlich ist auch auf die rhetorischen Mittel bzw. **Stilmittel** einzugehen, die der Autor verwendet hat.
Bei der Untersuchung der Sprache musst du besonders auf die jeweilige **Wirkung** der sprachlichen Mittel achten und Textbelege nennen.

3. Textsortenbegründung
Beim Nachweis der Textsorte sollst du den vorliegenden Text mithilfe von **Textbelegen** einer Textsorte zuordnen. Achte dabei zuerst auf solche Merkmale, mit deren Hilfe du die journalistischen Textsorten grob voneinander unterscheiden kannst. Wurde das Thema rein objektiv (Bericht) oder auch aus subjektiver Perspektive (Kommentar, Glosse, Reportage) dargestellt? Handelt es sich eher um einen meinungsbildenden (Kommentar, Glosse) oder einen informierenden Text (Reportage, Bericht)? Konzentriere dich nach dieser groben Zuordnung auf die wesentlichen Merkmale der jeweiligen Textsorte und weise diese am Text nach.

4. Stellungnahme
Die Aufgabenstellung verlangt von dir eine Stellungnahme, also eine **argumentative Auseinandersetzung** mit dem vorgegebenen Thema. Dein erster Schritt zur Bearbeitung dieser Teilaufgabe ist es also, dir zum Thema eine eigene Meinung zu bilden. Anschließend sollst du deine Meinung zum Verbot von privaten Drohnenflügen formulieren und mithilfe von Argumenten (Behauptung, Begründung, Beispiel(en) und ggf. Abrundung) darlegen. Neben deinen eigenen Ideen sollst du auch auf Aussagen im Text zurückgreifen, da die im Text angesprochenen Probleme in der Aufgabenstellung erwähnt werden. Achte bei der Ausformulierung auch auf die **vorgegebene Wortanzahl** („etwa 250 Wörter“).

5. Erzählung
Ausgangspunkt für deine Erzählung ist der Schluss der Reportage ab Zeile 164. Du sollst darüber nachdenken, wie du in Zukunft Transport- und/oder Personendrohnen in deinem Alltag benutzen könntest. Deine Ideen sollst du in einer **anschaulichen Erzählung** darstellen. Das bedeutet, dass du die verschiedenen Nutzungsmöglichkeiten von Drohnen nicht einfach nur vorstellen, sondern sie in eine Geschichte einbauen sollst. Du kannst deiner Fantasie hier freien Lauf lassen und z. B. einen humorvollen Text schreiben, der die Leser*innen zum Schmunzeln bringt. In jedem Fall sollte dein Text mehrere Ideen enthalten, welche Aufgaben Drohnen in Zukunft haben könnten und wie sich dadurch dein oder unser aller Leben verändert. Die **Sprache** ist bei Erzählungen durch ausdrucksstarke Adjektive und Verben sowie die Verwendung der direkten Rede gekennzeichnet. Die Zeitform ist in der Regel das Präteritum und in der direkten Rede das Präsens.

SCHLUSS

Neben den nicht verwendeten Einleitungsgedanken kannst du z. B. auch folgende Ideen für einen passenden **Schlussgedanken** verwenden:

- eigene Meinung zur Reportage und zur Thematik des Textes
- Kritik an der „Drohnenschwemme“
- Ausblick auf zukünftige mögliche Einsatzgebiete von Drohnen
- Hinweis auf Gefahren für den Flugverkehr und Forderungen zur Vermeidung
- Hinweis auf den Datenschutz, der durch die Veröffentlichung von Luftaufnahmen von Privatgrundstücken verletzt wird
- begründeter eigener Wunsch, eine Drohne zu besitzen

Aufsatzbeispiel

TIPP **Hinweis zur Randspalte**

Die **Angaben am Rand** sind nicht Bestandteil des Aufsatzes, sondern dienen nur deiner Orientierung hinsichtlich Inhalt und Aufbau.

EINLEITUNG
Thematik des Textes, Basisinformationen zum Text

Die Reportage „Invasion der Luftquirle“ beschäftigt sich mit dem Trend, dass immer mehr Menschen Drohnen steuern, sowie den Gefahren, die sich daraus ergeben. Darüber hinaus geht sie auch auf sinnvolle Verwendungsmöglichkeiten und zukünftige Entwicklungspotenziale ein. Der Artikel erschien in der Süddeutschen Zeitung vom 27. 05. 2016 und wurde von Steve Przybilla verfasst.

HAUPTTEIL
1. Inhaltszusammenfassung und Textaufbau
Sinnabschnitt 1 (Z. 1–8)

Der Text beginnt mit einer Art Einleitung (Z. 1–8), die die Leser*innen zum Thema hinführt. Darin erfährt man, dass nirgendwo so viele Profi-Drohnen wie in Hamburg in die Luft steigen.

Sinnabschnitt 2 (Z. 9–29)

Im zweiten Sinnabschnitt (Z. 9–29) beschreibt Timm Korth, ein professioneller Drohnenpilot, seinen selbst gebauten Multikopter in seinen technischen Einzelheiten und seiner Verwendung für möglichst beeindruckende Luftaufnahmen.

Sinnabschnitt 3 (Z. 30–53)

Anschließend (Z. 30–53) geht es um Korths Firma, die er zusammen mit seinem Geschäftspartner Marc Asmussen gegründet hat, sowie um Einsatzmöglichkeiten, den Kundenkreis und die technische Ausrüstung seines Fluggeräts.

Sinnabschnitt 4 (Z. 54–91)

Im vierten Sinnabschnitt (Z. 54–91) wird erwähnt, dass die Zahl der gewerblichen Drohnenflüge in Hamburg deutschlandweit am höchsten ist. Drohnenpilot Korth beschwert sich auch darüber, dass die gesetzlichen Regelungen für professionelle Nutzer*innen im Vergleich zu denen für Privatpersonen zu streng seien.

Sinnabschnitt 5 (Z. 92–110)

Im darauffolgenden Textabschnitt (Z. 92–110) werden mögliche Gefahren durch Hobbypilotinnen und -piloten thematisiert. Harry Denz von der Hamburger Wirtschaftsbehörde beschreibt Fälle, die strafrechtlich geahndet werden, weil Flugzeuge durch Drohnen gefährdet wurden.

Sinnabschnitt 6 (Z. 111–128)

Im nächsten Sinnabschnitt (Z. 111–128) wird eine geplante Gesetzesverschärfung angesprochen. Denz befürwortet die angedachte Registrierungspflicht für alle Drohnen. Er achtet zudem jetzt schon darauf, dass alle Drohnenpilotinnen und -piloten ihr

Fluggerät beherrschen, bevor er ihnen zum ersten Mal die Aufstiegserlaubnis erteilt. Dafür lässt er sie in seinem Hamburger Amt sogar „vorfliegen“.

Sinnabschnitt 7 (Z. 129–151)

Im vorletzten Sinnabschnitt (Z. 129–151) geht es um wirtschaftliche Auswirkungen des Drohnen-Booms. Ladeninhaber Dirk Marquard gibt über die steigenden Umsätze in diesem Bereich, die auf die vielfältigen gewerblichen Verwendungsmöglichkeiten zurückzuführen sind, Auskunft. Zudem würden laut Marquard zukünftig technische Neuerungen ein Eindringen in Flugverbotszonen verhindern.

Sinnabschnitt 8 (Z. 152–167)

Der Text endet schließlich mit einem Ausblick in die Zukunft der Drohnen (Z. 152–167), indem Ingenieur Reinhard Gedack zukünftige Verwendungsmöglichkeiten der Flugobjekte darstellt und darauf verweist, dass die Entwicklung erst am Anfang stehe.

2. Sprachliche Mittel und deren Wirkung (Z. 9–53)

Wortwahl: anschauliche/bildhafte Ausdrücke

Untersucht man die Sprache in den Zeilen 9 bis 53, fallen im Bereich der Wortwahl zunächst die anschaulichen und bildhaften Ausdrücke am Anfang des Textes auf („Ein <u>eisiger</u> Wind <u>pfeift</u> in der Hamburger Hafencity“, Z. 9/10). Durch die genaue Detailschilderung mithilfe dieser Ausdrücke „zoomt“ der Autor in das Treffen mit den beiden Drohnenpiloten hinein (Zoomtechnik), wodurch die Atmosphäre, die dabei herrscht, für die Leser*innen nachvollziehbar wird.

Fachbegriffe

Die verwendeten Fachbegriffe (z. B. „20-Megapixel-Kamera“, Z. 17; „Turbulenzen“, Z. 22; „Vitaldaten“, Z. 45) verdeutlichen hingegen, dass sich der Autor Steve Przybilla eingehend mit der Thematik des Textes befasst hat, und erhöhen damit auch die Glaubhaftigkeit seiner Ausführungen.

umgangssprachliche Ausdrücke

Die vereinzelten umgangssprachlichen Ausdrücke, die er in den Text einstreut, z. B. „mal“ (Z. 8), „runter“ (Z. 51), dienen eher der Auflockerung.

Satzbau: kurze Sätze, Satzreihen, Parataxe

Betrachtet man den Satzbau des zu untersuchenden Textabschnitts näher, merkt man, dass die kurzen Sätze und Satzreihen (z. B. „Doch das dürfte erst der Anfang sein.“, Z. 3/4; „*Oktopus* hat schon viel erlebt.“, Z. 20/21; „Er ist ein Arbeitsgerät.“, Z. 26) sowie der parataktische Satzbau (= Aneinanderreihung von Hauptsätzen; vgl. Z. 1–11, Z. 26/27, Z. 50–53) dem Text mehr Tempo verleihen.

Ellipsen

Ähnliches gilt auch für die Ellipsen, z. B. „Seine Aufgabe:“ (Z. 27), „Daneben ein Laptop“ (Z. 44), die das Tempo im Text ebenfalls erhöhen und an den „Telegrammstil“ erinnern.

wörtliche Rede

Außerdem verwendet der Autor häufig wörtliche Rede (z. B. Z. 19/20, Z. 30–32), mit der er Aussagen, die von den Fachleuten getätigt wurden, direkt wiedergibt. Einen dieser Fachleute bzw. Interviewpartner stellt er im genannten Textabschnitt kurz und kompakt mithilfe einer Apposition („einem gelernten Bauingenieur“, Z. 34) vor.

Apposition

Der Textabschnitt weist aber auch einige Stilmittel auf – besonders dann, wenn es um die Drohne *Oktopus* geht. Mithilfe einer ersten Aufzählung („mit acht Rotoren, 4,9 kg Gewicht und einer 20-Megapixel-Kamera“, Z. 16/17) hebt der Autor Steve Przybilla zunächst die besonderen Eigenschaften des Multikopters hervor. Einige Zeilen später stellt er mit einer weiteren Aufzählung („für Immobilienmakler, Projektentwickler und Konzerne“, Z. 39/40) die Attraktivität der Luftbildaufnahmen heraus, bis er schließlich mit einer letzten Aufzählung („Höhe, Position, Beschleunigung, Stromverbrauch.“, Z. 45/46) den hohen technischen Anspruch der Drohne betont. Außerdem werden bei der Beschreibung der Drohne Metaphern verwendet: Die Formulierung „Ein fliegendes Auge“ (Z. 26/27) verweist auf die Leistungsfähigkeit der Kamera und „eine ganz treue Seele“ (Z. 20) verdeutlicht die Zuverlässigkeit des Multikopters. Bei letzterem Beispiel handelt es sich zudem noch um eine Personifikation. Diese und weitere Personifikationen („hat schon viel erlebt“, Z. 20/21; „was *Oktopus* sieht“, Z. 43/44; „Vitaldaten“, Z. 45) stellen die Drohne als Lebewesen dar und verdeutlichen damit, dass sie für den Besitzer mehr als nur ein technisches Gerät ist.

Stilmittel: Aufzählungen

Metaphern

Personifikationen

Der Zeitungsartikel „Invasion der Luftquirle“ lässt sich aufgrund zahlreicher Merkmale der Textsorte „Reportage“ zuordnen.

3. Textsortenbegründung

Die Vermutung, dass es sich um die genannte Textsorte handeln könnte, kommt bereits beim ersten Blick auf die äußeren Merkmale des Textes auf. So sind ein Vorspann (Z. 1–8), die Nennung des Autorennamens, die Verwendung eines Fotos sowie einer einprägsamen und auf Wirkung bedachten Überschrift typisch für eine Reportage.

typische Merkmale des Layouts

Auch die Aktualität der Thematik des Textes, der die Zunahme gewerblicher und privater Drohnenflüge am konkreten Beispiel der Situation in Hamburg schildert, verweist auf diese Textsorte.

aktuelles Thema

Zu diesem Thema liefert der Autor einerseits sachliche Informationen, z. B. über die Einsatzmöglichkeiten, die Technik und die Gefahren von Drohnen sowie die Gesetzeslage (vgl. z. B. Z. 14–17, Z. 38–41, Z. 102–108, Z. 111–117). Andererseits verknüpft er diese auch mit einer persönlichen Anmerkung („Heimliche Luftbilder […]? Technisch längst möglich.“, Z. 89–91) und drückt seine eigene Meinung durch die Zusammenstellung der

Kombination aus sachlichen Informationen zum Thema und Darstellung der subjektiven Meinung des Autors eher problematischen Gesichtspunkte zum Thema Drohnen aus. Diese Kombination aus sachlichen Informationen zum Thema und der Darstellung der subjektiven Meinung des Autors ist häufig bei Reportagen zu finden.

Zudem setzt der Autor die „Zoomtechnik“ (vgl. Z. 9–29) ein, was für eine Reportage ebenfalls typisch ist. Von eher allgemeinen Aussagen zum Thema im Vorspann wechselt er zu einer „Nahaufnahme“ ins Hamburger Hafenviertel, die den Einsatz einer Drohne durch den Firmeninhaber schildert. Anschließend verengt er den Blickwinkel noch weiter auf die genaue Beschreibung der Drohne *Oktopus* (vgl. Z. 14–29). Zoomtechnik

Auch der sogenannte Recherchestil ist ein Indiz dafür, dass es sich um eine Reportage handelt. Wie man an zahlreichen Stellen im Text erkennen kann, war der Autor zu Recherchezwecken selbst vor Ort. So sieht er dem Einsatz der Drohne zu und besucht verschiedene Experten zum Thema (vgl. z. B. Z. 9–29, Z. 30–53, Z. 67–91, Z. 92–128, Z. 129–151). Recherchestil

Auch die Tatsache, dass mehrfach Aussagen von Interviewpartnern in wörtlicher (z. B. Z. 19/20, Z. 30–32, Z. 67/68), aber auch in indirekter Rede (z. B. Z. 68–71, Z. 160–164) in den Text eingebaut werden, verweist auf die genannte Textsorte. wörtliche und indirekte Rede

Schließlich ist auch der Tempuswechsel, der immer wieder im Text stattfindet, ein Bestimmungsmerkmal der Reportage: Hauptsächlich verwendet der Autor das Präsens, z. B. bei Erläuterungen und Beschreibungen (z. B. Z. 9–11, Z. 38–47), bei Rückblicken wechselt er aber in das Präteritum (z. B. Z. 47–51, Z. 55–57) oder Perfekt (z. B. Z. 20–24, Z. 30–38). Tempuswechsel

Somit weist der vorliegende Zeitungsartikel zahlreiche typische Erkennungsmerkmale einer Reportage auf, weshalb es sich mit großer Wahrscheinlichkeit um diese Textsorte handelt.

4. Stellungnahme

Einleitung

Die im Text „Invasion der Luftquirle“ vom Verfasser Steven Przybilla angesprochenen Probleme mit privaten Drohnenflügen wiegen schwer. Dennoch bin ich der Meinung, dass sie nicht grundsätzlich verboten werden, sondern unter strengen Auflagen erlaubt sein sollten.

Behauptung 1

Hobbypilotinnen und -piloten sollten ihre Fluggeräte meiner Auffassung nach nur in unbebautem Gelände starten dürfen,

Begründung

weil sie sonst in die Privatsphäre der Anwohner*innen eindringen oder ihr Eigentum beschädigen könnten. Wenn Hobbypilotinnen und -piloten ihre Drohnen nicht sicher steuern können

Beispiel

oder zu niedrig fliegen, könnten sie z. B. versehentlich Schäden an Antennen auf Hausdächern oder anderem Eigentum der Anwohner*innen verursachen. Außerdem könnten sie Kameraaufnahmen von Personen, die sich in ihren Wohnzimmern oder Gärten aufhalten, machen. Das erzeugt nicht nur Ärger bei den Betroffenen, sondern kann auch aufgrund des Datenschutzes rechtliche Folgen haben, wenn diese Bilder ins Internet gestellt werden. Folge

Gerade private Drohnenpilotinnen und -piloten, die ihre Flüge nicht anmelden müssen, verstoßen außerdem manchmal gegen die Sicherheitsbestimmungen und fliegen in Flugverbotszonen ein, wodurch die Drohne zur Gefahr für den Luftverkehr wird. Behauptung 2

Dies ist beispielsweise der Fall, wenn jemand eine Drohne in der Nähe eines Flughafens aufsteigen lässt. Die Flugzeuge sind aufgrund des Start- oder Landevorgangs besonders gefährdet und fliegen auf einer niedrigen Höhe, die auch von Drohnen erreicht werden kann. Beispiel

Solche gefährlichen Eingriffe in den Luftverkehr können selten verfolgt werden, weil die Hobbypilotinnen und -piloten schnell flüchten und ihre Fluggeräte nicht registriert sind. Begründung

Deshalb würde ich dafür plädieren, dass alle Drohnen – unabhängig davon, ob sie gewerblich oder privat genutzt werden – angemeldet werden müssen und sämtliche Sperrzonen wie Flughäfen oder bebautes Gelände eingespeichert werden. Auf diese Weise kann man verhindern, dass Gefahren von den Drohnen ausgehen, und ihr Potenzial kann trotzdem gewerblich wie auch privat genutzt werden. *(279 Wörter)* Schluss

Eine Drohne kommt selten allein **5. Erzählung**

Endlich Ferien! Endlich raus aufs Land zu meinen Großeltern. Ich konnte es kaum mehr erwarten und bestellte mir eine Citydrohne, die mich über all die verstopften Straßen rechtzeitig zum Hauptbahnhof bringen sollte. Aber von wegen! Mein Gerät hatte eine ungerade Zulassungsnummer und heute war Dienstag, das war schlecht. Personendrohne im Stadtverkehr

Denn am Dienstag haben an jeder Luftkreuzung zunächst die Paketdrohnen und dann die Lieferdrohnen Vorfahrt – oder besser „Vorflug“. Meine Drohne reihte sich also in einen langen Stau an der ersten Luftkreuzung ein. Den winzigen Augenblick von zwei Stunden kam ich zu spät am Bahnhof an und hatte natürlich eine ganze Reihe von Zügen verpasst. Und wenn man kein Glück hat, dann kommt auch noch Pech dazu: Paket- und Lieferdrohnen

Irgendwo war die Bahnstrecke blockiert, weil eine Lastdrohne ihre Waschmaschinenladung irrtümlicherweise an einem Stellwerk Lastdrohnen und nicht beim Media-Markt abgeladen hatte. Doch dann überrannte mich das Glück förmlich, denn ich erhielt ein kostenloses Upgrade meines Zugtickets für den Flug mit einer Nahverkehrsdrohne. Jetzt brauchte ich nur noch die GPS-Daten meiner Großeltern eingeben und dann würde ich staufrei und zielgenau, quasi mit einer Punktlandung, wie es in der Werbung heißt, dort „abgeladen" werden. Fast – denn woher sollte ich auf die Schnelle die GPS-Daten wissen, wo ich doch eigentlich mit dem Zug fahren wollte? Einige langwierige Suchvorgänge bei irgendeinem Kartendienst später hatte ich tatsächlich die Daten. Nach der Eingabe und dem Anschnallen düste meine Drohne sofort los, um sich nach ein paar Kilometern mit einer haarsträubenden Linkskurve von der berechneten Route abzuwenden. Eine überfreundliche, also für die Situation völlig unpassende Computerstimme teilte mir mit, dass der Flug umgeleitet werden müsse. Die für die Strecke zuständige Wetterbeobachtungsdrohne habe einen leichten Regenschauer im Zielgebiet gemeldet. Deshalb würde ich zum nächstgelegenen trockenen Punkt gebracht werden. Das bedeutete jedoch fünf Kilometer Fußmarsch bis zum Haus meiner Großeltern, mittlerweile im strömenden Regen. Also machte ich mich auf den Weg, immer angestrengt den Himmel beobachtend, nicht wegen des Regens, sondern um schnell in den Straßengraben springen zu können, sobald ich hinter mir ein Summen höre. Denn Regen mag die Drohnensoftware immer noch nicht. Dann fallen sie runter.

Nahverkehrsdrohnen

Wetterbeobachtungsdrohne

Am Ende der Reportage wird zu Recht auf die Einsatzmöglichkeiten von Drohnen und auf das riesige Potenzial der zukünftigen Entwicklungen bis hin zur Rettungsdrohne verwiesen. Tatsächlich laufen bereits Tests mit Rettungsdrohnen, z. B. an der Ostsee, um in Not geratenen Schwimmerinnen und Schwimmern rasche Hilfe zukommen zu lassen. Auch die Paketzustellung mittels Drohne wird seit einer Weile erprobt. Drohnen sind also schon heute in vielen Bereichen sehr hilfreich. Es spricht daher nichts dagegen, das Potenzial von Drohnen gewerblich zu nutzen und weiterzuentwickeln. Gleichzeitig ist aber darauf zu achten, dass von ihnen keine Gefahren ausgehen, weshalb es für den Einsatz von Drohnen klare Regeln geben muss, die auch mit technischer Unterstützung, z. B. eingespeicherten Flugverbotszonen, umgesetzt werden sollten.

SCHLUSS

Ausblick

Hinweis auf Gefahren

Thema 3
Erschließen eines literarischen Textes

Text **Ingrid Noll: „Ehrenwort“ (Romanauszug)**

„Kopf oder Schwanz?“, fragte die Großmutter immer, wenn sie den Vanillepudding aus der Form gestürzt hatte und anschließend verteilte. Da Mizzi mit der Antwort schneller war als ihr kleiner Bruder, landete der Schwanz bei Max. Mit kindlicher Grausamkeit malte ihm seine Schwester aus, was da alles auf seinem Teller lag. Daraufhin verekelte Max ihr den Kopf: Im Maul steckte bestimmt ein Wurm, und erst die glotzenden Fischaugen! Die Eltern und die beiden Alten machten sich ungerührt über den Bauch her. Nachdem die Großmutter gestorben war, wurde die Fischform nicht mehr gebraucht, doch sie hing immer noch in der Küche. Mittlerweile wusste Max auch, was sich dahinter verbarg: der Schlüssel für den kleinen Tresor, der in den Tiefen des Küchenbuffets angeschraubt war. Noch heute, viele Jahre später, erinnerte sich Max bei jedem Besuch an Großmutters leckeren Vanillepudding und daran, wie es nach Zimt, Äpfeln und Zitronen duftete. Heute roch es leider anders, der Witwer lüftete kaum und rauchte ständig. Seit Max einen Führerschein besaß, war er für den Opa zuständig, tauschte Glühbirnen aus, mähte den Rasen oder brachte einen Luftpostbrief zur Post. Auch die an Altersschwäche gestorbene Katze hatte er beerdigt. Mit der Zeit kamen weitere Aufgaben hinzu. Nach vollbrachter Tat nickte der Alte immer wohlwollend, angelte den Schlüssel aus der Fischform, öffnete sein Schatzkästchen und zog einen einzelnen Geldschein aus dem dicken Stoß heraus. Er ging nur selten zur Bank und hob dann stets eine größere Summe ab. Meistens hatte sein Großvater einen lateinischen Spruch auf den Lippen, dessen Bedeutung Max mit der Zeit erfasste. Nicht zuletzt *pecunia non olet:* Auch Max fand, dass Geld nicht stank. Max wartete immer hoffnungsvoll auf dem grünen Küchensofa, das dort stand, seit er denken konnte. […] In seiner Kindheit war ein Besuch bei den Großeltern stets ein Abenteuer gewesen, inzwischen war es eher Pflicht oder, besser gesagt, ein lukrativer Job.

Schon immer wollte der Großvater seinem Enkel gefallen und redete mit ihm in beinahe vertraulichem Ton, auch wenn seine Sprache längst aus der Mode gekommen war. „Junge, ob du es glaubst oder nicht, ich war mal ein toller Hecht – so wie du –, und deine Großmutter eine kesse Biene!“

Max kannte das vergilbte Foto von Hecht und Biene. Willy in Uniform, Ilse im Dirndlkleid. Er streng und kantig, sie verträumt und hausbacken, alle beide dünn und hochgewachsen.

Meistens steckte ihm sein Opa 100 Euro fürs Benzin und für Zigaretten zu, weil sie unter Männern waren. Mit neunzehn hatte Max sich das Rauchen zwar weitgehend abgewöhnt, doch das brauchte der Großvater nicht unbedingt zu wissen. Eines Tages flog es beinahe auf: „Max, deine Mutter hat gesagt, du rauchst schon seit einem Jahr nicht mehr!“ Max wurde rot und stotterte: „Mütter wissen auch nicht alles …“ Der Alte grinste zwar verständnisvoll, rückte aber keinen einzigen Schein heraus. Und das ausgerechnet an jenem Tag, als Max ihm zum ersten Mal – mühselig und mehr schlecht als recht – die gelblich verfärbten, steinharten Zehennägel abgeknipst hatte.

Es kann verhängnisvoll sein, wenn man eine gewisse Summe fest eingeplant hat, weil man sie einem gnadenlosen Typen pünktlich abliefern muss. Nachdem Max recht verzweifelt das großväterliche Haus verlassen hatte, kehrte er noch einmal um. Schließlich wusste er, wo „Barthel den Most holt“. Einen Hausschlüssel besaß Max schon seit zwei Jahren. Der Opa hörte fast nie, wenn sein Enkel hereinkam, und falls doch, konnte er sich immer noch herausreden. Im Wohnzimmer lief der Fernseher, wie gewöhnlich unerträglich laut. Max angelte sich den Schlüssel aus der Puddingform, schloss den Tresor auf und bediente sich.

Einen Monat später erzählte ihm seine Mutter mit besorgter Miene, dass Opa *seine* Frau Künzle entlassen habe. Max wunderte sich nicht weiter darüber: In letzter Zeit sah es beim Großvater aus wie im Schweinestall. Doch dann erfuhr er, dass die Frau Geld gestohlen habe. Seine Mutter wollte das allerdings nicht recht glauben; sie dachte, der Alte hätte seine Moneten verlegt und die Haushaltshilfe zu Unrecht beschuldigt. „Das passiert in Altenheimen fast täglich“, sagte sie, „die Senioren können ihren Schmuck nicht finden, weil sie ihn unter der Matratze gebunkert haben, sie suchen vergeblich nach Fotos, Briefen oder Bargeld, erinnern sich nicht, wo sie es diesmal hingesteckt haben. Die Pflegerinnen sind an Verdächtigungen gewöhnt, aber Frau Künzle, die sich so viele Jahre lang für Oma und Opa abgerackert hat, ist bis ins Mark getroffen.“ Wenn das Geld noch in seinem Besitz gewesen wäre, hätte Max es heimlich wieder hingebracht. Seine Mutter meinte noch: „Wir müssen uns wohl bald einmal eine andere Lösung einfallen lassen.“ „Eine Polin“, schlug Max vor. „Bei seinen Vorurteilen gegenüber Ausländern? Aber du kannst ein gutes Werk tun“, meinte sie und schob ihrem Sohn einen Fünfziger hin, „und ihm den Korb mit Wäsche bringen. Vielleicht könntest du ihm auch sonst ein bisschen mehr unter die Arme greifen.“ „Man müsste mal die Wände weißeln“, sagte Max und dachte dabei an einen größeren Auftrag. Aber seine Mutter fand, es lohne sich nicht, im Grunde dürfe der Opa überhaupt nicht mehr alleine wohnen. „Okay“, sagte Max, „dann kann er ja in Mizzis Zimmer einziehen.“ Seine Mutter lachte nur. „Bring das mal deinem Vater bei!“ Der hoffte nämlich immer noch, dass seine Tochter ins elterliche Nest zurückkehren würde.

Quelle: Ingrid Noll: „Ehrenwort“, Diogenes Verlag Zürich, 2012, S. 5–9.

Informationen zur Autorin
Ingrid Noll, geboren 1935 in Shanghai, Autorin zahlreicher Romane, schreibt meist „bitterböse" Komödien über die Tücken des Lebens sowie die Höhen und Tiefen zwischenmenschlicher Beziehungen.

Informationen zum Roman
Nach einem Sturz und einem Krankenhausaufenthalt wird der fast 90-jährige Willy Knobel im Haus seines Sohnes aufgenommen und hauptsächlich von Enkel Max und Schwiegertochter Petra gepflegt, was mit allerhand Schwierigkeiten verbunden ist.

Aufgabenstellung

Lesen Sie den Auszug aus dem Roman „Ehrenwort" sorgfältig durch und bearbeiten Sie dann die folgenden Aufgaben.

1. Fassen Sie den Textinhalt zusammen.
2. Untersuchen Sie besonders auffällige sprachliche Mittel und beschreiben Sie deren Wirkung. Beschränken Sie sich auf sechs unterschiedliche Merkmale.
3. Charakterisieren Sie Max und seinen Großvater. Gehen Sie dabei auch auf deren Verhältnis ein.
4. Das Zusammenleben mehrerer Generationen unter einem Dach bringt Vor- und Nachteile mit sich. Legen Sie sich auf einen Standpunkt fest und erörtern Sie diesen (etwa 250 Wörter).
5. Max möchte später seinen Fehler wiedergutmachen. Welche Möglichkeiten könnte er in Betracht ziehen und wozu könnte er sich letztendlich entschließen? Verfassen Sie einen inneren Monolog.

Lösungsvorschlag

TIPP **Bearbeitungshinweise**

EINLEITUNG

Neben der Darstellung der Thematik des Textes ist auch ein **eigenständiger Einleitungsgedanke** möglich, den du mit einer **Überleitung zum Thema** des Textes abschließt. In jedem Fall musst du in einem **Basissatz** die grundlegenden Informationen zum Text (Titel, Autorin, Textsorte, Quelle, Thema) nennen. Die Möglichkeiten für einen eigenständigen Einleitungsgedanken sind hier eher begrenzt. Du könntest als Ausgangspunkt dein Verhältnis zu deinem Großvater oder zu den Großeltern darstellen oder Erfahrungen beschreiben, die du bei der Hilfe und Unterstützung für sie gemacht hast. Möglicherweise verfügst du auch über Erfahrungen mit dem Zusammenleben mehrerer Generationen unter einem Dach, die du in der Einleitung verarbeiten kannst.

HAUPTTEIL

1. Zusammenfassung des Inhalts

Eine Darstellung des Textaufbaus wird zwar nicht verlangt, aber es ist dennoch hilfreich, den Text in Sinnabschnitte zu gliedern und für jeden Abschnitt jeweils eine **Überschrift zu formulieren**. Diese sollte knapp wiedergeben, was im jeweiligen Absatz geschieht. Die Zusammenfassung sollte dann in eigenen Worten in zwei bis drei Sätzen pro Abschnitt geschehen.

2. Sprachliche Mittel und deren Wirkung

Untersuche die Sprache des Romanauszugs zunächst wie gewohnt und notiere dir alle sprachlichen Auffälligkeiten, z. B. hinsichtlich des **Satzbaus** (z. B. Satzstruktur, Satzarten), der **Wortwahl** (z. B. Fachbegriffe, Umgangssprache) oder der **rhetorischen Mittel** (z. B. Aufzählung, Metapher). Da dir in der Aufgabenstellung vorgegeben wird, dass du dich auf sechs unterschiedliche und „besonders auffällige“ Merkmale beschränken sollst, kannst du bei der Ausformulierung der Teilaufgabe auch kurz darauf eingehen, warum du dich für die von dir ausgewählten sechs Merkmale entschieden hast. Diese Überlegung hilft dir auch, diejenigen Merkmale aus deiner Auflistung herauszufiltern, die für den Text von besonderer Bedeutung sind.

3. Charakterisierung von Max und seinem Großvater

Für die Beschreibung des Charakters der handelnden Figuren (Max und sein Großvater) musst du sowohl die Textstellen auswerten, die direkt etwas über die **Persönlichkeitsmerkmale** oder **Stimmungen** der zu beschreibenden Person aussagen, als auch die, aus denen du entsprechende Eigenschaften ableiten kannst. Denke auch daran, am Ende der Charakterisierung auf das **Verhältnis** zwischen den beiden Figuren einzugehen.

4. Stellungnahme

Themabegriff der Aufgabe ist das „Zusammenleben mehrerer Generationen". Der **Erörterungsauftrag** besteht in der Frage nach den Vor- oder Nachteilen. Diese können auf die verschiedenen Generationen, also z. B. die Kinder, die Eltern und die Großeltern, bezogen werden oder generationenübergreifend sein. Bei einer Stellungnahme ist es wichtig, dass du von Anfang an deutlich machst, welche Meinung du zum Thema vertrittst. Nach einer genauen **Themaanalyse** entscheidest du dich also für eine von beiden Seiten (Vor- oder Nachteile) und machst zu dieser Seite des Themas eine kurze **Stoffsammlung**. Suche dir anschließend die zwei bis drei **Argumente** aus, die dir am wichtigsten erscheinen und die du gut veranschaulichen kannst. In der Regel dürften zwei bis drei ausführliche Argumente (mit Begründung, Beispiel(en) und eventuell Folge/Wirkung) genügen, um auf die vorgegebene Wortanzahl zu kommen (etwa 250 Wörter). Halte die Sprache sachlich, auch wenn du deine Meinung darstellst.

5. Innerer Monolog

Für die inhaltliche Gestaltung dieser Aufgabe ist zunächst eine **genaue Klärung der Aufgabenstellung** notwendig. Es heißt „möchte später seinen Fehler wiedergutmachen". Dieses „später" bezieht sich offensichtlich auf die Zusatzinformation zum Roman, in der es heißt, dass der Großvater ins Haus seines Sohnes zieht und hauptsächlich von Schwiegertochter und Enkel gepflegt wird. In dieser Situation soll sich jetzt der Enkel Gedanken machen, welche Möglichkeiten sich ihm bieten, seinen Fehler wiedergutzumachen. Außerdem soll er sich für eine der Möglichkeiten entscheiden. Man könnte den Inhalt des inneren Monologs also um das Verwerfen unterschiedlicher Möglichkeiten anlegen und dann nach Alternativen suchen, wie Max zumindest für sich eine Möglichkeit findet, sein Gewissen zu beruhigen. Das starke finanzielle Interesse des Enkels kann hier mit einfließen. Zu bedenken ist dabei, dass Max zwar einerseits ein schlechtes Gewissen hat, andererseits aber kein allzu stark ausgeprägtes Unrechtsbewusstsein besitzt. Außerdem musst du bei dieser Aufgabe darauf achten, dass du die Merkmale eines inneren Monologs erfüllst. Hierbei geht es in erster Linie um die anschauliche Darstellung der **Gedanken, Stimmungen und Empfindungen** einer Figur. Denke auch daran, das Sprachniveau dem Romanauszug anzupassen (einfacher und verständlicher Erzählstil). Weitere allgemeine Hinweise zum inneren Monolog findest du im vorderen Teil dieses Buchs.

SCHLUSS

Sofern du die genannten **Einleitungsvarianten** nicht verwendet hast, kannst du sie auch für einen Schlussgedanken benutzen. Zudem ist es möglich, das **Verhalten des Enkels** im Schluss in den Mittelpunkt zu stellen und es zu bewerten. Auch eine Darstellung eventueller **Schwierigkeiten und Probleme** im Zusammenleben von Jung und Alt und bei Pflegebedürftigkeit ist als Abschluss deines Aufsatzes geeignet. Du kannst dich auch allgemein mit der **Wichtigkeit von Werten**, wie Vertrauen, Ehrlichkeit und Verantwortung, für das Zusammenleben in der Familie auseinandersetzen.

Aufsatzbeispiel

TIPP **Hinweis zur Randspalte**

Die **Angaben am Rand** sind nicht Bestandteil des Aufsatzes, sondern dienen nur deiner Orientierung hinsichtlich Inhalt und Aufbau.

EINLEITUNG
Thematik des Textes, Basisinformationen zum Text

Der Auszug aus dem Roman „Ehrenwort" beschreibt einige Aspekte der Beziehung zwischen dem verwitweten Großvater und seinem Enkel, der sich um ihn kümmert. Der Großvater ist sehr an einem vertraulichen Verhältnis interessiert und gibt dem Enkel für seine Hilfe regelmäßig Geld. Als dieses ausbleibt, nimmt der Enkel unbemerkt Geld aus dem Tresor, was etwas später weitreichende Folgen hat. Die 1935 geborene Autorin Ingrid Noll hat zahlreiche Romane geschrieben, in denen sie sich meist den Widrigkeiten des Lebens und den positiven und negativen Seiten zwischenmenschlicher Beziehungen widmet. Der Roman ist 2010 beim Diogenes Verlag in Zürich erschienen.

HAUPTTEIL
1. Zusammenfassung des Inhalts
(Z. 1–25)

Max erinnert sich an die Besuche bei den Großeltern in seiner Kindheit und daran, wie seine Großmutter den Vanillepudding in Form eines Fisches immer aufgeteilt hat. Heute ist die Puddingform unbenutzt, da die Großmutter gestorben ist. Der Großvater ist mittlerweile auf Hilfe angewiesen, weshalb sich Max um ihn kümmert, seit er den Führerschein besitzt. Er erledigt Besorgungen sowie Aufgaben im Haushalt und bekommt vom Großvater dafür regelmäßig Geld. Dieses bewahrt der Großvater in einem Tresor auf, dessen Schlüssel hinter der Fischform versteckt ist, was der Enkel längst weiß.

(Z. 26–49)

Für Max entwickelt sich die Hilfe für den Großvater zu einer fast berufsmäßigen Pflicht, der Großvater hingegen bemüht sich um ein vertrauliches Verhältnis zum Enkel, indem er ihre gemeinsame Schwäche, das Rauchen, bei Max finanziell unterstützt. Als der Großvater durch Max' Mutter erfährt, dass dieser mit dem Rauchen aufgehört hat, bleiben die großzügigen Geldgeschenke aus. Dies bringt den Enkel in eine Zwangslage, weil er mit dem Geld offenbar Schulden zurückzahlen muss. Da Max einen Hausschlüssel besitzt, schleicht er sich ins Haus des Großvaters und stiehlt ihm Geld aus dem Tresor.

(Z. 50–60)

Später erfährt Max von seiner Mutter, dass der Großvater seine langjährige Haushaltshilfe Frau Künzle entlassen hat, weil er sie verdächtigt, das Geld gestohlen zu haben.

Weder kann Max seinen Fehler gutmachen, weil er das Geld nicht mehr hat, noch gesteht er seiner Mutter den Diebstahl. Im Gegenteil, er versucht die Überlegungen seiner Mutter, wie man den Großvater weiter unterstützen könnte, dahingehend zu beeinflussen, dass er davon finanziell möglichst stark profitiert. (Z. 60–71)

2. Sprachliche Mittel und deren Wirkung

Bei der Untersuchung der Sprache fallen sechs Merkmale in besonderer Weise auf, da sie den Erzählstil deutlich prägen oder optisch hervorgehoben sind.

einfache Satzgefüge oder Satzreihen

Der Textauszug weist insgesamt einen klaren, verständlichen und einfachen Sprachstil auf, der sich auch an den übersichtlich formulierten Satzgefügen und Satzreihen ablesen lässt. So verwendet die Autorin meist nur einfache Satzgefüge (z. B. Z. 2/3, Z. 3–5, Z. 8/9), welche die einfache Erzählweise und den ruhigen Erzählfluss unterstützen, oder reiht Hauptsätze aneinander (z. B. Z. 14/15, Z. 17–19, Z. 48/49). Dabei dienen die Satzreihen oftmals der knappen Darstellung von zum Teil routinemäßigen Handlungsabläufen.

sehr wenige Fremdwörter

Auch die Wortwahl ist einfach gehalten, da die Autorin nur sehr wenige Fremdwörter („lukrati[v]“, Z. 25; „Senioren“, Z. 56) verwendet.

umgangssprachliche Ausdrücke

Außerdem streut Ingrid Noll einige umgangssprachliche Ausdrücke aus verschiedenen Zeiten in den Text ein, wodurch deutlich wird, wie unterschiedlich die Lebenswelten der beteiligten Personen sind. So stellt sie beispielsweise altmodisch wirkende Formulierungen aus der Jugendzeit des Großvaters (z. B. „toller Hecht“, Z. 28; „kesse Biene“, Z. 29) bzw. der Mutter (z. B. „Moneten“, Z. 54; „gebunkert“, Z. 57) Ausdrücken aus der Gegenwart, die Max zuzuordnen sind (z. B. „Job“, Z. 25; „rückte […] heraus“, Z. 38/39; „Typen“, Z. 43; „weißeln“, Z. 67; „Okay“, Z. 69), entgegen.

wörtliche Rede

Trotz der einfachen Sprache wirkt der Text abwechslungsreich, wofür unter anderem die wörtliche Rede (z. B. Z. 28/29, Z. 36–38, Z. 55–60) sorgt. Diese wird zum Teil an Schlüsselstellen (Thema „Rauchen“), die für den Fortgang der Geschichte entscheidend sind, verwendet, und hebt sie damit hervor.

bildhafte, aussagekräftige Ausdrücke

Auch die bildhaften und aussagekräftigen Ausdrücke, z. B. „kindlich[e] Grausamkeit“ (Z. 3/4), „verekelte“ (Z. 5), „glotzend[e] Fischaugen“ (Z. 6), „in den Tiefen des Küchenbuffets“ (Z. 10) und „Spruch auf den Lippen“ (Z. 20/21), tragen zur Abwechslung bei. Darüber hinaus stellen sie einen Gegensatz zur insgesamt recht einfachen Wortwahl dar und heben die Kindheitserinnerungen im Vergleich zur Gegenwart als etwas Besonderes heraus.

Kursivschreibung

Neben diesen für den Erzählstil prägenden Merkmalen fällt die Kursivschreibung von zwei Textstellen vor allem optisch auf, wodurch die Formulierungen stärker in den Fokus der Aufmerksamkeit rücken. Zum einen wird die lateinische Redensart „pecunia non olet" (Z. 21/22), die einerseits auf die Bildung des Großvaters verweist und andererseits auf das später folgende Problemthema „Geld" vorausdeuten könnte, durch die kursive Schrift hervorgehoben. Zum anderen wird das Possessivpronomen „seine" (Z. 50) kursiv gesetzt, was die Sonderrolle der Haushälterin als jahrelange treue Hilfe betont und damit die Tiefe des scheinbaren Vertrauensbruchs verdeutlicht.

3. Charakterisierung von Max und seinem Großvater

Aus dem Romanauszug lassen sich einige Merkmale zur Charakterisierung von Max, seinem Großvater und dessen Verhältnis zueinander herauslesen oder ableiten.

Charakterisierung von Max

So wird klar, dass Max ein junger erwachsener Mann ist („Mit neunzehn hatte Max", Z. 34), der alt genug ist, um einen Führerschein zu besitzen (vgl. Z. 13/14). Trotz seines Erwachsenenalters wohnt er aber vermutlich noch bei seinen Eltern. Seine ältere Schwester ist hingegen bereits von zu Hause ausgezogen (vgl. Z. 69–71). Für seinen Großvater erledigt Max alltägliche Arbeiten (vgl. Z. 13–16) und übernimmt auch unangenehme zusätzliche Aufgaben („Und das ausgerechnet [...] Zehennägel abgeknipst hatte.", Z. 39–41). Dabei scheint es ihm jedoch weniger um das Wohl seines Großvaters als vielmehr um finanzielle Vorteile zu gehen („doch das brauchte der Großvater nicht unbedingt zu wissen", Z. 35; „Auch Max fand, dass Geld nicht stank", Z. 22; „dachte dabei an einen größeren Auftrag", Z. 67). Das Thema „Geld" spielt für ihn auch in anderer Hinsicht eine Rolle, da er offenbar finanzielle Verpflichtungen zweifelhafter Herkunft hat (vgl. Z. 42/43). Max ist deswegen so verzweifelt, dass er sogar seinen eigenen Großvater bestiehlt. Sein Unrechtsbewusstsein scheint somit nicht sehr ausgeprägt zu sein („Nachdem Max recht verzweifelt", Z. 43/44; „Max [...] bediente sich." Z. 48/49). Nur an zwei Stellen im Text wird möglicherweise ein schlechtes Gewissen bei Max spürbar, nämlich als er von seinem Großvater darauf angesprochen wird, dass er ihm verheimlicht hat, mit dem Rauchen aufgehört zu haben („Max wurde rot und stotterte", Z. 37), und als Max erfährt, dass die Haushälterin Frau Künzle fälschlicherweise des Diebstahls beschuldigt wird („[…] hätte Max es heimlich wieder hingebracht", Z. 60/61).

Charakterisierung des Großvaters

Der Großvater hat alterstypische gleichförmige Verhaltensweisen entwickelt (vgl. z. B. Z. 16–20), ist verwitwet (vgl. Z. 13) und spätestens seit dem Tod seiner Frau auf Hilfe im Alltag angewiesen (vgl. z. B. Z. 13–16). Seine Unselbstständigkeit nimmt offenbar auch immer weiter zu, sodass er zu verwahrlosen droht (z. B. „lüftete kaum", Z. 13; „die gelblich verfärbten", Z. 40; „wie im Schweinestall", Z. 52; „im Grunde dürfe der Opa überhaupt nicht mehr alleine wohnen.", Z. 68/69). Die Hilfe der Haushälterin Frau Künzle war also dringend notwendig. Da der Vorschlag, eine polnische Pflegekraft oder Haushaltshilfe einzustellen, mit den Worten „Eine Polin […]. Bei seinen Vorurteilen gegenüber Ausländern?" (Z. 63) gleich wieder verworfen wird, wird deutlich, dass der Großvater Vorbehalte gegenüber Ausländerinnen und Ausländern hat.

ihr Verhältnis zueinander

Der Großvater vertraut Max so sehr, dass aus seiner Sicht nur die Haushälterin für den Diebstahl des Geldes verantwortlich sein kann (vgl. Z. 50–53). Auch in der Vergangenheit war der Großvater um ein vertrauliches Verhältnis zum Enkel bemüht („Schon immer wollte der Großvater seinem Enkel gefallen", Z. 26). Im Gegensatz zur Kindheit sind für Max die Besuche beim Großvater jedoch nur noch „Pflicht" und ein „Job", der in finanzieller Hinsicht interessant ist (vgl. Z. 23–25). Der Großvater glaubt hingegen an ein gutes und enges Verhältnis zwischen ihm und seinem Enkel (vgl. Z. 26–28, Z. 33/34). Max kann mit der Vertraulichkeit seines Großvaters aber offenbar nicht viel anfangen (fast verächtliche Kurzbeschreibung des Fotos, vgl. Z. 30–32); die finanziellen Vorteile, die sich daraus ergeben, nimmt er jedoch gerne an. Deshalb verschweigt er auch, dass er gar nicht mehr raucht (vgl. Z. 34/35). Das Verhältnis zwischen Großvater und Enkel kann daher insgesamt als ungleich bezeichnet werden, da sein Großvater mehr Zuneigung zeigt als Max (vgl. Z. 26–28). Dennoch basiert das Verhältnis auf gegenseitigem Vertrauen im Zusammenhang mit Max' zuverlässiger Hilfe. Doch dieses Vertrauen nutzt der Enkel schließlich dreist aus, indem er sich den Schlüssel zum Tresor „angel[t]" (Z. 48) und sich ungefragt am Geld des Großvaters bedient.

In den Zusatzinformationen zum Roman „Ehrenwort“ von Ingrid Noll wird erwähnt, dass der Großvater nach einem Sturz bei seinem Sohn aufgenommen und von Max und seiner Mutter gepflegt wird. Das Zusammenleben mehrerer Generationen unter einem Dach hat meiner Meinung nach aber nicht nur im Roman, sondern auch in der Realität viele Vorteile.

4. Stellungnahme

Einleitung

Einen besonders wichtigen Vorteil sehe ich darin, dass sich die verschiedenen Generationen gegenseitig bei der Lebensführung und im Haushalt unterstützen können, da sie unter demselben Dach wohnen und Hilfe somit schnell verfügbar ist. Während die Eltern arbeiten, können die Großeltern beispielsweise auf die Kinder aufpassen. Brauchen die Großeltern hingegen Unterstützung bei körperlich anstrengenderen Tätigkeiten im Haushalt, z. B. staubsaugen, so können die jüngeren Generationen diese Arbeiten für sie übernehmen. Diese gegenseitige Hilfe erleichtert demzufolge allen Bewohnerinnen und Bewohnern des Mehrgenerationen-Haushalts die eigene Lebensführung.

Argument 1: Gegenseitige Unterstützung bei der Lebensführung und im Haushalt

Neben der gegenseitigen Unterstützung bei den alltäglichen Dingen und im Haushalt trägt das Zusammenleben mehrerer Generationen unter einem Dach, wie ich finde, auch zu Einsparungen in den Lebenshaltungskosten bei. Denn es macht einen erheblichen Unterschied, ob sowohl die Eltern als auch die Großeltern Miete zahlen müssen und jeder für sich die Kosten für Heizung, Warmwasser, Strom etc. tragen muss. Entscheiden sich mehrere Generationen, zusammen ein Haus zu beziehen, bietet das den Vorteil, dass sie sich die Kosten teilen können. Dies ist besonders dann interessant, wenn es sich um den Bau eines neuen Hauses oder den Kauf einer Immobilie handelt. Auch Einkaufen kann für alle gemeinsam erledigt werden und ist somit zeitsparender. Wird dann noch für alle gekocht, was zum Beispiel die Großeltern übernehmen können, spart dies wiederum Geld und außerdem Zeit.

Argument 2: Aufteilung der Lebenshaltungskosten

Dies sind nur zwei Vorteile von zahlreichen weiteren positiven Aspekten, die ein Zusammenleben mehrerer Generationen unter einem Dach mit sich bringt. Diese Vorteile allein sind meiner Ansicht nach aber schon so groß, dass es sich für viele Familien lohnen dürfte, ernsthaft über dieses Wohn- und Lebenskonzept nachzudenken. *(312 Wörter)*

Schluss

Ein Gutes hat es ja, dass Großvater nun bei uns ist. Ich komme wieder zusätzlich zu Geld, wenn auch nicht von ihm. Mutter gibt mir einen Anteil von dem, was sie von ihm fürs Essen und alles andere bekommt. Es wird ja immer mehr, was er nicht selber tun kann, und er wird immer gebrechlicher und grantiger. Die Sache von damals liegt mir schwer im Magen, jedes Mal, wenn ich ihn sehe, erinnere ich mich daran. Und ich sehe ihn oft, sehr oft … Was hätte ich damals machen können? Ihn anbetteln und erzählen, dass ich Schulden habe, so unter Männern? Dass mir der Typ mit Schlägen drohte, wenn ich nicht pünktlich meine Spielschulden abstottere?

5. Innerer Monolog

Bezug zur aktuellen Situation

Erinnerung an die damalige Situation

Jetzt wäre das Geld da, ich könnte es zurücklegen. Er hätte sich einfach andauernd verrechnet … Ja, wie dumm wäre das denn! Opa ist noch ganz klar im Kopf, woher soll plötzlich das Geld kommen? Dann könnte ich es ja auch gleich gestehen. Außerdem, den Tresor gibt es nicht mehr, Opas Haushalt ist aufgelöst, das Haus wird verkauft.

Verwerfen der Möglichkeit, das Geld heimlich zurückzugeben

Ja genau, du gestehst einen Diebstahl! Klar! Genial! Und das einem alten, pflegebedürftigen Menschen, der dir vertraut und der dir hilflos ausgeliefert ist. Der auch noch deswegen seine treue Haushaltshilfe entlassen hat. Deren Geschrei mag ich mir gar nicht vorstellen, die erfährt das ja garantiert. Also, spar dir das Geld für den Urlaub. Und – Mensch, spar dir auch die Wahrheit. Das macht alles nur noch schlimmer. Für Großvater, für mich …! Das zieht mich dann erst recht runter. Und mein Vater zeigt mich glatt an und meine Mutter heult dann wieder den ganzen Tag herum.

Verwerfen der Möglichkeit, den Diebstahl zu gestehen

Es muss doch einen Ausweg geben, der mein Gewissen beruhigt und dem Alten nicht wehtut! … Ja, jetzt, das ist es! Ich arbeite das Geld einfach ab. Opa kommt kaum raus an die frische Luft. Ich werde ihm vorschlagen, jeden Nachmittag, wenn ich von der Arbeit komme, mit ihm eine halbe Stunde im Park eine Runde zu drehen. Naja, eigentlich müsste es heißen zu schieben, den Rollstuhl nämlich. Wenn ich die halbe Stunde – virtuell – mit 10 Euro verrechne, dann sind das dreißigmal und ich hab's abgearbeitet. Und wenn er mir dafür ab und zu Geld gibt, dann mach ich's halt länger. Hauptsache, ich werde dieses blöde Gefühl endlich los.

Entschluss, seine Schulden und seine Schuld durch Spazierfahrten abzuarbeiten

SCHLUSS

Bewertung von Max' Verhalten

Für den Enkel ergeben sich nach dem Einzug des Großvaters eigentlich keine sinnvollen Möglichkeiten, den Diebstahl wiedergutzumachen oder den Vertrauensbruch zu gestehen. Der entscheidende Fehler war dabei natürlich, dass er im Gelddiebstahl die einzige Lösung seiner finanziellen Probleme sah. Dieser Vertrauensbruch wiegt an sich zu schwer, um ihn wiedergutzumachen. Mit dem Einzug des Großvaters ins Haus seiner Eltern sehe ich erst recht keine Möglichkeiten mehr, irgendetwas daran zu ändern, ohne dass die lange unterdrückte Wahrheit nicht noch schlimmere Konsequenzen hätte, weil sie den Großvater in einer weitaus hilfloseren Situation trifft.
Max wird wohl mit seiner ungesühnten Schuld leben müssen. Vielleicht bleibt bei ihm die nachhaltige Erkenntnis für sein Leben zurück, Vertrauen niemals zu missbrauchen und niemals mehr einen Menschen zu bestehlen.

Abschlussprüfung an Realschulen
Deutsch 2023

Um dir die Prüfung 2023 schnellstmöglich zur Verfügung stellen zu können, bringen wir sie in digitaler Form heraus.

Sobald die Original-Prüfungsaufgaben 2023 freigegeben sind, können sie als PDF auf der Plattform **MyStark** heruntergeladen werden (Zugangscode vgl. Umschlaginnenseite).

Aktuelle Prüfung

www.stark-verlag.de/mystark